외국인을 위한 한국어 문법 II

집 필 | **김진호**
가천대학교 대학원 박사(한국어 문법론 전공: 문학박사)
현재 가천대학교 글로벌교양대학 조교수
(전)가천대학교 한국어교육부 주임교수

이태환
가천대학교 대학원 박사(한국어 문법론 전공: 문학박사)
현재 가천대학교 한국어교육부 주임교수

김선희
북경사범대학 대외한어과 석사(외국어로서의 중국어교육 전공: 언어학석사)
현재 가천대학교 한국어교육부 전담강사

이수연
세명대학교 교육대학원 석사(국어교육 전공: 교육학석사)
현재 가천대학교 한국어교육부 전담강사

일러스트 | **권태성**
과학을 사랑하는 만화가. 작품 〈다시 태어나 꽃으로〉, 〈괜찮아요〉 등
www.overkwon.com

외국인을 위한 한국어 문법
– 의미 · 기능편 II

초판 발행 2010년 2월 28일
6쇄 발행 2017년 9월 5일

지 은 이 김진호 · 이태환 · 김선희 · 이수연
일러스트 권태성
펴 낸 이 박찬익
책임편집 이가영

펴낸곳 도서출판 **박이정**
주소 서울 동대문구 천호대로 16가길 4 (우 02589)
전화 02-922-1192~3
팩스 02-928-4683
홈페이지 www.pjbook.com
이메일 pijbook@naver.com
등록일자 1991년 3월 12일
등록번호 제 1-1182호

ISBN 978-89-6292-119-9 (세트)
ISBN 978-89-6292-121-2 (94710)

* 책값은 뒤표지에 있습니다.

* 이 책은 교육과학기술부의 한국어연수프로그램 개발 지원 사업의 도움으로 개발되었음.

외국인을 위한 한국어 문법

가천대학교 국제어학원 한국어교육부

김진호, 이태환, 김선희, 이수연

II

도서
출판 박이정

'인간은 언어적 동물이다.' 라는 말이 있습니다. 즉 언어로써 사물과 존재, 경험의 의미를 묻고 생각하고 답하는 인식의 주체인 인간은 누구나 세상의 모든 현상을 비롯하여 자신의 소소한 일상생활까지 구체적이고 자세하게 표현하고자 하는 욕망을 지니고 있습니다. 자신의 행동이나 계획, 실수에 대한 후회나 아쉬움, 자신이 꿈꾸는 소망과 상상, 대상에 대한 묘사 등 그 표현의 범주는 매우 다양합니다. 외국어를 공부하는 사람이라면 다양하고 구체적인 표현들 사이의 작은 의미 차이라도 정확하게 사용하고 싶어 할 것입니다. 이를 위해 학습자 개인의 노력과 교사의 교수 방법도 중요하지만, 이를 뒷받침해 줄 수 있는 교재가 중요하고 필요하다고 느낄 것입니다.

그 동안 외국어로서의 한국어 교육은 많은 전문적인 연구자들의 노력으로 양적인 발전이 있어 왔으며, 훌륭한 교재들도 계속 출간되고 있습니다. 특히 단계별 회화 중심의 교재는 양적 · 질적으로 매우 우수하여 한국어를 배우고자 하는 학습자들에게 큰 도움을 주고 있습니다. 하지만 동일한 의미 기능의 문법 항목들에 대한 연계 교육은 교육 기관별, 교사 개인적 노력에 따라 큰 차이를 보이고 있습니다. 이에 본 교재는 동일한 의미 기능의 문법 항목을 비교 · 대조하는 기능별 문법 교재로 의미가 비슷한 문법 항목들의 정확한 사용에 혼란을 느끼는 중급 이상의 학습자나 교사들에게 도움을 주고자 개발하였습니다.

외국인을 위한 기능별 한국어 교재는 연속적인 시리즈로 발간할 예정으로, 외국어로서의 한국어가 지니고 있는 기본 개념과 특징, 즉 '한국어의 음운, 단어와 품사, 문장과 이야기, 문법 요소, 역사적 발전 과정, 문자' 등의 내용을 포함합니다. 그리고 한국어능력시험(TOPIK)은 물론이고 기존의 모든 한

국어 교재와 문법서를 참조하여 문법 항목을 총망라하여 이를 다시 기능별로
'원인·이유, 경험, 계획, 목적, 가정, 소망, 유감 ……' 등 총 44개의 기능으
로 나누어 서술할 예정입니다. 기능별 배열은 유사한 의미 기능과 형태를 중
심으로 배열하였고, 유사한 문법 항목들의 비교를 보다 쉽게 하고자 도표와
삽화를 통해 자세하게 설명하였습니다.

본 교재는 2009년 교육과학기술부의 '한국어연수프로그램 지원 사업'의
일환으로 개발되었습니다. 이에 교육과학기술부는 물론이고 가천대학교의
적극적인 지원이 없었다면 본 교재의 출간은 요원했을 것입니다. 또한 밤낮
으로 교재개발에 참여하고 도움을 주신 가천대학교 국제어학원 한국어교육
부 선생님들, 교재의 일러스트를 통해 화룡점정을 찍어 준 권태성 작가, 어려
운 시기에 기꺼이 출판을 맡아 주신 박이정출판사 사장님 이하 편집진 여러
분에게도 감사의 마음을 전합니다.이 책을 통해서 한국어를 학습하는 모든
분들이 한국어와 한국문화를 보다 더 쉽고 즐겁게 배우며, 한국을 사랑하게
되기를 바랍니다.

2010년 2월
한국어교육부 교재편찬위원회

이 책의 구성은 다음과 같다.

표제

해당 단원의 포괄적인 의미 기능을 대표한다. 전체적인 의미 기능을 이해하기 위하여 한자, 영어, 중국어, 일본어, 몽골어도 함께 제시하였다.

개관

의미 기능별 표제 아래 해당 단원에서 학습해야 할 문법 항목을 개관하면서 학습목표를 제시하였다. 각각의 문법 항목 앞에는 초급 단계(초), 중급 단계(중), 고급 단계(고)의 순으로 나열하여 단계별 연계성을 강화하도록 하였다.

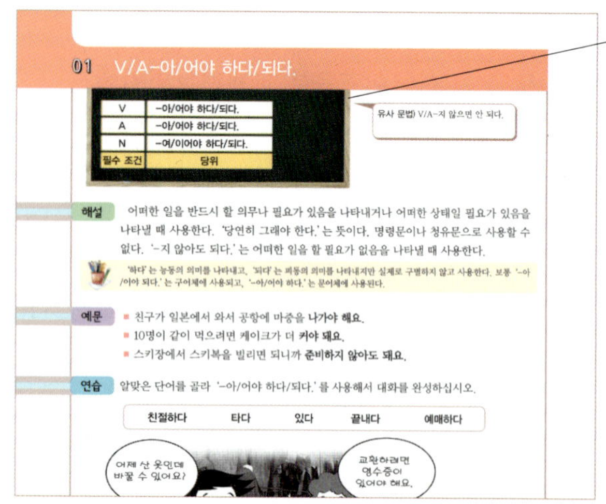

문법 카드

각각의 문법 항목은 모두 문법 카드 형태로 제시하였다. 이는 해당 문법의 기능을 효과적으로 이해하기 위한 방법으로 표제와 함께 세부 기능어를 확인하도록 하였다. 유사 문법을 함께 제시하여 비슷한 기능의 문법들을 파악하도록 하였다. 그리고 해설, 예문, 연습 문제를 통하여 이해의 완성도를 높이고자 하였다.

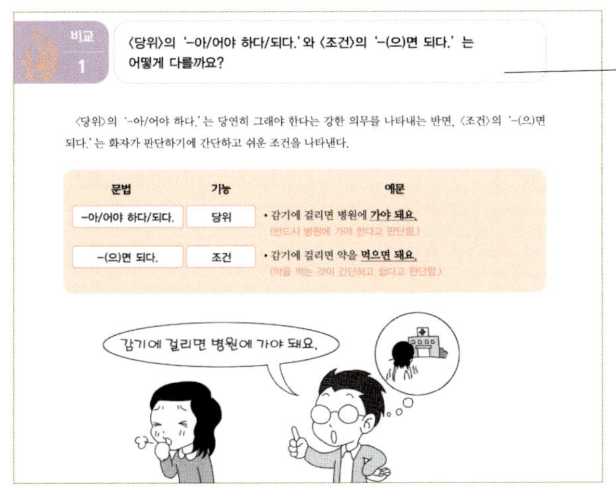

문법	기능	예문
-아/어야 하다/되다.	당위	• 감기에 걸리면 병원에 가야 돼요. (반드시 병원에 가야 한다고 판단힘.)
-(으)면 되다.	조건	• 감기에 걸리면 약을 먹으면 돼요. (약을 먹는 것이 간단하고 쉽다고 판단함.)

비교

형태가 동일하거나 의미가 유사한 문법 항목들은 비교를 통하여 용법과 의미 차이를 구별할 수 있도록 하였다. 학습자가 쉽게 이해할 수 있도록 도표와 삽화로 알기 쉽게 구성하였다.

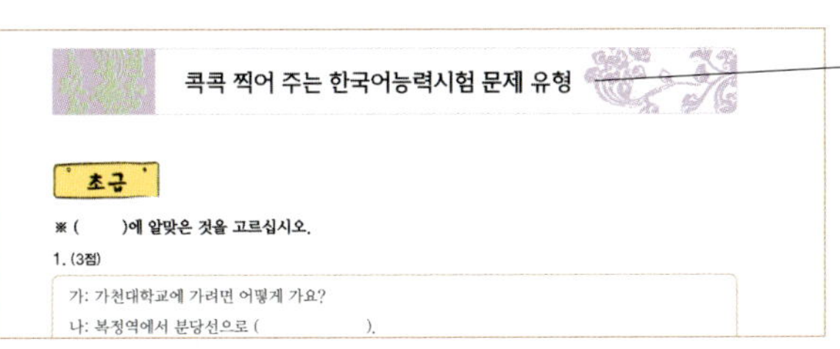

한국어능력시험(TOPIK)

한국어능력시험에 대한 관심이 갈수록 높아지고 있기 때문에 해당 단원에서 한국어능력시험의 문제 유형을 학습할 수 있도록 하였다.

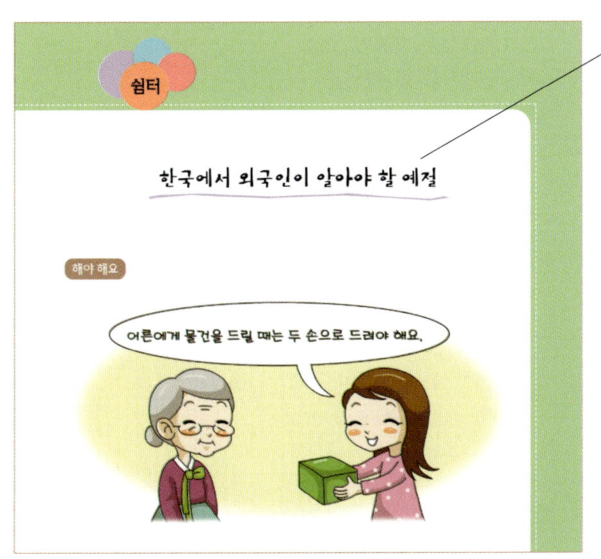

쉼터

해당 단원의 주제에 맞추어 한국 생활에 필요한 정보 제공, 다양한 어휘 학습, 한국 문화에 대한 이해 등을 돕고자 사진 자료 및 삽화를 활용하여 구성하였다.

당위

한자	영어	중국어	일어	몽골어
當爲	Need	应该	当为	хэрэгцээ

'당위'는 마땅히 그렇게 하거나 되어야 하는 것을 의미한다.

종결어미

- 초 V/A-아/어야 하다/되다.
- 중 V/A-지 않으면 안 되다.
- 중 V-아/어야지요.
- 고 V/A-(으)ㄴ/는 법이다.
- 고 V/A-기 마련이다.
- 고 V/A-게 마련이다.

01 V/A-아/어야 하다/되다.

V	-아/어야 하다/되다.
A	-아/어야 하다/되다.
N	-(이)라야 하다/되다. -여/이어야 하다/되다.
필수 조건	당위 의무 필요

유사 문법) V/A-지 않으면 안 되다.

해설 어떠한 일을 반드시 할 의무나 필요가 있음을 나타내거나 어떠한 상태일 필요가 있음을 나타낼 때 사용한다. '당연히 그래야 한다.'는 뜻이다. 명령문이나 청유문으로 사용할 수 없다. '-지 않아도 되다.'는 어떠한 일을 할 필요가 없음을 나타낼 때 사용한다.

'하다'는 능동의 의미를 나타내고, '되다'는 피동의 의미를 나타내지만 실제로 구별하지 않고 사용한다. 보통 '-아/어야 되다.'는 구어체에 사용되고, '-아/어야 하다.'는 문어체에 사용된다.

예문
- 친구가 일본에서 와서 공항에 마중을 **나가야 해요**.
- 10명이 같이 먹으려면 케이크가 더 **커야 돼요**.
- 스키장에서 스키복을 빌리면 되니까 **준비하지 않아도 돼요**.

연습 알맞은 단어를 골라 '-아/어야 하다/되다.'를 사용해서 대화를 완성하십시오.

친절하다	타다	있다	끝내다	예매하다

어휘 및 표현
필수 조건 an essential condition
당위 need
****
마중을 나가다 come to meet
교환하다 exchange
영수증 receipt
설날 Lunar New Year's Day
예매하다 reserve
종업원 employee

01 가: 어제 산 옷인데 바꿀 수 있어요?

나: 교환하려면 영수증이 <u>있어야 해요/돼요</u>.

02 가: 태완 씨, 퇴근을 안 해요?

나: 오늘 안에 이 일을 다 _______________. 먼저 가세요.

03 가: 설날에 부산에 가는 기차표를 살 수 있을까요?

나: 그때는 고향에 가는 사람들이 많으니까 기차표를 미리 _______________.

04 가: 가천대에 가려면 몇 번 버스를 타야 해요?

나: 302번 버스를 _______________.

05 가: 어떻게 하면 식당에 손님들이 많이 올까요?

나: 음식이 맛있고 종업원도 _______________.

〈당위〉의 '-아/어야 하다/되다.'와 〈조건〉의 '-(으)면 되다.'는
어떻게 다를까요?

〈당위〉의 '-아/어야 하다.'는 당연히 그래야 한다는 강한 의무를 나타내는 반면, 〈조건〉의 '-(으)면 되다.'는 화자가 판단하기에 간단하고 쉬운 조건을 나타낸다.

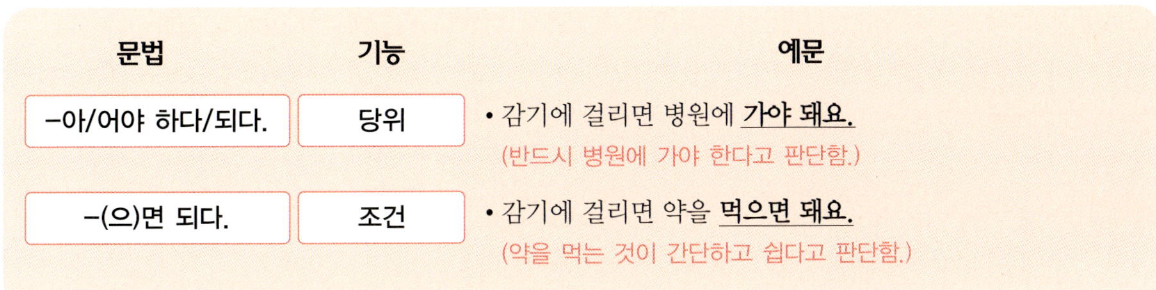

문법	기능	예문
-아/어야 하다/되다.	당위	• 감기에 걸리면 병원에 **가야 돼요.** (반드시 병원에 가야 한다고 판단함.)
-(으)면 되다.	조건	• 감기에 걸리면 약을 **먹으면 돼요.** (약을 먹는 것이 간단하고 쉽다고 판단함.)

당위

조건

02 V/A-지 않으면 안 되다.

V	-지 않으면 안 되다.
A	-지 않으면 안 되다.
N	-(이)지 않으면 안 되다.
필수 조건	이중 부정 ⇨ 당위

유사 문법) V/A-아/어야 하다/되다.

해설　어떠한 일을 반드시 할 의무나 필요가 있음을 나타내거나 어떠한 상태일 필요가 있음을 나타낼 때 사용한다. '-아/어야 하다/되다.'를 이중 부정한 것으로 강한 긍정을 나타내어 당위성을 강조한다. 명령문이나 청유문으로 사용할 수 없다.

예문
- 카드 발급 신청서에 본인이 직접 **서명하지 않으면 안 됩니다.**
- 운동선수가 되려면 몸이 **건강하지 않으면 안 돼요.**

연습　'-지 않으면 안 되다.'를 사용해서 대화를 완성하십시오.

어휘 및 표현

필수 조건 an essential condition
이중 부정문 a double negative
당위 need

발급 issue
신청서 application form
서두르다 hurry
감기가 심하다 a bad cold
저장되다 save
너그럽다 be generous

01 가: 왜 그렇게 서둘러요?

　　 나: 3시 전에 도착하려면 10시 20분 기차를 <u>타지 않으면 안 돼요</u>.

02 가: 아프다면서 결혼식에 꼭 가야 해요?

　　 나: 친한 친구 결혼식이라서 ＿＿＿＿＿＿＿＿＿＿＿.

03 가: 약을 아직도 먹어요?

　　 나: 네. 감기가 너무 심해서 5일 동안 약을 ＿＿＿＿＿＿＿＿＿＿＿.

04 가: 고객님, 죄송합니다. 오늘은 수리할 컴퓨터가 많아서 힘들겠는데요.

　　 나: 중요한 문서가 저장되어 있어서 오늘 컴퓨터를 ＿＿＿＿＿＿＿＿＿＿＿.

05 가: 어떤 남자를 만나고 싶어요?

　　 나: 너그러운 남자요. 저와 결혼할 남자는 마음이 ＿＿＿＿＿＿＿＿＿＿＿.

〈당위〉의 '-아/어야 하다/되다.'와 '-지 않으면 안 되다.'는
어떻게 다를까요?

문법	차이	예문
-아/어야 하다/되다.	긍정 ⇨ 당위	• 주방은 항상 <u>깨끗해야 합니다.</u>
-지 않으면 안 되다.	이중 부정 ⇨ 당위 강조	• 주방은 항상 <u>깨끗하지 않으면 안 됩니다.</u>

깨끗해야 합니다. < 깨끗하지 않으면 안 됩니다.

당위

03 V–아/어야지요.

V	–아/어야지요.
행동	당위

해설 화자가 다른 사람에게 어떠한 일을 해야 한다고 말할 때 사용한다. 과거형인 '–았/었어야지요.'는 다른 사람이 과거에 한 일이나 하지 않은 일에 대하여 질책할 때 사용한다.

예문
- 공공장소에서는 질서를 **지켜야지요.**
- 가: 어제 아버지 생신이었는데 제가 깜빡하고 선물을 준비하지 못했어요.
  나: 그런 중요한 날은 잊어버리지 않게 **메모해 두었어야지요.**

연습 알맞은 단어를 골라 '–아/어야지요.'를 사용해서 대화를 완성하십시오.

운동하다	들어가다	사귀다	지키다	쉬다

01 가: 오랜만에 만났는데 한잔 더 하러 갑시다.
　　나: 아놀드 씨, 많이 취했는데 이제 집에 <u>들어가야지요.</u>

02 가: 요즘 몸이 예전 같지 않아요.
　　나: 건강을 생각해서라도 규칙적으로 _______________.

03 가: 오늘 몸이 안 좋아서 일찍 퇴근했으면 하는데요.
　　나: 그러세요. 몸이 안 좋으면 무리하지 말고 푹 _______________.

04 가: 오늘은 너무 늦었는데 아이에게 줄 장난감은 내일 사야겠어요.
　　나: 그래도 사는 게 좋겠어요. 아이와 한 약속은 _______________.

05 가: 상조 씨도 이제 결혼할 나이가 됐으니까 여자 친구를 _______________.
　　나: 요즘 너무 바빠서 그럴 시간이 없어요.

연습 '–았/었어야지요.'를 사용해서 대화를 완성하십시오.

01 가: 보하 씨, 미안해요. 급한 일이 생겨서 한 시간 정도 늦을 것 같아요.
　　나: 그럼 미리 <u>연락했어야지요.</u> 저는 벌써 도착했어요.

02 가: 점심에 밥을 급하게 먹었더니 지금 소화가 안 돼요.
　　나: 천천히 ＿＿＿＿＿＿＿＿. 소화제 한 알 드릴까요?

03 가: 늦어서 죄송해요. 이렇게 길이 막힐 줄 몰랐어요.
　　나: 퇴근 시간에는 길이 많이 막히니까 지하철을 ＿＿＿＿＿＿＿＿.

04 가: 1년 동안 아르바이트를 했는데 통장을 보니까 돈이 얼마 없더라고요.
　　나: 돈을 ＿＿＿＿＿＿＿＿. 모으지 않고 다 쓰면 어떡해요?

05 가: 학교에 오다가 빙판길에 넘어져서 발목을 다쳤어요.
　　나: ＿＿＿＿＿＿＿＿. 요즘 빙판길에 넘어지는 사고가 많다고 하더라고요.

당위

어휘 및 표현

행동 action	푹 쉬다 get a good rest
당위 need	장난감 toy
******************************	생기다 happen
공공장소 public places	밥을 급하게 먹다 scoff
질서를 지키다 keep public order	소화제 digestive medicine
깜빡하다 forget	빙판길 icy roads
예전 former days	발목 ankle
규칙적 regular	사고 accident
무리하다 excessive	

04　V/A-(으)ㄴ/는 법이다.

V	–는 법이다.
A	–(으)ㄴ 법이다.
N	–인 법이다.
기정 사실 예정 사실	당위 · 당연

유사 문법) V/A-기 마련이다.
　　　　　V/A-게 마련이다.

해설　　이미 정해져 있는 사실이나 그렇게 되도록 되어 있는 사실을 나타내어 당위와 당연함을 표현할 때 사용한다. '그렇게 되는 것이 당연하다.'의 뜻이다. 보통 자연적인 법칙, 보편적인 진리, 일반적인 규칙, 당연한 사실을 말할 때 사용하기 때문에 속담이나 격언을 말할 때 많이 사용된다.

예문
- 윗물이 맑아야 아랫물이 **맑은 법이다.**
- 가: 연하가 내 것과 똑같은 MP3를 샀는데 내 것보다 더 좋아 보이더라고.
  나: 원래 **남의 것이 더 커 보이는 법이야.**

연습　알맞은 표현을 골라 '-(으)ㄴ/는 법이다.'를 사용해서 대화를 완성하십시오.

팔은 안으로 굽다	세상에 공짜는 없다	등잔 밑이 어둡다
원숭이도 나무에서 떨어지다	죄를 지으면 벌을 받다	

01 가: 지난번에 붙잡힌 연쇄살인범이 사형을 선고 받았대요.
　　나: 죄를 지으면 벌을 받는 법이에요.

02 가: 보람 씨와 말다툼을 했는데 연하 씨가 보람 씨 편을 들더라고요.
　　나: ＿＿＿＿＿＿＿＿＿＿＿＿＿＿. 두 사람이 아주 친하잖아요.

03 가: 상품권을 준다고 해서 회원으로 가입했는데 가입비를 따로 내야 한대요.

  나: ________________________. 꼼꼼하게 알아봤어야지요.

04 가: 지갑이 없어져서 한참 찾았는데 의자 밑에 떨어져 있더라고요.

  나: ________________________.

05 가: 3년 연속 우승을 한 선수가 이번 경기에서 실수를 해서 4연패를 놓쳤대요.

  나: ________________________.

당위

어휘 및 표현

기정사실 an established fact
예정 사실 schedule
당위 need
당연 a matter of course
****
윗물이 맑아야 아랫물이 맑다 Parents are patterns.
팔은 안으로 굽는다 Men are blind in their own causes
세상에 공짜는 없다 There's no free lunch
등잔 밑이 어둡다 The beacon does not shine on its own base
원숭이도 나무에서 떨어진다 Even Homer sometimes nods
죄를 지으면 벌을 받는다 Being punished for having committed crimes is absolutely within reason
붙잡히다 be arrested
연쇄살인범 a serial killer
사형(을) 선고 받다 be sentenced to death
말다툼 a dispute
편을 들다 be on somebody's side
상품권 gift card
꼼꼼하게 meticulously
한참 quite a while
연패 successive defeats
놓치다 miss out

05 V/A-기 마련이다, V/A-게 마련이다.

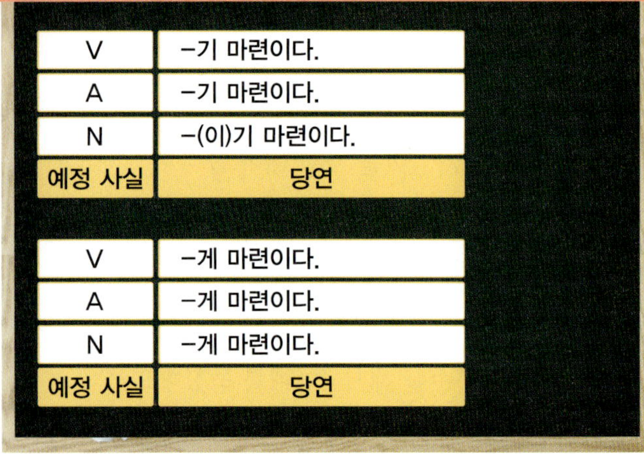

V	-기 마련이다.
A	-기 마련이다.
N	-(이)기 마련이다.
예정 사실	당연

V	-게 마련이다.
A	-게 마련이다.
N	-게 마련이다.
예정 사실	당연

해설　　그렇게 되도록 되어 있는 사실을 나타내어 당연함을 표현할 때 사용한다. '그렇게 되도록 되어 있다.' 의 뜻이다.

예문
- 아이는 부모를 **닮기 마련이다**(=**닮게 마련이다**).
- 씨를 뿌리면 **거두게 마련이다**(=**거두기 마련이다**).

연습　'-기 마련이다, -게 마련이다.' 를 사용해서 대화를 완성하십시오.

01　가: 오랜만에 선생님을 뵈었는데 많이 늙으셨더라고요.
　　　나: 세월이 지나면 누구나 늙기 마련이에요(늙게 마련이에요). (늙다)

02　가: 늦어서 서두르다가 중요한 자료를 집에 놓고 왔어요.
　　　나: 서두르다 보면 ________________________________. (실수하다)

03　가: 올해 백화점 매출 실적이 작년 대비 20% 줄었대요.
　　　나: 물가가 오르면 소비는 ________________________________. (줄다)

04 가: 의사가 될 거라고 밤낮으로 공부하더니 의대 입학시험에 합격했대요.

    나: 열심히 노력하면 원하는 것을 _______________________. (얻다)

05 가: 첫사랑을 만났는데 날 기억하지 못하더라고요.

    나: 시간이 지나면 다 _______________________. (잊혀지다)

당위

어휘 및 표현

예정 사실 schedule
당연 a matter of course

****

닮다 resemble
씨를 뿌리다 plant seeds
거두다 harvest
뵈다 humbly see
늙다 be old
서두르다 hurry
매출 실적 the results of business
대비 contrast
소비 consumption
밤낮으로 day and night
의대 Medical School
얻다 get
첫사랑 first love
잊혀지다 be forgotten

〈당위〉의 '-(으)ㄴ/는 법이다.'와 '-기/게 마련이다.'는 어떻게 다를까요?

1 일반적으로 당연한 사실일 경우에는 바꿔 쓸 수 있다.

문법	당연한 사실	예문
-(으)ㄴ/는 법이다.	○	• 연말이 되면 술자리가 <u>**많은 법이다.**</u>
-기/게 마련이다.	○	• 연말이 되면 술자리가 <u>**많기 마련이다.**</u>

2 당위적 사실일 경우에는 바꿔 쓸 수 없다. 〈당위〉의 '-아/어야 하다.'가 결합하면 '-(으)ㄴ/는 법이다.'는 쓸 수 있지만 '-기 마련이다.'는 쓸 수 없다.

문법	당위적 사실	예문
-(으)ㄴ/는 법이다.	○	• 사람은 모든 일에 <u>**정직해야 하는 법이다.**</u>
-기/게 마련이다.	×	• 사람은 모든 일에 <u>**정직해야 하기 마련이다.**</u>

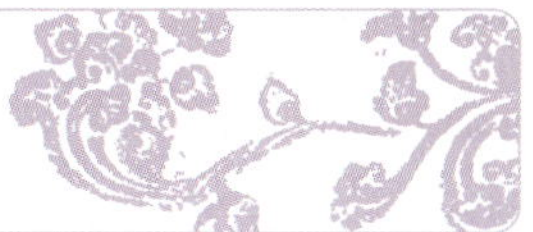

콕콕 찍어 주는 한국어능력시험 문제 유형

초급

※ (   )에 알맞은 것을 고르십시오.

1. (3점)

> 가: 가천대학교에 가려면 어떻게 가요?
>
> 나: 복정역에서 분당선으로 (   ).

① 갈아타야 해요　　　② 갈아타려고 해요　　　③ 갈아타면 안 돼요　　　④ 갈아타지 마세요

중급

※ 다음 (   )에 알맞은 것을 고르십시오.

1. (3점)

> 가: 연하 씨는 독서의 중요성이 뭐라고 생각해요?
>
> 나: 음식이 몸을 건강하게 만드는 것처럼 책은 마음을 건강하게 만든다고 생각해요.
>
> 　　 그래서 마음의 건강을 위해 책을 (   ).

① 읽어 볼 만해요　　　② 읽으려던 참이에요　　　③ 읽을 필요가 없어요　　　④ 읽지 않으면 안 돼요

※ 빈칸에 가장 알맞은 것을 고르십시오.

2. (3점)

> 가: 교통 신호를 안 지켜서 벌금을 냈어요.
>
> 나: 아무리 바빠도 ________________.

① 벌금을 내지 않아도 돼요　　　　　　② 벌금을 낼 걸 그랬어요

③ 교통질서를 지켰어야지요　　　　　　④ 교통질서를 지키지 않을 모양이에요

※ 다음 밑줄 친 부분과 의미가 가장 비슷한 것을 고르십시오.

1. (3점)

> 돈을 모으려면 저축을 생활화해야지 생각만 하고 실천하지 않으면 돈을 다 <u>쓰는 법이다.</u>

① 쓸 나름이다　　　② 쓰기 마련이다　　　③ 쓸 법하다　　　④ 쓰기 망정이다

※ 빈칸에 알맞은 것을 고르십시오.

2. (3점)

> 가: 박 사장 회사가 어렵다는데 친구들이 다 모른 척한다고 하더라고요.
>
> 나: 평소에 박 사장이 다른 사람 도와주는 거 본 적 있어요? ______________________.

① 뿌린 대로 거두는 법이에요　　　　　② 작은 고추가 배운 법이에요

③ 남의 떡이 더 커 보이는 법이에요　　　④ 윗물이 맑아야 아랫물이 맑은 법이에요

한국에서 외국인이 알아야 할 예절

해야 해요

- 어른에게 물건을 드릴 때는 두 손으로 드려야 해요.
- 어른과 술을 마실 때는 고개를 돌려야 해요.
- 다른 사람의 집을 방문할 때는 신발을 벗어야 해요.
- 지하철이나 버스에서 어른에게 자리를 양보해야 해요.

하면 안 돼요

- 밥그릇과 국그릇을 손으로 들고 먹으면 안 돼요.
- 식사 중에 코를 풀면 안 돼요.
- 숟가락과 젓가락은 한꺼번에 들고 사용하면 안 돼요.
- 어른과 함께 음식을 먹을 때 어른보다 먼저 수저를 들면 안 돼요.

알아 두면 좋아요

- 지하철이나 버스에서 앉아 있는 사람들이 서 있는 사람의 가방을 들어주기도 해요.
  가져가는 것이 아니니까 당황하지 마세요.
- 여자끼리 손을 잡고 다니는 것을 이상하게 생각하지 마세요. 손을 잡고 다니는 것은
  친하기 때문이에요.
- 사람들이 음식을 여러 번 권해도 먹기 싫으면 정중히 사양해도 괜찮아요.

상반

'상반' 은 서로 반대되거나 예상과 기대와는 다른 결과가 나타나는 것을 의미한다.

연결어미

초 V/A-(으)ㄴ/는데 ①	중 V/A-(으)면서 ①	고 V/A-(으)ㄴ/는데도 불구하고
초 V/A-지만	중 V/A-(으)ㄴ/는 반면에	고 V/A-건마는
중 V/A-(스)ㅂ니다만	중 V/A-(으)ㄴ/는 데 반해	
중 V/A-(으)나	고 V/A-(으)ㄴ/는가 하면	
중 V-고도	고 N-에도 불구하고	

01 V/A-(으)ㄴ/는데 ①

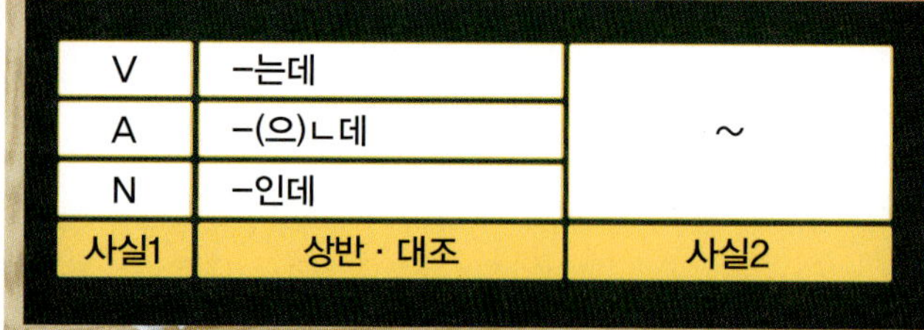

V	-는데	
A	-(으)ㄴ데	~
N	-인데	
사실1	상반 · 대조	사실2

해설 앞과 뒤의 사실이 서로 상반되거나 대조될 때 사용한다. '그런데'의 뜻이다.

예문
- 마이클 씨는 수영은 **잘하는데** 스케이트는 못 타요.
- 보하 씨는 마음이 **넓은데** 보람 씨는 그렇지 않아요

연습 '-(으)ㄴ/는데'를 사용해서 한 문장으로 쓰십시오.

01 형은 키가 크다 / 동생은 키가 작다
⇨ 형은 키가 큰데 동생은 키가 작아요.

02 우리 집은 학교에서 가깝다 / 친구 집은 학교에서 멀다
⇨ ___________________________________.

03 보하 씨는 기숙사에 살다 / 아놀드 씨는 하숙집에 살다
⇨ ___________________________________.

04 마이클 씨는 학생이다 / 상조 씨는 회사원이다
⇨ ___________________________________.

05 여자 친구가 어제는 치마를 입었다 / 오늘은 바지를 입었다
⇨ ___________________________________.

어휘 및 표현
사실 fact
상반 contrary
대조 contrast
****
마음이 넓다 be big-hearted

〈상반〉의 '-(으)ㄴ/는데 ①'과 〈설명〉의 '-(으)ㄴ/는데 ②'는
어떻게 다를까요?

〈상반〉의 '-(으)ㄴ/는데'는 앞뒤 사실이 서로 상반되는 반면, 〈설명〉의 '-(으)ㄴ/는데'는 앞의 사실이 뒤의 사실을 설명하기 위한 도입이다.

문법	기능	앞뒤 관계	예문
-(으)ㄴ/는데 ①	상반	상반	• 태완이는 귤은 <u>좋아하는데</u> 사과는 싫어해요.
-(으)ㄴ/는데 ②	설명	도입	• 태완이는 귤을 <u>좋아하는데</u> 혼자서 한 상자를 다 먹어요.

02 V/A-지만

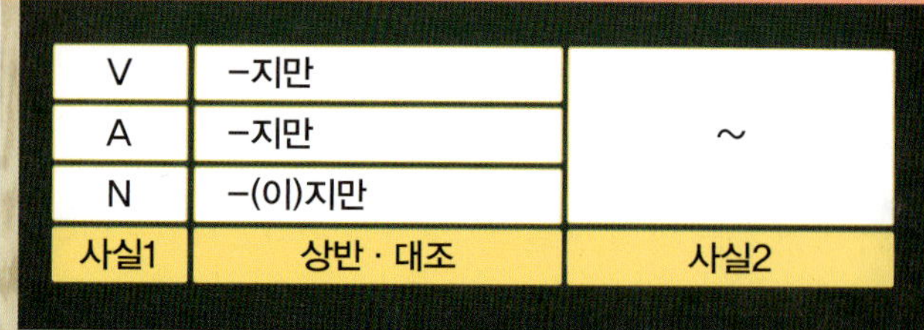

V	–지만	
A	–지만	~
N	–(이)지만	
사실1	상반 · 대조	사실2

원형) V/A–지마는
유사 문법) V/A–(으)ㄴ/는데
　　　　　V/A–(스)ㅂ니다만
　　　　　V/A–(으)나
　　　　　V/A–건마는

해설　앞과 뒤의 사실이 서로 상반되거나 대조될 때 사용한다. '그렇지만', '하지만' 의 뜻이다.

예문
- 저는 매운 음식을 잘 **먹지만** 보하 씨는 잘 못 먹어요.
- 남자 친구는 키가 **작지만** 농구를 잘해요.

연습　다음을 연결하고 '–지만' 을 사용해서 한 문장으로 쓰십시오.

1) 운동화는 편하다 ●	● 재미있다
2) 한국어 공부가 어렵다 ●	● 구두는 불편하다
3) 저는 커피를 좋아하다 ●	● 지금은 날씬하다
4) 언니는 머리가 길다 ●	● 보하 씨는 녹차를 좋아하다
5) 어렸을 때는 뚱뚱했다 ●	● 동생은 머리가 짧다

01　운동화는 편하지만 구두는 불편해요.

02　__________________________________.

03　__________________________________.

04　__________________________________.

05　__________________________________.

어휘 및 표현

사실 fact
상반 contrary
대조 contrast
****
녹차 green tea

03 V/A-(스)ㅂ니다만

V	-(스)ㅂ니다만		
A	-(스)ㅂ니다만	~	
N	-입니다만		
사실1	상반 · 대조	사실2	

유사 문법) V/A-지만

해설　앞과 뒤의 사실이 서로 상반되거나 대조될 때 사용한다. '-지만'과 바꿔 쓸 수 있다. 주로 격식체에 사용한다.

예문
- 이 식당은 음식 값이 **쌉니다만** 맛은 별로입니다.
- 가: 거래처에서 연락이 왔습니까?
  나: 아니요. 어제 전화해서 메모를 **남겼습니다만** 아직도 연락이 없습니다.

연습　'-(스)ㅂ니다만'을 사용해서 한 문장으로 쓰십시오.

01 품질은 좋다 / 값이 너무 비싸다
⇨ 품질은 좋습니다만 값이 너무 비쌉니다.

02 이 집은 거실은 크다 / 방은 작다
⇨ ____.

03 외국에서 혼자 살다 / 외롭지 않다
⇨ ____.

04 지난 시간에 배운 내용이다 / 잘 모르겠다
⇨ ____.

05 집으로 여러 번 찾아갔다 / 얼굴조차 볼 수 없었다
⇨ ____.

상반

어휘 및 표현

사실 fact
상반 contrary
대조 contrast
****
거래처 a business connection
메모를 남기다 leave a note
품질 quality
거실 living room
외롭다 lonely

04 V/A-(으)나

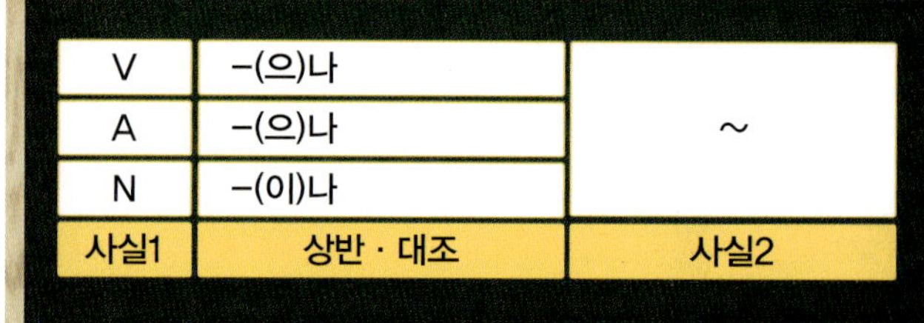

V	-(으)나	
A	-(으)나	~
N	-(이)나	
사실1	상반 · 대조	사실2

유사 문법) V/A-지만
V/A-(으)ㄴ/는데

해설　앞과 뒤의 사실이 서로 상반되거나 대조될 때 사용한다. 주로 문어체와 격식체에 사용한다.

예문
- 이 제품은 성능이 **뛰어나나** 가격이 너무 비싸다.
- 한 시간 전부터 협상에 **들어갔으나** 결론을 내리지 못하고 있다.

연습　'-(으)나'를 사용해서 한 문장으로 쓰십시오.

01 인스턴트 음식은 간단하게 먹을 수 있다 / 건강에 해롭다
⇨ <u>인스턴트 음식은 간단하게 먹을 수 있으나 건강에 해롭다.</u>

02 그 나라는 면적은 넓다 / 인구는 적은 편이다
⇨ ＿＿＿＿＿＿＿＿＿＿＿＿＿＿＿＿＿＿＿＿＿ .

03 그 정책이 마음에 들지 않다 / 일단 믿고 따르기로 하였다
⇨ ＿＿＿＿＿＿＿＿＿＿＿＿＿＿＿＿＿＿＿＿＿ .

04 김 대리는 일을 시작할 때는 적극적이다 / 끝마무리를 잘 못하다
⇨ ＿＿＿＿＿＿＿＿＿＿＿＿＿＿＿＿＿＿＿＿＿ .

05 전국 피아노 대회에 참여했다 / 좋은 성적을 거두지 못했다
⇨ ＿＿＿＿＿＿＿＿＿＿＿＿＿＿＿＿＿＿＿＿＿ .

어휘 및 표현

사실 fact
상반 contrary
대조 contrast
****
성능이 뛰어나다 of good performance
협상 negotiations
결론 conclusion
인스턴트 음식 instant food
건강에 해롭다 be bad for one's health
면적 the gross area
인구 population
정책 policy
마음에 들지 않다 be not to one's taste
일단 first
믿다 trust
따르다 follow
끝마무리 finish
전국 the whole country

05 V-고도

V	-고도	~
행동	상반	결과

강조형) V-고 나서도

해설 앞의 행동이 완료된 다음에 예상이나 기대와는 다른 상반된 결과가 나왔을 때 사용한다. '-았/었는데도'의 뜻이다. '-고도'에는 '-았/었-'이나 '-겠-'을 쓸 수 없고, 항상 현재형만 쓰며 뒤의 내용에서 시제를 나타낸다.

예문
- 눈으로 직접 **보고도** 그 사실을 믿을 수가 없다.
- 가: 고향에 잘 다녀왔어요?
  나: 아니요. 표를 **예매하고도** 갑자기 일이 생겨서 못 갔어요.

연습 '-고도'를 사용해서 한 문장으로 쓰십시오.

행동	결과
1) 대학원을 졸업했다	취직을 못 하는 사람들이 많다
2) 약속 시간에 늦었다	사과하지 않다
3) 밥을 많이 먹었다	간식을 또 먹다
4) 이메일을 받았다	답장을 보내지 못했다
5) 발표 연습을 여러 번 했다	실수를 많이 했다

01 대학원을 졸업하고도 취직을 못 하는 사람들이 많다.

02 ______________________________

03 ______________________________

04 ______________________________

05 ______________________________

어휘 및 표현
행동 action
상반 contrary
결과 result
****
믿다 believe
생기다 happen
사과하다 apologize

상반

06 V/A-(으)면서 ①

V	-(으)면서	
A	-(으)면서	~
N	-(이)면서	
행동/상태	상반	

강조형) V/A-(으)면서도

해설   앞의 행동이나 상태를 가지고 있으면서 뒤에 상반된 내용을 나타낼 때 사용한다. 동사는 과거의 사실인 경우 '-았/었으면서'를 사용한다. 앞뒤의 주어가 같아야 한다.

예문
- 상조 씨는 매운 음식을 못 **먹으면서** 참고 먹었다.
- 이 제품은 **싸면서** 품질이 우수하다.
- 친구가 부르는 소리를 **들었으면서** 못 들은 척했다.

연습   다음을 연결하고 '-(으)면서'를 사용해서 한 문장으로 쓰십시오.

1) 그 사람을 좋아하다	맛있다고 했다
2) 이 구두는 굽이 높다	공부를 안 하다
3) 전화번호를 알다	가르쳐 주지 않았다
4) 마문 씨는 학생이다	발이 편하다
5) 음식이 맛이 없었다	싫어하는 척했다

01 그 사람을 좋아하면서 싫어하는 척했다.

02 ____________________________________ .

03 ____________________________________ .

04 ____________________________________ .

05 ____________________________________ .

어휘 및 표현

행동 action
상태 situation
상반 contrary
****
참다 tolerable
품질이 우수하다 be superior in quality
굽 heel

〈상반〉의 'V/A-(으)면서 ①'과 〈나열〉의 'A-(으)면서 ②', 〈행동〉의 'V-(으)면서 ③'은 어떻게 다를까요?

1 〈상반〉의 '-(으)면서'는 동사와 형용사를 모두 쓸 수 있고, 앞의 행동이나 상태를 가지고 있으면서 뒤에 상반된 내용을 나타낼 때 사용하는 반면, 〈나열〉의 '-(으)면서'는 형용사만 쓸 수 있고, 앞뒤의 특성을 동시에 가지고 있을 때 사용한다. 그리고 〈행동〉의 '-(으)면서'는 동사만 쓸 수 있고, 앞뒤의 행동이 동시에 일어날 때 사용한다. 이때 〈상반〉과 〈나열〉의 강조형은 '-(으)면서도'이지만, 〈행동〉은 강조형이 없다.

문법	기능	동사 형용사	앞뒤 관계	예문
V/A-(으)면서 ①	상반	동사	상반	• 그는 <u>모르면서(도)</u> 아는 척한다.
		형용사	상반	• 저 식당은 <u>맛없으면서(도)</u> 값도 비싸다.
A-(으)면서 ②	나열	형용사	겸비	• 저 식당은 <u>맛있으면서(도)</u> 값도 싸다.
V-(으)면서 ③	행동	동사	동시	• 그는 밥을 <u>먹으면서</u> 신문을 본다.

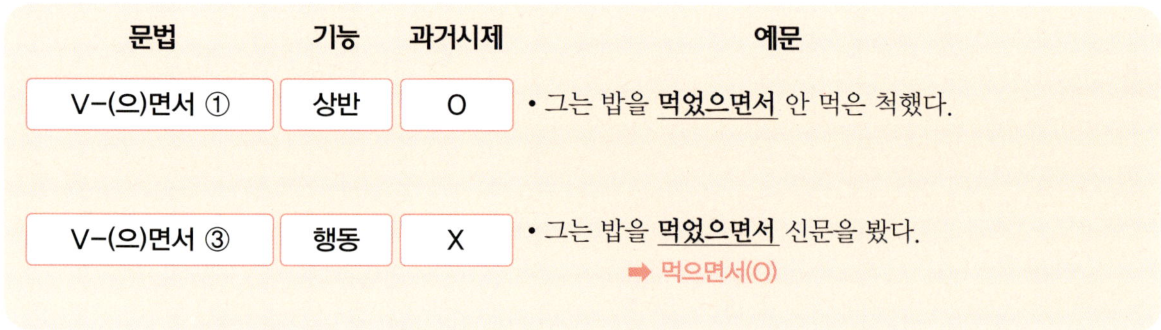

2 동사는 과거의 사실인 경우 〈상반〉의 '-(으)면서'는 과거시제 '-았/었-'을 쓸 수 있지만, 〈행동〉의 '-(으)면서'는 쓸 수 없다.

문법	기능	과거시제	예문
V-(으)면서 ①	상반	O	• 그는 밥을 **먹었으면서** 안 먹은 척했다.
V-(으)면서 ③	행동	X	• 그는 밥을 **먹었으면서** 신문을 봤다. ➡ 먹으면서(O)

상반

행동

07 V/A-(으)ㄴ/는 반면에, V/A-(으)ㄴ/는 데 반해

V	−는 반면에	
A	−(으)ㄴ 반면에	~
N	−인 반면에	
사실1	상반 · 대조	사실2

생략형) V/A-(으)ㄴ/는 반면
유사 문법) V/A-지만
　　　　V/A-(으)ㄴ/는 데 반해
　　　　V/A-(으)ㄴ/는가 하면

V	−는 데 반해	
A	−(으)ㄴ 데 반해	~
N	−인 데 반해	
사실1	상반 · 대조	사실2

원형) V/A-(으)ㄴ/는 데에 반해
유사 문법) V/A-지만
　　　　V/A-(으)ㄴ/는 반면에
　　　　V/A-(으)ㄴ/는가 하면

해설　앞과 뒤의 사실이 서로 상반되거나 대조될 때 사용한다. 주로 문어체와 격식체에 사용한다. 과거의 사실인 경우 동사는 '−(으)ㄴ', '−았/었던' 을 사용하고, 형용사는 '−았/었던' 을 사용한다.

'−(으)ㄴ/는 데 반해' 의 '데' 는 의존명사이기 때문에 띄어쓰기를 하고, '−(으)ㄴ/는데' 는 연결어미이기 때문에 띄어쓰기를 하지 않는다.

예문
- 계획은 잘 **세우는 반면에**(=세우는 데 반해) 실천은 잘 못한다.
- 그 지역은 집값이 **싼 반면에**(=싼 데 반해) 교통이 불편하다.
- 지난달에는 책을 다섯 권 이상 **읽은 반면에**(=읽은 데 반해) 이번 달에는 한 권도 못 읽었다.
- 작년에는 이자율이 **높았던 반면에**(=높았던 데 반해) 올해는 이자율이 낮아졌다.

 '-(으)ㄴ/는 반면에, -(으)ㄴ/는 데 반해'를 사용해서 한 문장으로 쓰십시오.

01 새로 구한 직장은 보수가 높다 / 업무량이 많다
➡ 새로 구한 직장은 보수가 높은 반면에(높은 데 반해) 업무량이 많다.

02 한국 사람들은 생일에 미역국을 먹다 / 중국 사람들은 국수를 먹다
➡ _______________________________________.

03 한국의 여름 날씨는 덥다 / 겨울 날씨는 춥다
➡ _______________________________________.

04 A회사의 제품은 성능이 뛰어난 것이 장점이다 / 값이 비싼 것이 단점이다
➡ _______________________________________.

05 아파트 값은 하락했다 / 전세 값은 오르고 있다
➡ _______________________________________.

어휘 및 표현

사실 fact
상반 contrary
대조 contrast
****
계획을 세우다 make a plan
실천 practice
미역국 sea mustard soup
제품 product
성능이 뛰어나다 of good performance
장점 merits
단점 demerits
하락 depreciation
오르다 appreciate

08 V/A-(으)ㄴ/는가 하면

V	–는가 하면	
A	–(으)ㄴ가 하면	~
N	–인가 하면	
사실1	상반 · 일면	사실2

유사 문법) V/A-(으)ㄴ/는 반면에
V/A-(으)ㄴ/는 데 반해

해설 앞과 뒤의 사실이 서로 상반되거나 어떠한 사실을 말한 다음 다른 사실을 말할 때 사용한다. '그런 반면', '그런 한편' 의 뜻이다. 주로 문어체와 격식체에 사용한다.

예문
- 성형수술에 대해 긍정적으로 생각하는 사람이 **있는가 하면** 부정적으로 생각하는 사람도 있다.
- 정 과장은 일 처리 능력이 **뛰어난가 하면** 인간관계도 원만하다.

연습 '-(으)ㄴ/는가 하면' 을 사용해서 한 문장으로 쓰십시오.

01 영어 조기 교육에 찬성하는 사람들이 있다 / 반대하는 사람들도 있다
⇨ 영어 조기 교육에 찬성하는 사람들이 있는가 하면 반대하는 사람들도 있다.

02 서울로 올라와서 사는 사람들이 많다 / 시골로 내려가서 사는 사람들도 있다
⇨ ____.

03 그는 친한 사람들에게 스스럼없이 대하다 / 처음 보는 사람에게는 낯을 가리기도 하다
⇨ ____.

상반

04 그 사람은 회사 일에는 적극적이다 / 집안일에는 소극적이다

⇨ ____ .

05 그 지역은 지진으로 인해 건물이 무너졌다 / 역사적인 문화재도 많이 파괴됐다

⇨ ____ .

어휘 및 표현

사실 fact	찬성하다 agree
상반 contrary	반대하다 oppose
일면 one aspect	스스럼없이 without constraint
*****************************	낯을 가리다 be shy of strangers
성형수술 cosmetic surgery	적극적이다 active
긍정적 positive	소극적이다 passive
부정적 negative	지진 earthquake
일 처리 능력이 뛰어나다 dispose of a matter intelligently	무너지다 collapse
인간관계 relationship	역사적인 문화재 a place of historic interest
원만하다 amicable	파괴되다 be distroyed
영어 조기 교육 early English education	

〈상반〉의 '-(으)ㄴ/는 반면에'와 '-(으)ㄴ/는가 하면'은 어떻게 다를까요?

'-(으)ㄴ/는 반면에'와 '-(으)ㄴ/는가 하면'은 상반일 때에는 바꿔 쓸 수 있다. 하지만 '-(으)ㄴ/는가 하면'이 상반이 아닌 어떠한 사실을 말한 다음 다른 사실을 말할 때는 '-(으)ㄴ/는 반면에'와 바꿔 쓸 수 없다.

문법	앞뒤 관계	예문
-(으)ㄴ/는 반면에	상반	• 동물 중에는 토끼처럼 풀을 주로 먹고 사는 초식동물이 **있는 반면에** (=있는가 하면) 호랑이처럼 동물의 고기를 먹고 사는 육식동물이 있다.
-(으)ㄴ/는가 하면	상반	
	일면	• 비둘기의 배설물은 각종 문화재를 **부식시키는가 하면**(≠부식시키는 반면에) 배설물 속에 들어있는 균은 인체에 해로운 영향을 끼치기도 한다.

상반

일면

09 N-에도 불구하고, V/A-(으)ㄴ/는데도 불구하고

N	-에도 불구하고	~
사실1	무관	사실2

생략형) N-에도

V	-는데도 불구하고	
A	-(으)ㄴ데도 불구하고	~
N	-인데도 불구하고	
사실1	무관 · 상반	사실2

생략형) V/A-(으)ㄴ/는데도

해설 앞의 사실과 상관없이 뒤의 사실이 일어남을 표현할 때 사용한다. 뒤의 사실은 상반된 사실이거나 예상·기대와는 다른 사실을 나타낸다. '그런데도'의 뜻이다. 주로 격식체에 사용하는데, 비격식적인 상황에서는 '불구하고'를 생략하는 경우가 많다. '-(으)ㅁ에도 불구하고'의 형태로 사용되기도 한다. 과거의 상황인 경우 '-았/었는데도 불구하고', '-았/었음에도 불구하고'를 사용한다.

예문
- 어려운 가정 **형편에도 불구하고** 꿈을 위해 학업을 포기하지 않았다.
- 승무원 시험에서 여러 번 **떨어졌음에도 불구하고** 한 번 더 도전하기로 결심했다.
- 가: 연하 씨는 맞벌이를 하니까 돈을 많이 모았겠어요?
  나: 아니요. 둘이 같이 **버는데도** 저축을 하기가 어려워요.
- 가: 한국어능력시험 잘 봤어요?
  나: 아니요. 열심히 **공부했는데도** 잘 못 봤어요.

연습 알맞은 단어를 골라 '-에도 불구하고'를 사용해서 문장을 완성하십시오.

노력	날씨	반대	몸살	단점

어휘 및 표현

사실 fact
무관 unconcernedness
상반 contrary
****
가정 형편 one's family circumstances
학업 studies
포기하다 give up
승무원 flight attendant
도전하다 challenge
맞벌이 work in double harness
돈을 모으다 save money
저축 saving
한국어능력시험 TOPIK
참석하다 attend

01 이렇게 추운 날씨에도 불구하고 참석해 주셔서 감사드립니다.

02 그 선수는 많은 _______________ 올림픽에서 메달을 따지 못했다.

03 김 부장은 _______________ 회사에 나와서 직접 일을 처리하였다.

04 양가 부모님의 _______________ 두 사람은 결혼에 골인했다.

05 가격이 비싸다는 _______________ 그 제품은 날개 돋친 듯 팔리고 있다.

 '–(으)ㄴ/는데도 불구하고'를 사용해서 대화를 완성하십시오.

01 가: 비가 와서 여행을 안 갔겠지요?

나: 아니요. 비가 오는데도 불구하고 여행을 갔대요.

02 가: 상조 씨는 돈을 잘 안 쓰는 것 같아요.

나: 맞아요. 돈이 _______________ 쓸 줄을 몰라요.

03 가: 아놀드 씨는 집이 머니까 지각을 자주 하지요?

나: 아니요. 집이 _______________ 가장 먼저 학교에 와요.

04 가: 연휴라서 고속도로가 많이 막혔지요?

나: 아니요. _______________ 별로 안 막혔어요.

05 가: 보람 씨에게 무슨 일 있어요?

나: 모르겠어요. 여러 번 _______________ 통화가 안 돼요.

어휘 및 표현

올림픽 the Olympics
메달을 따다 win a medal
양가 부모님 one's adoptive parents
결혼에 골인하다 be happily married
제품 product
날개 돋친 듯 팔리다 sell like hot cakes

10　V/A-건마는

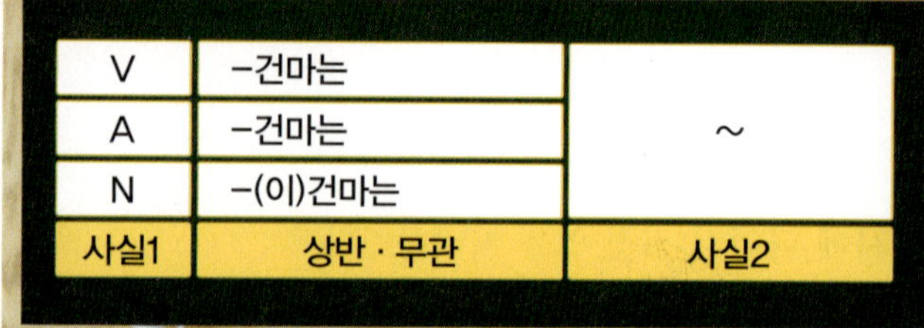

V	-건마는	
A	-건마는	~
N	-(이)건마는	
사실1	상반·무관	사실2

축약형) V/A-건만
유사 문법) V/A-지만

해설　　앞과 뒤의 사실이 서로 상반되거나 대조될 때 사용한다. '-지만'의 뜻이다. 주로 문어체와 격식체에 사용한다.

예문
- 올해 초에 세운 계획은 **많건마는** 실천한 것이 별로 없다.
- 미안하다고 여러 번 **사과했건마는** 받아주지 않는다.

연습　　'-건마는'을 사용해서 한 문장으로 쓰십시오.

01　항상 열심히 노력하다 / 실력이 향상되지 않다

⇨　항상 열심히 노력하건마는 실력이 향상되지 않는다.

02　그녀를 사랑하다 / 그녀는 나의 마음을 받아주지 않다

⇨　____.

03　날씨가 춥다 / 산책을 하는 사람들이 많다

⇨　____.

04　능력이 있는 사람이다 / 왜 취직 시험에서 떨어지는지 모르겠다

⇨　____.

05　오랜 시간이 지났다 / 그 사람을 아직도 잊을 수 없다

⇨　____.

어휘 및 표현

사실 fact
상반 contrary
무관 unconcernedness
****
실천하다 practise
사과하다 apologize
받아주다 accept
향상되다 improve
잊다 forget

초급

※ ( )에 알맞은 것을 고르십시오.

1. (3점)

> 가: 이 집이 마음에 드세요?
>
> 나: 아니요. 방은 ( ) 거실이 좀 작은 거 같아요.

① 커야 ② 커서 ③ 크면 ④ 큰데

※ 다음 두 문장을 바르게 연결한 것을 고르십시오.

2. (3점)

> 형은 키가 크다. / 동생은 키가 작다.

① 형은 키가 커서 동생은 키가 작습니다.

② 형은 키가 크면 동생은 키가 작습니다.

③ 형은 키가 크지만 동생은 키가 작습니다.

④ 형은 키가 크니까 동생은 키가 작습니다.

중급

※ 다음 ( )에 알맞은 것을 고르십시오.

1. (3점)

> 가: 상조 씨는 사람들과 이야기할 때 보면 정말 모르는 게 없는 것 같아요.
>
> 나: 아니에요. 잘 ( ) 아는 척하는 거예요.

① 모른다면 ② 모르면서 ③ 모르기에는 ④ 모른다거나

※ 다음 중 밑줄 친 부분이 맞는 것을 고르십시오.

2. (3점)

① 열심히 <u>공부했는데도</u> 성적이 올랐다.

② 내용이 어려워서 여러 번 <u>듣고도</u> 이해했다.

③ 이번 달에 저축을 <u>하려다가</u> 결국 했다.

④ 이 제품은 성능은 <u>좋으나</u> 값이 비싸다는 단점이 있다.

고급

※ [1-2] 다음 (   )에 알맞은 것을 고르십시오.

1. (3점)

> 키가 작은 사람은 모델이 될 수 없다는 (   ) 그는 자신의 콤플렉스를 극복하여 세계적으로 유명한 잡지 모델이 되었다.

① 편견을 가지고　　② 편견에 비추어　　③ 편견으로 인해　　④ 편견에도 불구하고

2. (3점)

> 나의 꿈을 펼칠 수 있는 이 날이 오기를 손꼽아 (   ) 너무 긴장한 나머지 좋은 성과를 거두지 못했다.

① 기다렸건마는　　② 기다렸거니와　　③ 기다렸으면서　　④ 기다렸기로서니

※ 다음 밑줄 친 부분과 의미가 가장 비슷한 것을 고르십시오.

3. (4점)

> 어떤 사람은 위기에 처했을 때 자신이 가지고 있는 능력보다 더 많은 능력을 <u>발휘하는 반면,</u> 어떤 사람은 자신이 가지고 있는 능력의 10분의 1도 발휘하지 못하기도 한다.

① 발휘하는 데다가　　② 발휘할까 해서　　③ 발휘하는가 하면　　④ 발휘할 거라면

서로 반대되는 형용사

1. 크다 ⇔ 작다

2. 많다 ⇔ 적다

3. 길다 ⇔ 짧다

4. 넓다 ⇔ 좁다

5. 밝다 ⇔ 어둡다

6. 높다 ⇔ 낮다

7. 비싸다 ⇔ 싸다

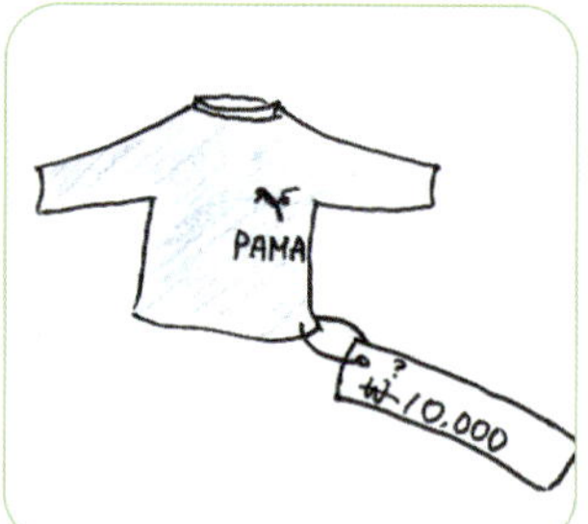

8. 어렵다 ⇔ 쉽다

9. 춥다 ⇔ 덥다

10. 무겁다 ⇔ 가볍다

11. 두껍다 ⇔ 얇다

12. 굵다 ⇔ 가늘다

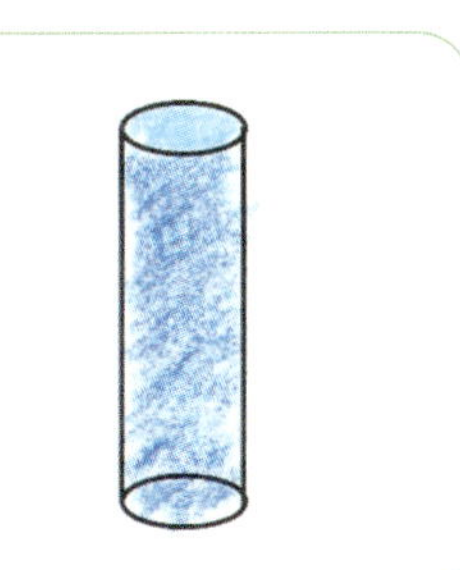

13. 뚱뚱하다 ⇔ 날씬하다

14. 조용하다 ⇔ 시끄럽다

15. 깨끗하다 ⇔ 더럽다

16. 진하다(짙다) ⇔ 연하다(옅다)

17. 재미있다 ⇔ 재미없다

18. 맛있다 ⇔ 맛없다

19. 가깝다 ⇔ 멀다

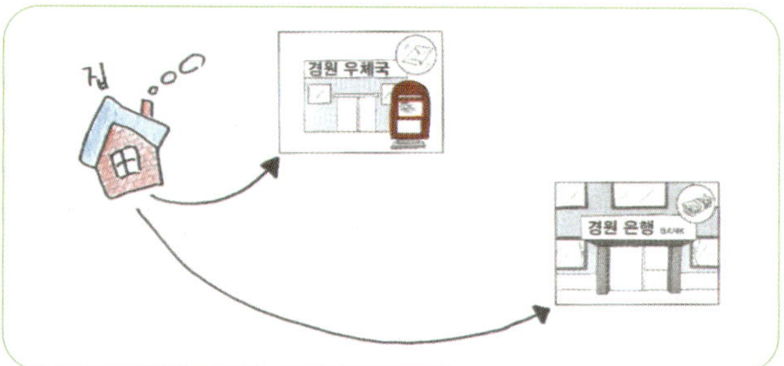

시인

‘시인’이란 어떤 내용이나 사실이 옳거나 그러하다고 인정함을 의미한다.

조사

- 중 N-치고
- 중 N-치고는

연결어미

- 고 V/A-거늘
- 고 V/A-(으)랴마는
- 고 V/A-겠냐마는
- 고 V/A-(으)ㄹ진대

종결어미

- 중 V/A-기는 하다.
- 고 V/A-(ㄴ/는)다고 치다.
- 고 V-(으)ㄴ 셈치다.

01 N-치고

N	-치고	~
대상	시인	일반적 특성 (이중 부정문) (반어적 의문문)

해설 앞의 대상을 인정하지만, 그 대상이 가지고 있는 일반적인 특성을 나타낼 때 사용한다. 'N 전체가 예외없이 모두'의 뜻이다. 뒤의 내용에는 주로 이중 부정문이나 반어적 의문문이 많이 사용된다.

- 이중 부정문 – 〈부정문〉을 다시 한 번 부정하여 강한 긍정을 나타낼 때 사용한다.
  예) 이번 주말까지 **비자를 연장하지 않으면 안 돼요.** (=비자를 연장해야 해요.)
- 반어적 의문문 I-159쪽 참조.

예문
- **아이치고** 아이스크림을 안 좋아하는 아이가 없다.
- **한국 사람치고** 성격이 급하지 않은 사람이 있을까?

연습 '-치고'를 사용해서 의미가 비슷한 문장으로 쓰십시오.

01 한국 사람들은 모두 매운 음식을 좋아한다.
⇒ 한국 사람치고 매운 음식을 안 좋아하는 사람이 없다.

02 외국인 관광객은 모두 경복궁을 구경한다.
⇒ ____.

03 농구 선수들은 대부분 키가 크다.
⇒ ____.

04 가격이 싼 제품은 대부분 품질이 나쁘다.
⇒ ____.

05 남자들은 모두 예쁜 여자를 좋아한다.
⇒ ____.

어휘 및 표현

대상 an object
시인 admission
일반적 특성 general Characteristics
이중 부정문 a double negative
반어적 의문문 rhetorical question
****
성격이 급하다 impetuous
관광객 tourist
대부분 mostly

02   N-치고는

N	-치고는	~
대상	시인	예외적 특성

축약형) N-치고
N-치곤

해설   앞의 대상이 가지고 있는 일반적인 특성을 인정하지만 그 밖의 예외적인 특성을 표현할 때 사용한다. 'N-을/를 기준으로 볼 때 예외적으로' 의 뜻이다.

예문
- **아이치고는** 생각이 깊다.
- **겨울치고는** 춥지 않다.

연습   '-치고는' 을 사용해서 문장을 완성하십시오.

01 영화배우치고는 못생겼어요.

02 중고 냉장고치고는 _______________________.

03 농구 선수치고는 _______________________.

04 외국 사람치고는 _______________________.

05 비싼 물건치고는 _______________________.

어휘 및 표현

대상 an object
시인 admission
예외적 특성 exceptional Characteristics
****
못생기다 ugly

01 V/A-거늘

V	-거늘	
A	-거늘	~
N	-(이)거늘	
사실	시인	당위(반어적 의문문)

해설   앞의 내용에는 어떠한 사실을 인정하면서 뒤의 내용에서는 당연히 그러해야 한다는 의견을 표현할 때 사용한다. '-(으)ㄴ/는데 당연히'의 뜻이다. 뒤의 내용에는 주로 반어적 의문문이 많이 사용된다. '하물며, 어찌' 등과 같이 쓰여 의미를 강조해 주기도 한다.

예문
- 짐승도 은혜를 갚는다고 **하거늘** 하물며 사람이 그 은혜를 잊어서는 안 되지요.
- 이것이 자연의 **순리거늘** 어찌 거스를 수 있겠는가?

연습   '-거늘'을 사용해서 한 문장으로 쓰십시오.

01 세 번이나 설명했다 / 아직도 이해하지 못했다고요
⇨ 세 번이나 설명했거늘 아직도 이해하지 못했다고요?

02 모르는 사람도 돕다 / 어찌 가족을 외면할 수 있지요
⇨ ____?

03 부모님은 키가 크다 / 아이는 왜 저렇게 키가 작은지 모르겠어요
⇨ ____.

04 결혼반지이다 / 어찌 그것을 잃어버릴 수가 있어요
⇨ ____?

05 어제도 늦게 와서 혼났다 / 오늘도 지각했단 말이에요
⇨ ____?

어휘 및 표현

사실 fact
시인 admission
당위 need
반어적 의문문 rhetorical question
****
짐승 animal
은혜를 갚다 return favor
하물며 much less
잊다 forget
자연의 순리 the laws of nature
어찌 how, what
거스르다 go against
외면하다 look the other way
잃어버리다 lose
혼나다 be scolded

02 V/A-(으)랴마는, V/A-겠냐마는

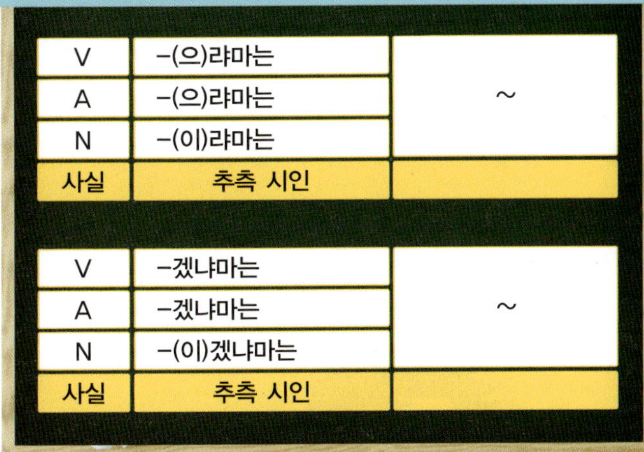

해설   앞의 내용은 어떠한 사실을 추측하면서 인정하지만 그것이 뒤의 내용에 영향을 미치지 않는다는 의미를 나타낸다. 앞의 추측은 긍정은 부정으로, 부정은 긍정으로 반대로 표현해야 한다. '당연히 -겠지만' 의 뜻이다.

앞의 내용 + 뒤의 내용		• 이번 시험에 꼭 붙을 거예요. + 그래도 방심하지 않겠습니다.
시인 (반대 표현)	상반 어휘 대치	• 이번 시험에 **떨어지랴마는** 그래도 방심하지 않겠습니다.
	긍정/부정 대치	• 이번 시험에 **붙지 않으랴마는** 그래도 방심하지 않겠습니다.
의미		• 이번 시험에 **당연히 붙겠지만** 그래도 방심하지 않겠습니다.

예문   ■ 이번에도 **실패하랴마는**(=실패하겠냐마는) 그래도 철저히 준비하도록 하자.
■ 자식을 위해 희생하지 않는 어머니가 어디 **있으랴마는**(=있겠냐마는) 우리 어머니는 우리를 위해 헌신하셨다.

시인

 '-(으)랴마는, -겠냐마는'을 사용해서 한 문장으로 쓰십시오.

01 사람들이 가방을 가져가지 않을 거다 / 그래도 지갑은 챙겨 가자
⇨ 사람들이 가방을 가져가랴마는(가져가겠냐마는) 그래도 지갑은 챙겨 가자.

02 아버지가 어머니 생일을 알 거다 / 다시 한번 알려 드렸다
⇨ ____.

03 선생님이 아직 퇴근하지 않았을 거다 / 사무실로 전화해 보자
⇨ ____.

04 부모가 자식을 미워하지 않을 거다 / 버릇이 없을까 봐서 엄하게 길렀다
⇨ ____.

05 내일 날씨가 춥지 않을 거다 / 혹시 모르니까 긴 옷을 챙기도록 해라
⇨ ____.

어휘 및 표현

사실 fact
추측 시인 suppositional admission
****
실패 failure
철저히 thoroughly
자식 sons and daughters
희생하다 sacrifice
헌신하다 devote oneself to
챙기다 pack
버릇이 없다 ill-mannered
엄하게 strictly
기르다 bring up

03 V/A–(으)ㄹ진대

V	–(으)ㄹ진대	
A	–(으)ㄹ진대	~
N	–일진대	
사실	시인 ⇨ 도입	의견(반어적 의문문)

해설   앞의 내용에는 어떠한 사실을 인정하고, 그 사실을 도입하여 뒤의 내용에 자신의 의견을 표현할 때 사용한다. '–(으)ㄴ/는데'의 뜻이다. 뒤의 내용에는 주로 반어적 의문문이 많이 사용된다.

예문   ■ 여러 번 들어도 **모를진대** 한 번 들었다고 다 이해하겠어요?
　　　■ 아이도 자신의 생각이 **있을진대** 스스로 결정하도록 하는 게 어때요?

연습   다음을 연결하고 '–(으)ㄹ진대'를 사용해서 한 문장으로 쓰십시오.

1) 인간관계가 중요하다	더 열심히 해야겠지요?
2) 어린이도 알다	왜 벌을 안 받겠어요?
3) 수자원이 부족하다	빨리 화해하는 게 어때요?
4) 부모님의 기대가 크다	물을 낭비하면 안 되겠지요?
5) 법치국가이다	설마 어른이 모르겠어요?

01 인간관계가 중요할진대 빨리 화해하는 게 어때요?

02 ____?

03 ____?

04 ____?

05 ____?

시인

01 V/A-기는 하다.

V	-기는 하다.
A	-기는 하다.
N	-(이)기는 하다.
사실	부분 시인

축약형) V/A-긴 하다.
강조형) V/A-기야 하다.

해설

앞의 어떠한 사실을 부분적으로 인정하지만 그것과 상반된 화자의 의견이 있음을 나타낸다. 단독으로 쓰이기도 하지만 'V/A-기는 하지만', 'V-기는 하는데', 'A-기는 한데'의 형태로 사용되는 경우가 많다. 이 경우에는 앞뒤 내용의 화제가 동일해야 하며 뒤의 내용을 강조하는 의미가 있다. 시제는 '하다'에 나타난다.

'V₁/A₁-기는 V₁/A₁-다.' 가 원래 형태이나 반복을 피하기 위해 보통 '하다' 로 바꿔 쓴다.
예) 가끔 <u>만나기는 만나지만</u>(=만나기는 하지만) 자주 연락하지는 않아요.

예문

- 그 여자가 날씬하고 **예쁘기는 해요**.
- 의자가 **편하기는 하지만** 색이 마음에 안 들어요.
- 일을 많이 해서 몸이 **피곤하기는 한데** 마음은 가벼워요.
- 예전에는 클래식을 자주 **듣기는 했어요**. 그런데 요즘에는 잘 안 들어요.

연습

'-기는 하지만' 을 사용해서 대화를 완성하십시오.

01 가: 한국 생활이 힘들지요?
　　 나: <u>힘들기는 하지만</u> 재미있어요.

어휘 및 표현

사실 fact
부분 시인 partial admission
****
마음이 가볍다 feel easy
클래식 classical music
살(을) 빼다 diet
다이어트(를) 하다 diet
담배를 줄이다 cut down on cigarette

02 가: 이 가방이 어때요?

나: _________________________ 비싸요.

03 가: 피아노를 칠 줄 아세요?

나: _________________________ 잘 못 쳐요.

04 가: 작년에도 이렇게 더웠어요?

나: _________________________ 올해보다는 덥지 않았어요.

05 가: 어제 본 영화 어땠어요?

나: _________________________ 좀 슬펐어요.

연습 '–기는 하는데, –기는 한데'를 사용해서 대화를 완성하십시오.

01 가: 요즘 살 빼려고 다이어트를 한다면서요?

나: 다이어트를 하기는 하는데 살이 안 빠져요. (다이어트를 하다 / 살이 안 빠지다)

02 가: 신발이 마음에 드세요?

나: _________________________________. (디자인이 예쁘다 / 발이 불편하다)

03 가: 등산하는 것을 좋아하세요?

나: _________________________________. (좋아하다 / 자주 못 하다)

04 가: 집이 회사에서 멀어서 다니기 힘들지요?

나: _________________________________. (멀다 / 교통이 편리하다)

05 가: 요즘도 담배를 피우세요?

나: _________________________________. (담배를 피우다 / 많이 줄였다)

〈시인〉의 '-기는 하지만'과 〈상반〉의 '-지만'은 어떻게 다를까요?

1 〈시인〉의 '-기는 하지만'은 앞의 내용을 인정은 하지만, 뒤의 상반된 내용을 강조하는 의미가 있는 반면, 〈상반〉의 '-지만'은 앞뒤의 내용이 상반됨을 나타낸다.

문법	기능	상반	예문
-기는 하지만	시인	인정 ⇨ 상반	• 운전을 <u>**할 수 있기는 하지만**</u> 잘 못해요. (운전할 수 있다는 사실을 인정하지만 잘 못한다는 사실을 강조함.)
-지만	상반	상반	• 운전을 <u>**할 수 있지만**</u> 잘 못해요. (운전할 수 있다는 사실과 잘 못한다는 사실을 상반되게 나타냄.)

시인

상반

02 V/A-(ㄴ/는)다고 치다.

V	-(ㄴ/는)다고 치다.
A	-다고 치다.
N	-(이)라고 치다.
사실	시인

생략형) V/A-(ㄴ/는)다 치다.

해설 앞의 어떠한 사실을 일단 인정하고 인정한 사실에 대해 질문하거나 의견을 제시할 때 사용한다. '일단 그렇다고 생각하다.'의 뜻이다. '그건 그렇다고 치자.', '그건 그렇다고 치고'의 형태로 사용되는 경우가 많다. 이때 '치자'는 앞의 사실을 인정하지만 그에 대해 반론을 제시할 때 사용하며, '치고'는 앞의 사실을 인정하면서 그와 관련된 의견을 제시하거나 질문을 할 때 사용한다. 과거의 상황인 경우 '-았/었다고 치다.'를 사용한다.

예문
- 가: 대학 졸업하기 전에 결혼하고 싶어요.
  나: **결혼한다고 치자.** 그 다음에는 어떻게 먹고 살 거야?
- 가: 다음부터는 준비를 잘해서 실수하지 않겠습니다.
  나: 그건 **그렇다고 치고,** 우선 이 일부터 마무리합시다.
- 가: 난 어렸을 때 키가 큰 편이었어.
  나: 키가 **컸다고 치자.** 그런데 지금은 왜 이렇게 작아?

시인

 '-(ㄴ/는)다고 치자.'와 '-(ㄴ/는)다고 치고' 중 하나를 골라서 대화를 완성하십시오.

01 가: 한국 생활이 힘들어서 고향으로 돌아갈까 해.

나: <u>고향으로 돌아간다고 치자.</u> 돌아가서 뭐 할 건데?

02 가: 한국어 교재를 만든다면 우리 어학원이 크게 발전할 수 있을 거라고 봅니다.

나: _________________________, 구체적인 계획을 세워 봅시다.

03 가: 잃어버린 지갑을 찾을 수 있을까?

나: _________________________. 그런데 지갑에 돈이 그대로 있을까?

04 가: 죄송합니다. 다음부터는 회의에 늦지 않겠습니다.

나: 그건 _________________________, 어제 시킨 일을 다 했어요?

05 가: 학교를 그만두고 취업을 하려고 해.

나: _________________________. 나중에 후회하지 않겠어?

03 V–(으)ㄴ 셈치다.

V	–(으)ㄴ 셈치다.
사실	시인 ⇨ 합리화

해설 실제 사실은 아니지만 그것과 마찬가지라고 인정할 때 사용한다. 어떠한 사실을 합리화하거나 정당화하는 데 있어서 그 기준을 화자가 임의적으로 정하여 표현할 때 사용한다. 앞으로 일어날 사실에 대해서는 '–는 셈치다.'를 사용하기도 한다. '–(으)ㄴ 셈치고(는)'의 형태로 많이 사용된다.

예문
- 오늘은 시간이 없으니까 그냥 **먹은 셈치겠습니다**.
- 사람 하나 **살리는 셈치고** 도와주세요.
- 청소를 안 **한 셈치고는** 방이 깨끗한 편이다.

연습 '–(으)ㄴ 셈치다.'와 '–(으)ㄴ 셈치고' 중 하나를 골라서 대화를 완성하십시오.

01 가: 휴대전화를 못 찾겠어요. 누가 가져갔나 봐요.
　　나: 잃어버린 셈치고 하나 구입하세요. (잃어버리다)

02 가: 그 친구 말은 더 이상 믿을 수가 없어.
　　나: ＿＿＿＿＿＿＿＿＿＿＿＿＿＿＿＿. (그냥 속다)

03 가: 그렇게 심한 말을 들었는데도 그 친구하고 계속 만날 거야?
　　나: ＿＿＿＿＿＿＿＿＿＿＿＿＿＿＿. (그 말은 안 들었다)

04 가: 요즘 아들 때문에 속상해 죽겠어요.
　　나: ＿＿＿＿＿＿＿＿＿＿＿＿＿＿. (자식 하나 없다)

05 가: 시험 잘 봤어요?
　　나: ＿＿＿＿＿＿＿＿＿＿＿＿＿＿. (공부를 안 했다)

어휘 및 표현

사실 fact
시인 admission
합리화 self–justification
****
살리다 save
잃어버리다 lose
믿다 believe
속다 be deceived
심하다 strong
속상하다 upset
자식 sons and daughters

비교 2 〈시인〉의 '–(으)ㄴ 셈치다.'와 〈판단〉의 '–(으)ㄴ/는 셈이다.'는 어떻게 다를까요?

〈판단〉 101쪽 참조.

중급

※ [1-2] 다음 (   )에 알맞은 것을 고르십시오.

1. (3점)

> 가: 부장님, 말씀하신 자료 모두 정리했는데요.
>
> 나: 처음 하는 일(   ) 잘했네요.

① 은커녕　　　　② 치고는　　　　③ 만큼은　　　　④ 이야말로

2. (3점)

> 가: 새로 이사 간 집은 어때요?
>
> 나: 집이 넓어서 (   ) 청소하기가 힘들어요.

① 좋기는 한데　　　　② 좋기도 하고　　　　③ 좋기만 하지만　　　　④ 좋기도 해서

※ 다음 중 밑줄 친 부분이 맞는 것을 고르십시오.

3. (3점)

① 바쁜 중에도 너마저 결혼식에 와 주셔서 고마워.

② 요즘 초등학생치고 컴퓨터를 못하는 아이가 어디 있을까?

③ 내가 어렸을 때는 가정 형편이 어려워서 먹을 것이나 없었어.

④ 지난달에는 수입에다가 비해 지출이 많아서 생활하기 어려웠다.

고급

※ [1-3] 다음 (   )에 알맞은 것을 고르십시오.

1. (3점)

> 돈을 잘 안 갚는 친구에게 (   ) 돈을 또 빌려 줬다.

① 속고자　　　　② 속은 이상　　　　③ 속다 보니　　　　④ 속는 셈치고

2. (3점)

> 우리가 최선을 다해도 승리하기 (　　　) 하물며 노력하지 않고 이기기를 원해서야 되겠는가?

① 어렵거늘　　　　　② 어렵답시고　　　　　③ 어려울까마는　　　　　④ 어려운 탓에

3. (3점)

> 그의 죽음은 친구인 나조차 이렇게 (　　　) 그의 가족들은 어떠할까?

① 슬프기로서니　　　　　② 슬프도록　　　　　③ 슬플진대　　　　　④ 슬플수록

※ 다음 밑줄 친 부분과 의미가 가장 비슷한 것을 고르십시오.

4. (3점)

> 열 손가락 깨물어서 안 아픈 손가락이 <u>있겠냐마는</u> 우리 부모님은 유독 나를 아끼고 사랑해주셨다.

① 있을진대　　　　　② 있거늘　　　　　③ 있을지라도　　　　　④ 있으랴마는

※ 다음 밑줄 친 부분이 **틀린** 것을 고르십시오.

5. (3점)

① 일을 이미 <u>시작한 이상</u> 마무리를 잘해야 한다.

② 그 사람은 일을 열심히 <u>하기는 하지만</u> 성과가 좋지 않다.

③ 친구를 <u>속일 수 있다고 치고,</u> 그래야 네 마음이 편하지.

④ 외국어를 배우는 것이 <u>쉽겠냐마는</u> 끝까지 포기하면 안 된다.

남녀의 말다툼

여자: 어떻게 나 말고 다른 여자한테 눈을 돌릴 수 있어?

남자: **남자치고** 예쁜 여자 안 좋아하는 사람이 어디 있어? 남자는 다 똑같아.

여자: 그래도 오빠는 다를 줄 알았어. 우리 그냥 헤어져.

남자: 뭐? 헤어지자고? 내가 **잘못하긴 했지만** 그렇다고 헤어지자고 하냐?

여자: 난 나만 예뻐해 주는 남자 만날 거야.

남자: 남이 잘못해도 한번은 **용서해 주거늘** 어떻게 나한테 그렇게 말할 수 있니?

여자: 몰라. 그냥 헤어져.

남자: 우리 **헤어진다고 치자.** 너 나 없이 살 수 있어?

여자: 이 세상에 오빠가 **없는 셈치고** 살면 돼.

남자: 미안해. 다시는 안 그럴게. 한번만 용서해 줘.

의견

한자	영어	중국어	일어	몽골어
意見	Opinion	意见	意見	санал

'의견'은 어떠한 대상에 대하여 가지는 생각이라는 의미이다. 의견을 말하는 상황은 발의, 동의, 이의 세 가지로 나눌 수 있다. 발의는 자기의 의견을 이야기하는 것이고, 동의는 상대의 의견에 찬성하는 것이고, 이의는 상대의 의견에 반대하는 것을 나타낸다.

발의

- 중 V/A-(ㄴ/는)다고 보다.
- 고 V/A-(ㄴ/는)다고 할 수 있다.

동의

- 중 V/A-지요. ①
- 중 V/A-고말고요.

이의

- 중 V/A-지 않겠습니까?
- 중 V/A-(으)면 뭘 해요?
- 중 V/A-기는요.
- 중 그렇다고 V-(으)ㄹ 수는 없지요.
- 고 V/A-(ㄴ/는)다고 해서 N-은/는 것은 아니다.

01 V/A-(ㄴ/는)다고 보다.

V	-(ㄴ/는)다고 보다.
A	-다고 보다.
N	-(이)라고 보다.
화제	자기 의견

해설 어떠한 화제에 대하여 자기의 의견을 표현할 때 사용한다. '-(ㄴ/는)다고 생각하다.' 의 뜻이다.

예문
- 자신을 사랑할 줄 아는 사람이 다른 사람도 **사랑할 줄 안다고 봅니다.**
- 건강을 위해서 규칙적인 생활과 운동은 꼭 **필요하다고 봐요.**

연습 '-(ㄴ/는)다고 보다.' 를 사용해서 대화를 완성하십시오.

어휘 및 표현

화제 topic
자기 의견 personal opinion
****
규칙적인 regular
직장을 구하다 find a job
중요하다 important
적성에 맞다 have an aptitude for
원하다 want
대중교통 public transportation
재활용 recycling
자제하다 control one's appetite
우승하다 win the championship
기회 chance

01 가: 직장을 구할 때 가장 중요하게 생각하는 것이 무엇입니까?
　　나: 자신의 적성에 맞는 일을 찾는 것이 가장 <u>중요하다고 봅니다.</u> (중요하다)

02 가: 최근 젊은 부부들이 아이를 낳지 않는다고 하던데 사실입니까?
　　나: 그런 부부들도 있지만 아직까지는 아이를 원하는 부부가 더 ＿＿＿＿＿＿＿. (많다)

03 가: 환경을 보호하기 위해 우리가 할 수 있는 일은 어떤 것이 있습니까?
　　나: 대중교통 수단을 이용하고 쓰레기를 재활용하는 것이 ＿＿＿＿＿＿＿. (도움이 되다)

04 가: 횡단보도에서 흡연하는 것에 대해 어떻게 생각하세요?
　　나: 흡연은 자유지만 피우지 않는 사람들을 위해서 ＿＿＿＿＿＿＿. (자제해야 하다)

05 가: 이번 대회에서는 우리가 저 팀을 이길 수 있을까요?
　　나: 이번 대회는 우리가 우승할 수 있는 좋은 ＿＿＿＿＿＿＿. (기회이다)

02 V/A-(ㄴ/는)다고 할 수 있다.

V	–(ㄴ/는)다고 할 수 있다.
A	–다고 할 수 있다.
N	–(이)라고 할 수 있다.
화제	간접적 진술

강조형) V/A-(ㄴ/는)다고도 할 수 있다.

해설 어떠한 화제에 대하여 단정적으로 말하지 않고 간접적이고 우회적으로 표현할 때 사용한다.

예문
- 산업화에 따른 환경 파괴는 인간의 건강에 심각한 영향을 **끼친다고 할 수 있다.**
- 이번 한국어능력시험은 지난번 시험보다 **어렵다고 할 수 있다.**

연습 알맞은 표현을 골라 '-(ㄴ/는)다고 할 수 있다.'를 사용해서 문장을 완성하십시오.

성숙하다   최선을 다했다   용감하다   정이 많다   원인이다

어휘 및 표현

화제 topic
간접적 진술 a roundabout statement
****
산업화 industrialization
환경 파괴 destruction of the environment
심각하다 serious
영향을 끼치다 influence
한국어능력시험 TOPIK
정이 많다 be warmhearted
신체적 physical
성숙하다 mature
현대인 Modern people
성인병 adult disease
식사량 the size of one's meal
운동량 quantity of motion
철로 railroad
뛰어들다 jump in front of
용감하다 brave
마라톤을 완주하다 run the full marathon course
최선을 다하다 do one's best

01 한국 사람들은 다른 나라 사람들에 비해 <u>정이 많다고 할 수 있어요.</u>

02 요즘 어린이들은 10년 전 어린이들보다 신체적으로는 더 ＿＿＿＿＿＿＿＿＿＿＿.

03 현대인의 성인병 증가는 식사량에 비해 적은 운동량이 그 ＿＿＿＿＿＿＿＿＿＿＿.

04 지하철 철로에 뛰어든 사람을 구한 그 청년이야말로 ＿＿＿＿＿＿＿＿＿＿＿.

05 마라톤을 완주한 그 선수는 비록 성적이 좋지 않았지만 ＿＿＿＿＿＿＿＿＿＿＿.

01 V/A-지요. ①

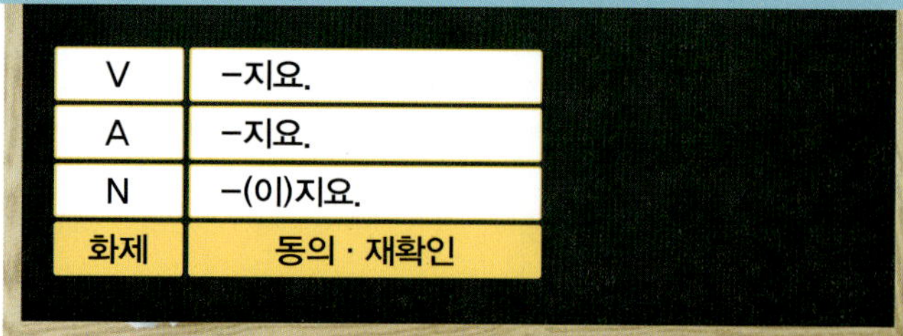

축약형) V/A-죠.

해설 화제에 대하여 화자가 이미 알고 있는 상태에서 상대방의 의견에 동의하거나 상대방이나 다른 사람들이 모두 알고 있는 사실을 재확인할 때 사용한다. 주로 구어체와 비격식체에 사용한다.

‘-지요.’는 ‘-아/어요.’와 마찬가지로 평서문, 의문문, 명령문, 청유문이 모두 같은 형태인데, 억양에 따라 구별된다.
예) 한국 사람들은 설날이나 추석에 고향에 많이 가지요. → (평서문)
　　한국 사람들은 설날이나 추석에 고향에 많이 가지요? ↗ (의문문)
　　어서 가지요. ↘ (명령문)
　　같이 가지요. ⤴ (청유문)

예문　■ 가: 두 달 전에 산 휴대전화가 안 돼요.
　　　　나: 그렇게 자주 떨어뜨리니까 **고장나지요.**
　　■ 가: 요즘 감기에 걸린 사람이 너무 많아요.
　　　　나: 환절기라서 감기에 걸린 사람이 **많지요.**

 알맞은 단어를 골라 '–지요.'를 사용해서 대화를 완성하십시오.

| 예의이다 | 빠르다 | 가입하다 | 필요하다 | 비싸다 |

01 가: 강남역에 가려고 하는데 지하철을 타는 게 좋을까요?
　　나: 지금 이 시간에는 지하철이 <u>빠르지요.</u> 지하철을 타세요.

02 가: 한국에서는 집들이에 초대 받았을 때 꼭 선물을 사 가야 해요?
　　나: 꼭 그런 것은 아니지만 보통 작은 선물을 사 가는 것이 ____________.

03 가: 작년보다 전자사전 가격이 많이 오른 것 같아요.
　　나: 이건 최신형 모델이니까 당연히 가격이 ____________.

04 가: 요즘 왜 많은 사람들이 동호회에 들어가는지 모르겠어요.
　　나: 취미가 같은 사람들끼리 만날 수 있으니까 동호회에 ____________.

05 가: 성공한 사람들을 보면 노력과 인내심이 있는 것 같아요.
　　나: 성공하려면 끝없는 노력과 인내심이 ____________.

의견

〈의견〉의 '-지요. ①'과 〈평서문〉 '-아/어요.'는 어떻게 다를까요?

〈의견〉의 '-지요.'는 정보에 대해 화자가 이미 알고 있었음을 나타내는 반면, 〈평서문〉의 '-아/어요.'는 정보에 대하여 화자가 알고 있었는지는 알 수 없다.

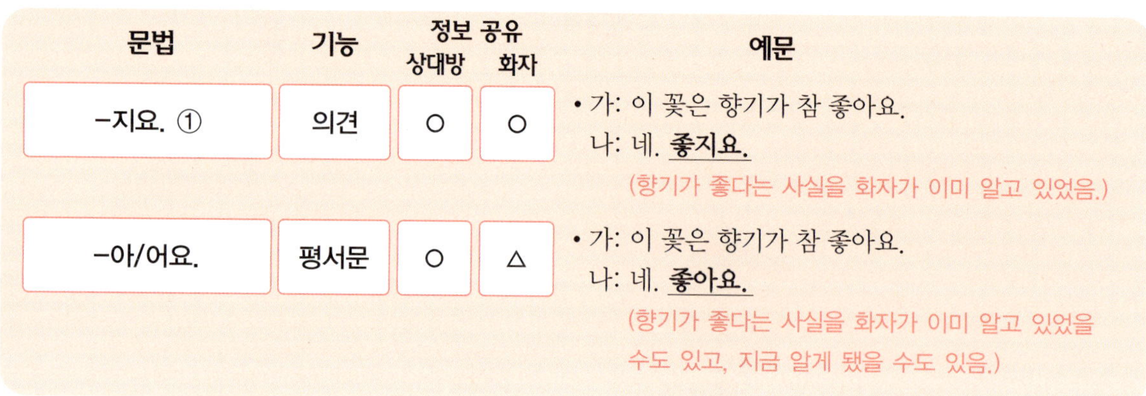

문법	기능	정보 공유		예문
		상대방	화자	
-지요. ①	의견	○	○	• 가: 이 꽃은 향기가 참 좋아요. 나: 네. **좋지요.** (향기가 좋다는 사실을 화자가 이미 알고 있었음.)
-아/어요.	평서문	○	△	• 가: 이 꽃은 향기가 참 좋아요. 나: 네. **좋아요.** (향기가 좋다는 사실을 화자가 이미 알고 있었을 수도 있고, 지금 알게 됐을 수도 있음.)

〈의견〉의 '-지요. ①'과 〈확인〉의 '-지요?'는 어떻게 다를까요?

〈확인〉 110쪽 참조.

〈의견〉, 〈명령·권유〉, 〈제안〉의 '-지요.'는 어떻게 다를까요?

〈제안〉 181쪽 참조.

02 V/A-고말고요.

V	–고말고요.
A	–고말고요.
N	–(이)고말고요.
화제	동의

해설 상대방의 의견에 동의하거나 그렇게 하겠다고 강조하여 말할 때 사용한다. '당연히 그렇다.', '(물론) –지요.' 의 뜻이다. 주로 구어체와 비격식체에 사용한다.

예문
- 가: 보하 씨, 한국 배우 중에서 배영준을 아세요?
  나: **알고말고요.** 중국에서 얼마나 유명한데요.
- 가: 마이클 씨의 여자 친구를 만난 적 있어요? 예뻐요?
  나: **예쁘고말고요.** 저는 연예인인 줄 알았어요.

연습 '–고말고요.' 를 사용해서 대화를 완성하십시오.

01 가: 내일 보람 씨 병문안을 가려고 하는데 같이 갈 수 있어요?
　　나: <u>갈 수 있고말고요.</u> 몇 시에 갈 거예요?

02 가: 엄마가 해 주시는 음식이 제일 맛있지요?
　　나: ＿＿＿＿＿＿＿＿＿. 특히 김치찌개가 제일 맛있어요.

03 가: 지갑을 기숙사에 놓고 왔는데 회비를 내일 내도 돼요?
　　나: ＿＿＿＿＿＿＿＿＿. 내일은 꼭 가져 오세요.

04 가: 저 사람하고 가까워 보이는데 둘이 친해요?
　　나: ＿＿＿＿＿＿＿＿＿. 초등학교 때부터 알고 지내는 친구예요.

05 가: 아놀드 씨는 모든 일에 항상 적극적이에요.
　　나: ＿＿＿＿＿＿＿＿＿. 친구들이 어려운 일이 있을 때마다 늘 먼저 도와줘요.

> **어휘 및 표현**
> 화제 topic
> 동의 agreement
> ＊＊＊＊＊＊＊＊＊＊＊＊＊＊＊＊＊＊＊＊
> 연예인 entertainer
> 병문안 a visit to a sick person
> 회비 membership fee
> 적극적이다 active
> 늘 always
> 먼저 first

01 V/A-지 않겠습니까?

V	-지 않겠습니까?
A	-지 않겠습니까?
N	-(이)지 않겠습니까?
화제	이의 제기

해설

상대방의 의견에 대하여 간접적인 방법으로 이의를 제기하거나 반박할 때 사용한다. 주로 격식체에 사용한다. 비격식적인 상황에서는 '-지 않겠어요?', '-지 않을까요?'를 사용한다.

상대방의 의견에 직접적인 방법으로 이의를 제기하거나 반박할 때에는 '-지 않습니까?'를 사용한다. '-지 않겠습니까?'는 추측의 '-겠-'이 쓰여 확신할 수 없지만 추측 가능한 상황을 근거로 이의를 간접적으로 제기하는 반면, '-지 않습니까?'는 반대 의견을 확실하게 표현하여 좀 더 강하고 직접적으로 이의를 제기할 때 사용한다.

예) 가: 이번 프로젝트를 예정보다 빨리 끝내도록 합시다.
　　나: 조급하게 서두르기보다는 차근차근하는 것이 더 **좋지 않습니까?** (직접적)
　　　　조급하게 서두르기보다는 차근차근하는 것이 더 **좋지 않겠습니까?** (간접적)

예문

■ 가: 이번 문화 체험은 1박 2일로 제주도에 가는 게 어떻습니까?

　나: 1박 2일로 가기에는 시간이 **부족하지 않겠습니까?**

■ 가: 면접을 본 회사에서 연락이 없는데 제가 전화해 볼까요?

　나: 그쪽에서 먼저 **연락하지 않겠어요?** 좀 더 기다려 보세요.

 '-지 않겠습니까?'를 사용해서 대화를 완성하십시오.

01 가: 등산 갈 때 우산은 없어도 되겠지요?

　　나: 일기예보에서 비가 온다고 했으니까 <u>필요하지 않겠습니까?</u>

02 가: 연하 씨의 졸업 선물로 전자사전을 사 주면 어떻습니까?

　　나: 전자사전은 있으니까 노트북이 더 ＿＿＿＿＿＿＿＿＿?

03 가: 저녁에 강남역 근처에 가서 식사하는 게 어떻습니까?

　　나: 퇴근 시간이라서 길이 ＿＿＿＿＿＿＿＿＿? 가까운 곳에서 식사하지요.

04 가: 카페에 들어가서 얘기하도록 합시다.

　　나: 거기는 사람이 많아서 ＿＿＿＿＿＿＿＿＿? 그냥 사무실로 가서 얘기합시다.

05 가: 아이가 책은 안 보고 컴퓨터 게임만 해서 걱정이에요.

　　나: 부모님이 함께 책을 읽으면 아이도 책을 ＿＿＿＿＿＿＿＿＿?

02 V/A-(으)면 뭘 해요?

V	-(으)면 뭘 해요?
A	-(으)면 뭘 해요?
N	-(이)면 뭘 해요?
화제	무용 ⇨ 반박

해설 어떠한 화제에 대하여 그것이 있어도 소용이 없거나 쓸모가 없다고 반박할 때 사용한다. 주로 구어체와 비격식체에서 사용한다.

예문
- 가: 요즘 중국어 학원에 다닌다면서요?
  나: 학원에 **다니면 뭘 해요?** 아직 발음도 잘 못해요.
- 가: 태완 씨는 친구가 정말 많은 것 같아요.
  나: 친구가 **많으면 뭘 해요?** 여자 친구가 없는데……

연습 '-(으)면 뭘 해요?'를 사용해서 대화를 완성하십시오.

01 가: 보하 씨 남자 친구는 키가 커요.
　　나: 키가 크면 뭘 해요? 얼굴이 못생겼는데……

02 가: 상조 씨는 돈이 많아서 좋겠어요.
　　나: ＿＿＿＿＿＿＿＿＿＿? 제대로 쓸 줄 모르는데요.

03 가: 마이클 씨는 한국어 문법을 많이 알아요.
　　나: 말하기를 잘 못하는데 ＿＿＿＿＿＿＿＿＿＿?

04 가: 남자 친구가 있다면서요?
　　나: ＿＿＿＿＿＿＿＿＿＿? 바빠서 얼굴도 못 보는데요.

05 가: 다음 주부터 휴가라면서요?
　　나: ＿＿＿＿＿＿＿＿＿＿? 아이 때문에 여행도 못 가는걸요.

어휘 및 표현

화제 topic
무용 uselessness
반박 refutation
****
못생기다 ugly
제대로 properly

03   V/A-기는요.

V	-기는요.
A	-기는요.
N	-(이)기는요.
상대 의견	부정·이의 제기

축약형) V/A-긴요.

해설   상대방의 의견에 대하여 가볍게 부정하거나 이의를 제기할 때 사용한다. 상대방이 칭찬하거나 사과하는 경우에 대답으로 사용하면 겸손함을 나타내기도 한다. 주로 구어체와 비격식체에 사용한다.

예문   ■ 가: 보람 씨는 술을 잘 마신다면서요?
　　나: 잘 **마시기는요.** 맥주 한 잔만 마셔도 얼굴이 빨개져요.
　　■ 가: 바쁜데 도와주셔서 고마워요.
　　나: **고맙기는요.**

연습   '-기는요.'를 사용해서 대화를 완성하십시오.

01   가: 한국어를 참 잘하시네요.
　　나: 잘하기는요. 아직 모르는 것이 더 많아요.

02   가: 커피가 아직 따뜻하지요?
　　나: ＿＿＿＿＿＿＿＿＿. 벌써 다 식었어요.

03   가: 태완 씨가 오늘은 일찍 왔어요?
　　나: ＿＿＿＿＿＿＿＿＿. 오늘도 30분 지각했어요.

04   가: 주말에 잘 쉬었어요?
　　나: ＿＿＿＿＿＿＿＿＿. 집안일 하느라고 못 쉬었어요.

05   가: 연하 씨는 말이 없는 편이지요?
　　나: ＿＿＿＿＿＿＿＿＿. 좀 친해지면 말이 얼마나 많은데요.

어휘 및 표현
상대 의견 the opposing opinion
부정 negation
이의 제기 a formal objection
****
식다 go cold
집안일 housework

04 그렇다고 V-(으)ㄹ 수는 없지요.

그렇다고	V	-(으)ㄹ 수는 없지요.
	행동	이의 제기

해설 상대방의 의견에 대하여 화자가 생각할 때 옳지 않은 행동을 할 수 없다고 이의를 제기하거나 반박할 때 사용한다.

예문
- 가: 아무도 없으니까 그냥 건넙시다.
  나: **그렇다고** 신호를 **무시할 수는 없지요.**
- 가: 요즘 기분이 우울해서 밖에 나가기가 싫어요.
  나: **그렇다고** 집에만 **있을 수는 없지요.**

연습 '그렇다고 -(으)ㄹ 수는 없지요.'를 사용해서 대화를 완성하십시오.

01 가: 연하 씨가 선물은 필요 없다고 했으니까 그냥 갑시다.
나: 그렇다고 빈손으로 갈 수는 없지요. (빈손으로 가다)

02 가: 시간이 없으니까 그냥 이걸로 사세요.
나: ______________________________. (아무거나 고르다)

03 가: 입맛이 없어서 식사를 안 했어요.
나: ______________________________. (밥을 안 먹다)

04 가: 약속 시간이 10분이나 지났는데 안 오네요. 그냥 가요.
나: ______________________________. (먼저 출발하다)

05 가: 저는 일이 있어서 모임에 참석을 못 할 것 같아요.
나: ______________________________. (아놀드 씨가 빠지다)

어휘 및 표현

행동 action
이의 제기 a formal objection
****
신호를 무시하다 against the traffic signal
우울하다 depressed
빈손으로 가다 visit one's without taking a present
아무거나 anything
입맛이 없다 have a no appetite
참석 attendance
빠지다 drop out

05   V/A-(ㄴ/는)다고 해서 N-은/는 것은 아니다.

V	-(ㄴ/는)다고 해서		
A	-다고 해서	N	-은/는 것은 아니다.
N	-(이)라고 해서		
상대 의견			이의 제기

축약형)
V/A-(ㄴ/는)다고 N-은/는 것은 아니다.

해설
   상대방의 의견에 대하여 그렇지 않은 사실을 근거로 이의를 제기하거나 반박할 때 사용한다. '앞에서 말한 내용이 모두 적용되지 않는다.'는 뜻이다. '모두, 다'와 같이 자주 쓰인다.

예문
- 백화점에서 물건을 **산다고 해서** 값이 모두 비싼 것은 아니다.
- 가: 한국 음식은 다 맵지요?
  나: **한국 음식이라고 해서** 다 매운 것은 아니에요.

연습   다음 문장을 완성하십시오.

01   한국 사람이라고 해서 다 <u>한국어를 가르칠 수 있는 것은 아니에요.</u>

02   키가 크다고 해서 다 _______________________.

03   한국 남자라고 해서 모두 _______________________.

04   돈이 많다고 해서 다 _______________________.

05   음식을 많이 먹는다고 해서 모두 _______________________.

어휘 및 표현
상대 의견 the opposing opinion
이의 제기 a formal objection
****
집안일 housework

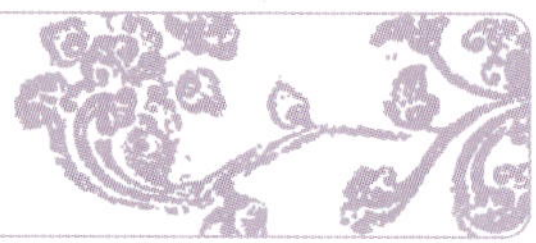

중급

※ [1-3] 다음 (   )에 알맞은 것을 고르십시오.

1. (3점)

> 가: 오늘 발표 아주 인상적이었습니다.
>
> 나: (   ). 제 경험을 말한 것뿐인데요.

① 인상적이고말고요　　② 인상적이기는요　　③ 인상적인 셈이죠　　④ 인상적인 편이죠

2. (3점)

> 가: 이번 여행 재미있었어요?
>
> 나: (   ). 다음에 기회가 되면 또 가고 싶어요.

① 재미있기는요　　② 재미있다고요　　③ 재미있고말고요　　④ 재미있거든요

3. (3점)

> 가: 인터넷으로 물건을 샀는데 바꿀 수 있을까요?
>
> 나: 물론 교환이 (   ). 회사에 연락한 후에 물건을 다시 보내면 돼요.

① 되는 편이에요　　② 되려고요　　③ 되기는요　　④ 되지요

※ 빈칸에 가장 알맞은 것을 고르십시오.

4. (4점)

> 가: 그 사람은 제가 마음에 안 드나 봐요. 전화 한 통도 없어요.
>
> 나: ________________________. 다시 한번 연락해 보세요.

① 그렇다고 이쯤에서 포기할 수는 없지요.

② 그렇다고 전화를 안 받을 수는 없지요.

③ 연락이 없으면 마음에 안 든다고 할 수 있지요.

④ 마음에 든다고 해서 다 연락하는 것은 아니라고 봐요.

※ 밑줄 친 부분을 같은 의미로 바꾸어 쓴 것을 고르십시오.

5. (4점)

> 가: 내일 동해로 여행간대요.
>
> 나: <u>여행가면 뭘 해요?</u> 비가 와서 수영도 못 할 텐데.

① 여행을 가도 소용없어요　　　　② 여행을 갈 모양이에요

③ 여행갈 줄 몰랐어요　　　　　　④ 여행을 가 볼 만해요

고급

※ 빈칸에 알맞은 것을 고르십시오.

1. (4점)

> 가: 교통사고를 줄이기 위해서 범칙금을 올려야 한다고 생각합니다.
>
> 나: 범칙금을 올린다고 해서 ________________________________.

① 교통사고가 많이 줄어든다고 봅니다　　　② 교통사고가 더 늘어날 수 있지 않겠어요

③ 교통사고가 더 늘어나는 것은 아니겠죠　　④ 교통사고가 쉽게 줄어드는 것은 아니라고 봐요

자신의 의견을 말할 때 사용하는 표현

발의: 자신의 의견을 말할 때

- 제 생각을 말씀드리면 ~
- 제 생각에는 ~ / 제가 생각하기에는 ~
- 제 경험에 비추어 보면 ~ / 제 경험으로 볼 때 ~
- 저는 ~다고(라고) 생각합니다.
- 제 입장에서는 그렇습니다.
- 제 짧은 소견을 말씀드리겠습니다.
- 제가 말씀드리려고 하는 바는 ~
- ~에 대해 말씀드리고자 합니다.
- ~다고(라고) 생각하지 않으십니까?

동의: 상대방의 의견에 찬성할 때

- 저도 그렇게 생각합니다.
- 저도 그 의견에 찬성합니다.
- 전적으로 동의하는 바입니다.
- 저도 동감입니다.
- 저도 ~씨와 같은 의견입니다.
- 제 생각도 같습니다.

이의: 상대방의 의견에 반대할 때

- 그렇긴 그런데 ~
- 이의 있습니다.
- 저는 좀 생각이 다른데요.
- 저는 그 의견에 반대합니다. / 찬성할 수 없습니다. / 동의할 수 없습니다.
- 저는 그렇게 평가하지 않습니다.
- 그런 주장을 하다니 이해하기 어렵습니다.
- 그 의견은 여러모로 타당성이 없습니다.

한자	영어	중국어	일어	몽골어
判斷	Judgement	判断	判断	ял шийтгэл

원쪽과 오른쪽의 동그라미 중 어느 것이 더 커 보입니까?

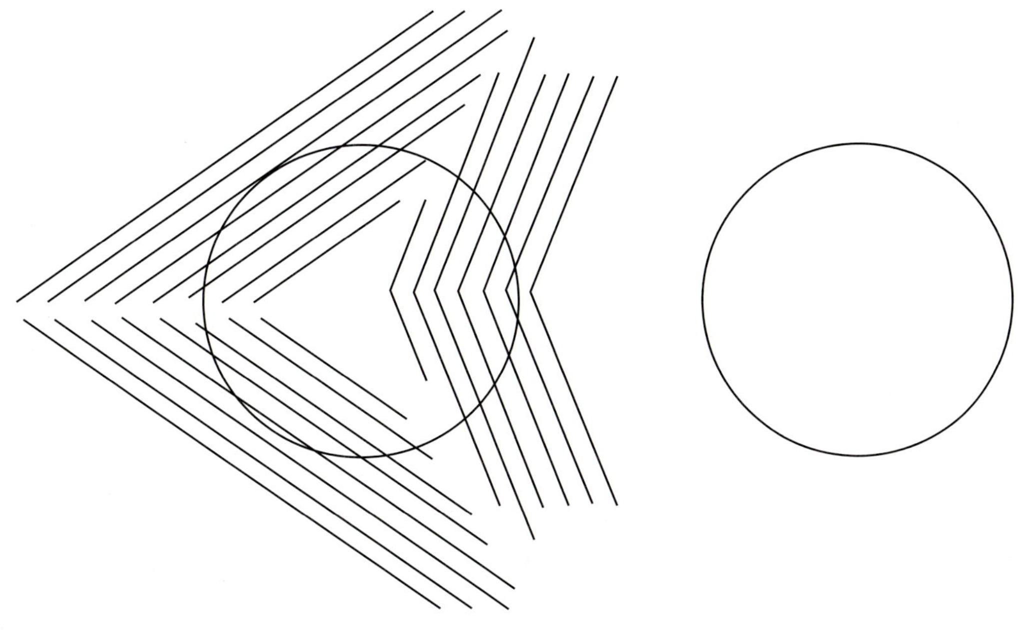

'판단'은 대상이나 사실에 대하여 어떠한 기준이나 근거에 따라 결론을 내린다는 의미이다.

판단 근거

- 중 V-기에는
- 중 N-(으)로는
- 중 N-(으)로 봐서는
- 중 N1-(으)로 보나 N2-(으)로 보나

결론

- 초 N-에 좋다/나쁘다.
- 초 A-아/어 보이다.
- 중 A-(으)ㄴ 감이 있다.
- 중 V-(으)ㄹ 만하다. ①
- 중 V-(으)ㄹ 필요가 있다/없다.
- 중 V/A-(으)ㄴ/는 줄 알았다.
- 중 V/A-(으)ㄴ/는 줄 몰랐다.
- 중 V/A-(으)ㄴ/는 편이다.
- 중 V/A-(으)ㄴ/는 축에 들다.
- 중 V/A-기는 틀렸다.
- 중 V1/A1-지도 V2/A2-지도 않다.
- 고 V/A-(으)ㄴ/는 셈이다.

01   V-기에는

V	-기에는	~
행동	기준	판단

해설   화자가 어떠한 행동을 기준으로 판단할 때 사용한다. '그러한 판단 기준으로 보면'의 뜻이다. 뒤의 내용에는 '좋다/나쁘다, 쉽다/어렵다, 편리하다/불편하다, 크다/작다, 많다/적다, 이르다/늦다' 등의 형용사가 쓰인다.

예문
- 가: 1박 2일로 제주도로 여행을 가려고 하는데 어때요?

  나: 1박 2일로 **다녀오기에는** 시간이 부족할 것 같아요.
- 가: 배가 많이 고파서 3인분을 시켰어요.

  나: 잘했어요. 이 집은 양이 좀 적어서 둘이 **먹기에는** 3인분이 적당한 것 같아요.

연습   다음을 연결하고 '-기에는'을 사용해서 한 문장으로 쓰십시오.

1) 외국 학생이 읽다	책이 어렵다
2) 세 사람이 함께 살다	일이 많다
3) 여름옷을 입다	집이 작다
4) 오늘 중으로 일을 끝내다	시간이 늦었다
5) 밤 11시에 전화하다	날씨가 쌀쌀하다

01   <u>외국 학생이 읽기에는 책이 어려워요.</u>

02 _________________________________.

03 _________________________________.

04 _________________________________.

05 _________________________________.

어휘 및 표현

행동 action
기준 criteria
판단 judgment
****
시키다 order
적당하다 moderate

02　N-(으)로는

N	-(으)로는	~
사실	근거	판단

축약형) N-(으)론

해설　화자가 어떠한 사실을 근거로 판단할 때 사용한다.

'-기로는' 의 형태로도 사용된다. 이때에는 주어가 1인칭이고 지각동사인 '알다, 보다, 듣다' 등과 같이 쓰여 '-기에는' 과 의미가 같다.
예) 제가 **알기로는** 한국의 여름에는 비가 많이 온다고 하던데요.
　　제가 **알기에는** 한국의 여름에는 비가 많이 온다고 하던데요.

예문
- 친구 **말로는** 건강이 나빠져서 잠시 쉬는 것이라고 하던데요.
- 제가 **알기로는** 이번 주가 아니라 다음 주에 간다고 했는데요.

연습　알맞은 단어를 골라 '-(으)로는' 을 사용해서 대화를 완성하십시오.

상황	말씀	판단	돈	듣기

01　가: 김 선생님이 아직도 한국에 계시지요?
　　　나: 아니요. 이 선생님의 <u>말씀으로는</u> 지난주에 떠나셨다고 해요.

02　가: 이 일을 누가 맡는 것이 가장 나을까요?
　　　나: 제 ___________ 연하 씨가 제일 적합하다고 봐요.

03　가: 우리가 시작한 이 일이 잘 될까요?
　　　나: 현재 ___________ 예측하기 어려워요.

04　가: 방을 구하려고 하는데 보증금이 200만원밖에 없어요.
　　　나: 그 ___________ 방을 구하기가 쉽지 않을 거예요.

05　가: 중국의 날씨는 어때요?
　　　나: 제가 ___________ 한국과 비슷하다고 하던데요.

어휘 및 표현
사실 fact
근거 basis
판단 judgment
****
맡다 undertake
적합하다
판단 judgment
상황 situation
예측하다 foresee
보증금 deposit

판단

03 N-(으)로 봐서는

N	-(으)로 봐서는	~
대상	근거	추측 판단

유사 문법) N-(으)로 미루어(서) 보아

해설 화자가 앞의 대상을 근거로 추측하여 판단할 때 사용한다.

예문
- 가: 태완 씨는 정리를 잘 할 것 같아요.
  나: **외모로 봐서는** 그럴 것 같은데 겪어 보면 안 그래요.
- 가: 저 사람 성격은 어떤 것 같아요?
  나: **말투로 미루어(서) 보아** 조용하고 침착한 것 같아요.

연습 알맞은 단어를 골라 '-(으)로 봐서는'을 사용해서 대화를 완성하십시오.

실력	표정	성격	말투	옷차림

01 가: 제가 대학원 시험에 합격할 수 있을까요?
　　나: 현재 <u>실력으로 봐서는</u> 안심할 수 없어요. 좀 더 열심히 해야 해요.

02 가: 저 사람 직업은 무엇일까요?
　　나: ＿＿＿＿＿＿＿＿＿＿ 승무원이 틀림없어요.

03 가: 장 선생님 고향이 어디인지 아세요?
　　나: ＿＿＿＿＿＿＿＿＿＿ 충청도인 것 같아요.

04 가: 오늘 제제 씨 기분이 안 좋아 보여요.
　　나: 그러게요. ＿＿＿＿＿＿＿ 무슨 일이 생긴 것 같아요.

05 가: 사장님이 다음 달부터 월급을 올려준다고 하는데 못 믿겠어요.
　　나: 사장님의 ＿＿＿＿＿＿ 거짓말할 분이 아니에요.

어휘 및 표현

대상 an object
근거 basis
추측 판단 suppositional judgment
****
정리 arrangement
외모 appearance
겪다 experience
말투 one's way of speaking
침착하다 calm
안심하다 relieved
옷차림 attire
승무원 flight attendant
표정 expression
월급을 올려주다 have one's salary raised

04 N1-(으)로 보나 N2-(으)로 보나

N1	-(으)로 보나	N2	-(으)로 보나	~
근거1		근거2	복수 근거	판단

해설 화자가 두 가지 이상의 근거로 판단할 때 사용한다.

예문
- 가: 지금 다니고 있는 회사에 만족하세요?
  나: **연봉으로 보나 복지로 보나** 이만한 회사가 없지요.
- 가: 마이클 씨 생일인데 어느 케이크로 할까요?
  나: **크기로 보나 가격으로 보나** 이 케이크가 제일 나은 것 같아요.

연습 '-(으)로 보나 -(으)로 보나' 를 사용해서 대화를 완성하십시오.

01 가: 여름 휴가는 어디로 갈까요?
　　나: <u>거리로 보나 경비로 보나</u> 양평이 좋겠어요. (거리 / 경비)

02 가: 상조 씨가 회사 모델로 뽑혔다면서요?
　　나: ＿＿＿＿＿＿＿＿＿＿＿ 그만한 사람이 없지요. (외모 / 성격)

03 가: 냉장고를 새로 사야 하는데 어디에서 사는 게 좋을까요?
　　나: ＿＿＿＿＿＿＿＿＿＿＿ '경원 전자' 가 제일 나아요. (기능 / 품질)

04 가: 회사 앞에서 회식을 하려고 하는데 어디가 괜찮아요?
　　나: ＿＿＿＿＿＿＿＿＿＿＿ '신선 횟집' 이 가장 좋아요. (분위기 / 맛)

05 가: 어떤 옷이 저한테 더 잘 어울려요?
　　나: ＿＿＿＿＿＿＿＿＿＿＿ 그 원피스가 더 잘 어울려요. (디자인 / 색깔)

어휘 및 표현
복수 근거 basises
판단 judgment
****
연봉 annual income
복지 welfare
이만하다 be this much
낫다 better
경비 expense
모델 model
뽑히다 be chosen
기능 performance
품질 quality
회식 get-together
분위기 ambience
횟집 sushi restaurant
어울리다 suit

01 　N-에 좋다/나쁘다.

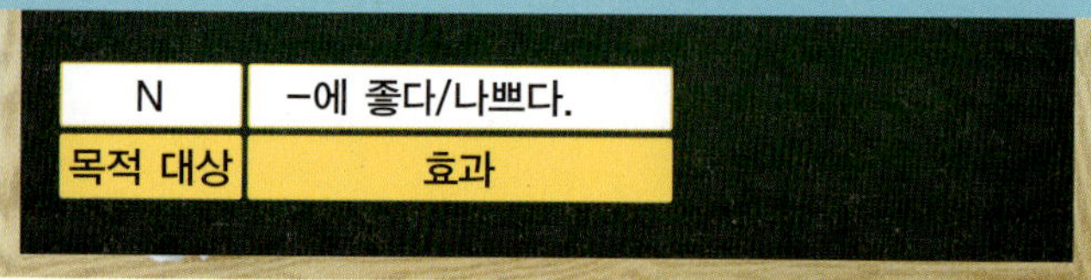

N	-에 좋다/나쁘다.
목적 대상	효과

해설　　화자가 판단하기에 어떠한 대상에 효과가 있는지 없는지를 말할 때 사용한다. '좋다/나쁘다' 이외에 '이롭다/해롭다', '도움이 되다/안 되다'를 사용하기도 한다.

예문
- 매일 30분씩 걸으면 **건강에 좋아요.**
- 술과 담배는 **몸에 해로워요.**
- CD를 자주 듣는 것은 **발음 연습에 도움이 돼요.**

연습　　'-에 좋다/나쁘다.'를 사용해서 문장을 완성하십시오.

01 물을 많이 마시는 것이 <u>피부에 좋아요.</u> (피부 / 좋다)

02 음식을 빨리 먹으면 _______________. (건강 / 해롭다)

03 어두운 곳에서 책을 읽으면 _______________. (눈 / 나쁘다)

04 한국 드라마를 보는 것이 ___________. (억양 연습 / 도움이 되다)

05 거짓말을 하는 것은 _______________. (인간관계 / 도움이 안 되다)

02 A-아/어 보이다.

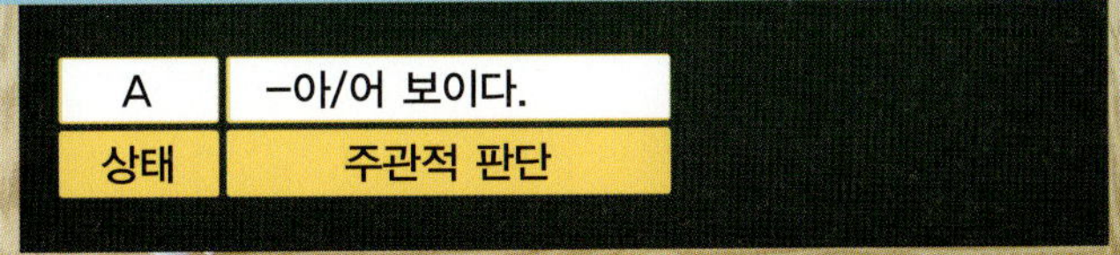

해설 어떠한 상태에 대하여 화자가 직접 보고 주관적으로 판단한 생각이나 느낌을 말할 때 사용한다. '-(으)ㄴ 것처럼(같이) 보이다.'의 뜻이다.

예문
- 겨울에 짧은 치마를 입어서 **추워 보여요.**
- 가: 오늘 **피곤해 보여요.**
  나: 잠을 잘 못 자서 그래요.

연습 알맞은 단어를 골라 '-아/어 보이다.'를 사용해서 대화를 완성하십시오.

날씬하다	아프다	좋다	크다	어리다

01 가: 무슨 일 있어요? 힘도 없고 좀 아파 보여요.
    나: 요즘 일이 많아서 그래요.

02 가: 태완 씨, 요즘 기분이 ＿＿＿＿＿＿＿＿＿＿.
    나: 여자 친구가 생겼거든요.

03 가: 주말에 남자 친구와 데이트가 있는데 어떤 옷을 입는 게 좋을까요?
    나: 원피스를 입으세요. 원피스를 입으면 더 ＿＿＿＿＿＿＿＿＿＿.

04 가: 보하 씨, 앞머리를 자르니까 더 ＿＿＿＿＿＿＿＿.
    나: 그래요? 고마워요.

05 가: 오늘 키가 ＿＿＿＿＿＿＿.
    나: 굽이 높은 구두를 신어서 그래요.

판단

어휘 및 표현

상태 condition
판단 judgment
****
원피스 one-piece dress
앞머리 forelock
어리다 young
굽 heel

03   A-(으)ㄴ 감이 있다.

A	-(으)ㄴ 감이 있다.
상태	감각

해설   어떠한 상태에 대하여 화자가 주관적으로 판단한 느낌이나 생각을 말할 때 사용한다. 단정적으로 말하지 않고 간접적으로 표현하여 '그러한 느낌이나 생각이 들다.' 의 뜻이다. '-(으)ㄴ 감이 있지만' 의 형태로 사용되기도 한다. '좀' 과 같이 자주 쓰인다.

예문   ■ 가: 10시 기차를 탈 수 있을까요?

  나: 지금 출발하기에는 좀 **늦은 감이 있어요.**

  ■ 가: 벌써 김장을 했어요?

  나: 좀 **이른 감이 있지만** 더 추워지기 전에 미리 했어요.

연습   '-(으)ㄴ 감이 있다.' 와 '-(으)ㄴ 감이 있지만' 중 하나를 골라서 대화를 완성하십시오.

01 가: 밤 10시에 전화하기에는 시간이 좀 늦지 않았어요?

  나: <u>좀 늦은 감이 있지만</u> 중요한 얘기니까 지금 알려 주는 게 좋을 것 같아요.

02 가: 비싸다고 하더니 결국 전자사전을 샀군요.

  나: 네. 좀 _____________ 꼭 필요해서 샀어요.

03 가: 아이가 입기에는 바지가 좀 길지 않아요?

  나: 좀 _____________ 금방 키가 자라니까 괜찮아요.

04 가: 겨울방학에 여행을 간다면서 벌써 계획을 세웠어요?

  나: 좀 _____________ 그때는 시간이 없을 것 같아서요.

05 가: 우리 팀이 이길 수 있었는데 아쉬워요.

  나: 맞아요. 최선을 다했지만 그래도 _____________.

어휘 및 표현

상태 condition
감각 feeling

****
김장 gimjang,
preparing kimchi for the winter
계획을 세우다 make a plan
시간이 없다 have no time
이기다 win
최선을 다하다 do one's best

04 V-(으)ㄹ 만하다. ①

V	-(으)ㄹ 만하다.
행동	가치

강조형) V-아/어 볼 만하다.

해설 화자가 판단하기에 가치가 있는 것을 표현할 때 사용한다. '그렇게 할 정도로 가치가 있다.'는 뜻이다. '-아/어 볼 만하다.'의 형태로 쓰여 추천할 때 사용하기도 한다. 가치가 없는 것을 표현할 때에는 '-(으)ㄹ 만하지 않다.'를 사용한다. 보통 '-(으)ㄹ 만하다.' 앞에는 '-이/가'가 쓰인다.

예문
- 마문 씨는 거짓말을 자주 해요. 이번에 한 말도 별로 **믿을 만하지 않아요.**
- 가: 요즘 **갈 만한 곳** 좀 추천해 주세요.

  나: 가을에는 설악산이 **가 볼 만해요.** 단풍이 예쁘거든요.
- 가: 이번에 정 과장이 부장으로 승진했대요.

  나: 정 과장은 항상 일을 열심히 하니까 **그럴 만한 자격이 있어요.**

연습 표를 채우고 '-(으)ㄹ 만하다.'를 사용해서 대화를 완성하십시오.

질문	추천
1) 휴가 때 갈 만한 장소	부산
2) 친구와 함께 볼 만한 영화	
3) 입맛이 없을 때 먹을 만한 음식	
4) 심심할 때 읽을 만한 책	
5) 비가 오는 날 들을 만한 음악	

판단

01 가: 휴가 때 어디가 갈 만해요?

  나: 부산이 가 볼 만해요.

02 가: 친구와 함께 볼 만한 영화가 뭐가 있어요?

　　나: ______________________________________.

03 가: 입맛이 없을 때 먹을 만한 음식이 뭐가 있을까요?

　　나: ______________________________________.

04 가: 심심할 때 어떤 책이 읽을 만해요?

　　나: ______________________________________.

05 가: 비가 오는 날 어떤 음악이 들을 만해요?

　　나: ______________________________________.

어휘 및 표현

행동 action
가치 worth

****
별로 don't particularly
추천하다 recommend
단풍 autumn colors
과장 section chief
부장 head of department
승진 promotion
자격 qualification
입맛이 없다 have a no appetite
심심하다 bored

비교 1

〈판단〉의 '-(으)ㄹ 만하다. ①'과 〈가능〉의 '-(으)ㄹ 만하다. ②'는 어떻게 다를까요?

〈가능〉 270쪽 참조.

05 V-(으)ㄹ 필요가 있다/없다.

V	-(으)ㄹ 필요가 있다/없다.
행동	필요/불필요

해설 화자가 판단하기에 앞의 행동을 꼭 해야 한다고 생각하거나 하지 않아도 괜찮다고 생각할 때 사용한다.

예문
- 서류를 직접 가지고 **오실 필요가 없어요.** 우편으로 보내 주셔도 돼요.
- 고장의 원인이 무엇인지 꼭 확인하고 **넘어갈 필요가 있습니다.**

연습 '-(으)ㄹ 필요가 있다/없다.'를 사용해서 문장을 완성하십시오.

판단

01 신기술에 대해 더 <u>연구해 볼 필요가 있다.</u> (연구해 보다)

02 일기를 쓰며 하루 동안 있었던 일을 ________________. (반성하다)

03 공항에서 바로 택시를 타면 되니까 ________________. (마중 나오다)

04 반복해서 틀리는 이유가 무엇인지 꼼꼼히 ________________. (살펴보다)

05 이미 결정된 일에 대해서는 더 이상 ________________. (고민하다)

어휘 및 표현

행동 action	신기술 new technology
필요 need	연구하다 research
불필요 needlessness	반성하다 reflect on
************************	마중 나오다 come out to meet
서류 document	반복하다 repeat
확인하다 check	꼼꼼히 carefully
넘어가다 pass	살펴보다 examine

06 V/A-(으)ㄴ/는 줄 알았다.

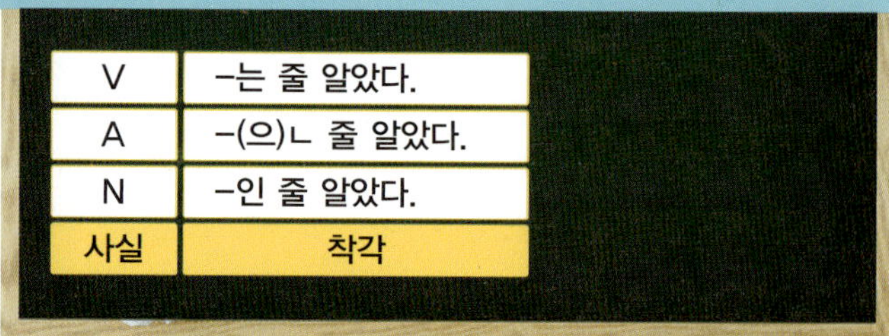

V	-는 줄 알았다.
A	-(으)ㄴ 줄 알았다.
N	-인 줄 알았다.
사실	착각

유사 문법) V/A-(으)ㄴ/는 줄 몰랐다.

해설 화자가 어떠한 사실에 대해 잘못 판단했을 때 사용한다.

'-(으)ㄴ/는 줄 알았다.'는 상황에 따라 두 가지 의미로 해석될 수 있는데, 이것은 상황과 강세로 구분한다.

예) 연하 씨, 제가 총각인 줄 알았어요? (나는 총각이 아니고 연하 씨가 착각한 것이기 때문에 '총각'에 강세가 있다.)
연하 씨, 제가 총각인 줄 알았어요? (연하 씨가 내가 총각이란 것을 알고 있기 때문에 '알았어요'에 강세가 있다.)

예문
- 졸업하고 나서 중국으로 **돌아간 줄 알았어요.**
- 매일 둘이 같이 다녀서 **사귀는 줄 알았는데** 아니라고 해요.
- 지하철역에서 **가까운 줄 알았는데** 생각보다 머네요.
- 한국말을 잘해서 **한국 사람인 줄 알았어요.**

연습 알맞은 단어를 골라 '-(으)ㄴ/는 줄 알았다.'를 사용해서 대화를 완성하십시오.

아프다	재미있다	다음 주이다	이기다	알다

01 가: 이번 주에 새로 개봉한 그 영화 봤어요?

나: 네. 사람들이 많아서 <u>재미있는 줄 알았어요.</u> 그런데 생각보다 별로예요.

02 가: 마이클 씨, 어디 아파요?

나: 아니요. 왜요?

가: 기운이 없어 보여서 ________________.

03 가: 태완 씨, 보하 씨 전화번호를 알면 좀 가르쳐 주세요.

나: 저도 모르는데요.

가: 그래요? 둘이 친해 보여서 태완 씨는 ______________.

04 가: 오늘이 보람 씨 생일인데 무엇을 선물하면 좋을까요?

나: 오늘이 생일이에요? 저는 __________________.

05 가: 어제 한국과 일본의 야구 경기 봤어요?

나: 네. 우리나라가 __________________. 경기에 져서 아쉬워요.

판단

어휘 및 표현

사실 fact

착각 illusion

****

새로 newly

개봉하다 premiere

별로 don't particularly

기운이 없다 be feeling low

이기다 win

지다 lose

아쉽다 sorry

07   V/A-(으)ㄴ/는 줄 몰랐다.

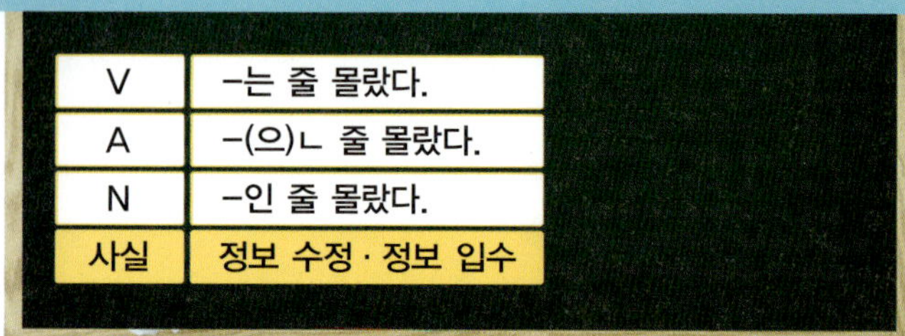

V	–는 줄 몰랐다.
A	–(으)ㄴ 줄 몰랐다.
N	–인 줄 몰랐다.
사실	정보 수정·정보 입수

유사 문법) V/A-(으)ㄴ/는 줄 알았다.

해설   화자가 어떠한 사실에 대해 잘못 판단했지만 정확한 사실을 알게 됐을 때나 새로운 사실을 알게 됐을 때 사용한다.

예문
- 오늘 지갑을 안 **가지고 온 줄 몰랐어요.**
- 김 선생님이 이번 주말에 **결혼하는 줄 몰랐어요.**
- 그 가수가 인기가 **많은 줄 몰랐는데** 좋아하는 사람들이 많네요.
- 오늘이 **토요일인 줄 몰랐어요.** 일요일인 줄 알았어요.

연습   알맞은 단어를 골라 '–(으)ㄴ/는 줄 몰랐다.'를 사용해서 대화를 완성하십시오.

살다	어렵다	일요일이다	듣다	높다

01 가: 김 선생님 댁에 어떻게 가요?

나: 선생님 댁은 가까우니까 걸어서 가면 돼요.

가: 그래요? 저는 김 선생님이 학교 근처에 <u>사는 줄 몰랐어요.</u>

인기가 많다 be popular
댁 house

02 가: 보하 씨, 몇 번이나 불렀는데 왜 대답이 없어요?

나: 미안해요. 음악을 듣고 있어서 못 들었어요.

가: 저는 보하 씨가 음악을 _______________________.

03 가: 지난주에 63빌딩에 잘 다녀왔어요?

나: 네. 저는 63빌딩이 그렇게 _______________________.

04 가: 시험 잘 봤어요?

나: 아니요. 잘 못 봤어요. 이렇게 시험이 _______________________.

05 가: 내일 일요일인데 뭐 할 거예요?

나: 내일이 일요일이라고요? 저는 내일이 _______________________.

판단

어휘 및 표현
사실 fact
정보 수정 correct errors
정보 입수 get information
****
인기가 많다 be popular
댁 house

〈판단〉의 '-(으)ㄴ/는 줄 알았다.'와 '-(으)ㄴ/는 줄 몰랐다.'는 어떻게 다를까요?

1 '-(으)ㄴ/는 줄 알았다.'는 화자가 어떠한 사실에 대해 판단을 잘못했을 때 사용하는 반면, '-(으)ㄴ/는 줄 몰랐다.'는 화자가 어떠한 사실에 대해 잘못 판단했지만 정확한 사실을 알게 됐을 때나 새로운 사실을 알게 됐을 때 사용한다.

문법	판단	예문
-(으)ㄴ/는 줄 알았다.	착각	• 태완 씨가 농구를 **잘하는 줄 알았어요.** (잘할 거라고 판단했으나 실제로 잘 못한다는 의미)
-(으)ㄴ/는 줄 몰랐다.	정보 수정 정보 입수	• 태완 씨가 농구를 **잘하는 줄 몰랐어요.** (잘 못할 거라고 판단했거나 농구를 잘 하는 사실을 새롭게 알게 됐다는 의미)

착각   정보 수정/정보 입수

2 '-(으)ㄴ/는 줄 알았다.'와 '-(으)ㄴ/는 줄 몰랐다.'가 같은 의미로 사용되려면 앞의 동사나 형용사가 반대가 되거나 상대가 되는 말로 바꿔 사용해야 한다.

문법	예문
-(으)ㄴ/는 줄 알았다.	• 태완 씨가 **결혼한 줄 알았어요.** =태완 씨가 **결혼 안 한 줄 몰랐어요.**
-(으)ㄴ/는 줄 몰랐다.	• 태완 씨가 키가 **큰 줄 몰랐어요.** =태완 씨가 키가 **작은 줄 알았어요.**

'V-(으)ㄴ/는/(으)ㄹ 줄 알았다/몰랐다.'는 시제에 따라 어떻게 다를까요?

동사의 시제에 따라 'V-(으)ㄴ/는/(으)ㄹ 줄 알았다/몰랐다.'로 사용하는데 각각 다음과 같은 의미 차이가 있다.

1 V-(으)ㄴ/는/(으)ㄹ 줄 알았다.

문법	시제	예문
V-(으)ㄴ 줄 알았다.	과거	• 나는 그 식당이 일찍 문을 **닫은 줄 알았다.** (식당이 일찍 문을 닫았다고 잘못 판단함. 실제로는 일찍 닫지 않음.)
V-는 줄 알았다.	현재	• 나는 그 식당이 일찍 문을 **닫는 줄 알았다.** (식당이 일찍 문을 닫는다고 잘못 판단함. 실제로는 일찍 닫지 않음.)
V-(으)ㄹ 줄 알았다.	미래	• 나는 그 식당이 일찍 문을 **닫을 줄 알았다.** (식당이 일찍 문을 닫을 거라고 잘못 알고 있거나 잘못 추측하여 판단함. 실제로는 일찍 닫지 않음.)

2 V-(으)ㄴ/는/(으)ㄹ 줄 몰랐다.

문법	시제	예문
V-(으)ㄴ 줄 몰랐다.	과거	• 나는 그 식당이 일찍 문을 **닫은 줄 몰랐다.** (① 식당이 일찍 문을 안 닫았다고 잘못 판단함. 실제로는 일찍 닫음.) (② 식당이 일찍 문을 닫았다는 사실을 새롭게 알게 됐음. 앞의 사실이 지난 일인데도 화자가 그 사실을 몰랐음.
V-는 줄 몰랐다.	현재	• 나는 그 식당이 일찍 문을 **닫는 줄 몰랐다.** (① 식당이 일찍 문을 안 닫는다고 잘못 판단함. 실제로는 일찍 닫음.) (② 식당이 일찍 문을 닫는다는 사실을 새롭게 알게 됐음. 앞의 사실이 이미 정해지거나 지난 일인데도 화자가 그 사실을 몰랐음.)
V-(으)ㄹ 줄 몰랐다.	미래	• 나는 그 식당이 일찍 문을 **닫을 줄 몰랐다.** (① 식당이 일찍 문을 안 닫을 거라고 잘못 알고 있거나 잘못 추측하여 판단함. 실제로는 일찍 닫음.) (② 식당이 일찍 문을 닫는다는 사실을 새롭게 알게 됐음. 앞의 사실이 이미 정해지거나 지난 일인데도 화자가 그 사실을 몰랐음.)

판단

'V-(으)ㄴ/는/(으)ㄹ 줄 알았다/몰랐다.'의 현재형과 미래형의 경우 추측을 했다는 것 이외에는 의미상 큰 차이는 없다. 따라서 일상 회화에서 자신이 잘못 판단했거나 새롭게 알게 된 사실을 추측의 형태로 'V-(으)ㄹ 줄 알았다/몰랐다.'를 사용하기 때문에 시제보다는 강조의 의미가 더 강하다고 할 수 있다.

08 V/A-(으)ㄴ/는 편이다.

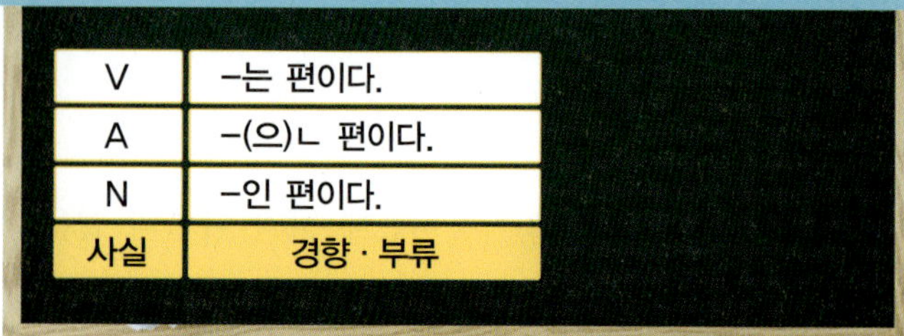

유사 문법) V/A-(으)ㄴ/는 축에 들다.

해설   어떠한 사실에 대하여 화자가 단정적으로 말하지 않고 대체로 어느 쪽에 속하거나 가깝다는 것을 주관적으로 판단하여 표현할 때 사용한다. 동사에는 '잘, 자주, 많이' 등과 같이 쓰인다.

'-(으)ㄴ/는 편이다.'는 단정적으로 말하지 않고, 주관적으로 판단한 사실을 표현하기 때문에 모두가 알고 있는 확실하고 분명한 사실, 객관적이고 일반적인 사실에 대해서는 사용할 수 없다.
예) 그 사람은 한국 사람이니까 당연히 한국어를 **잘하는 편이에요.** (×)
    그 사람은 한국 사람이니까 당연히 한국어를 **잘해요.** (○)

예문   ■ 동대문 시장은 다른 곳보다 물건 값이 **싼 편이에요.**
   ■ 가: 술을 자주 마셔요?
     나: 일주일에 세 번 정도 마시니까 자주 **마시는 편이에요.**

연습 알맞은 단어를 골라 '-(으)ㄴ/는 편이다.'를 사용해서 대화를 완성하십시오.

어울리다	일어나다	춥다	멀다	적극적이다

01 가: 마이클 씨는 아침에 일찍 일어나요?
나: 네. 부지런해서 일찍 <u>일어나는 편이에요.</u>

02 가: 치마가 더 잘 어울려요? 바지가 더 잘 어울려요?
나: 연하 씨는 키가 크고 날씬해서 둘 다 잘 ______________.

03 가: 아놀드 씨 성격은 어때요?
나: 좀 ______________. 수업 시간에 발표도 잘하고 열심히 하거든요.

04 가: 학교에서 집이 가까워요?
나: 아니요. 좀 ______________. 그래서 학교 다니기가 불편해요.

05 가: 한국의 겨울 날씨는 어때요?
나: 좀 ______________. 옷을 두껍게 입고 다녀야 해요.

어휘 및 표현
사실 fact
경향 disposition
부류 category

부지런하다 hard-working
적극적이다 active

판단

과거시제의 '-(으)ㄴ/는 편이었다.'와 '-(으)ㄴ 편이다.'는 어떻게 다를까요?

'V/A-(으)ㄴ/는 편이었다.'는 과거의 일반적인 상황을 표현하는 반면, 'V-(으)ㄴ 편이다.'는 과거에 완료된 특정 시점의 상황을 표현할 때 사용한다.

문법	시제	상황	예문
V-(으)ㄴ 편이다.	과거	완료	• 저는 다른 사람들보다 고기를 많이 <u>**잡은 편이에요.**</u> (과거에 낚시했을 때 그날 고기를 많이 잡은 사람들 쪽에 속했다는 의미임.)
V-는 편이었다.	과거	일반적	• 저는 다른 사람들보다 고기를 많이 <u>**잡는 편이었어요.**</u> (과거에 고기를 잡을 때마다 많이 잡는 사람들 쪽에 속했다는 의미임.)
A-(으)ㄴ 편이었다.	과거	일반적	• 나는 어렸을 때 키가 <u>**작은 편이었다.**</u>
N-인 편이었다.	과거	일반적	• 나는 어렸을 때 <u>**소극적인 편이었다.**</u>

09   V/A-(으)ㄴ/는 축에 들다.

V	–는 축에 들다.
A	–(으)ㄴ 축에 들다.
N	–인 축에 들다.
사실	부류

유사 문법) V/A-(으)ㄴ/는 편이다.

해설   어떠한 사실에 대하여 화자가 단정적으로 말하지 않고 대체로 어느 쪽에 속한다는 것을 주관적으로 판단하여 표현할 때 사용한다. 동사에는 '잘, 자주, 많이' 등과 같이 쓰인다.

'-(으)ㄴ/는 축에 들다.'는 단정적으로 말하지 않고, 주관적으로 판단한 사실을 표현하기 때문에 모두가 알고 있는 확실하고 분명한 사실, 객관적이고 일반적인 사실에 대해서는 사용할 수 없다.
예) 그 사람은 한국 사람이니까 당연히 한국어를 **잘하는 축에 들어요.** (×)
　　그 사람은 한국 사람이니까 당연히 한국어를 **잘해요.** (○)

예문   ■ 가: 여행을 자주 하세요?

나: 시간이 있을 때마다 여행을 떠나니까 자주 **하는 축에 들어요.**

■ 가: 강남에 집이 두 채가 있으면 부자라고 할 수 있어요?

나: 그럼요. 그 정도면 한국에서는 **부자인 축에 든다고** 할 수 있지요.

연습   '-(으)ㄴ/는 축에 들다.'를 사용해서 대화를 완성하십시오.

우리 반	왕보하
1) 한국어를 잘하다	○
2) 운동을 잘하다	×
3) 한국 음식을 잘 만들다	○
4) 노래를 잘 부르다	×
5) 성격이 적극적이다	○

01 가: 왕보하 씨는 한국어를 잘해요?

나: 네. <u>우리 반에서 잘하는 축에 들어요.</u>

02 가: 왕보하 씨는 운동을 잘해요?

　　 나: 아니요. ________________________________.

03 가: 왕보하 씨는 한국 음식을 잘 만들어요?

　　 나: 네. ________________________________.

04 가: 왕보하 씨는 노래를 잘 불러요?

　　 나: 아니요. ________________________________.

05 가: 왕보하 씨는 성격이 적극적이에요?

　　 나: 네. ________________________________.

어휘 및 표현

사실 fact
부류 category

****

축 a group of people/things
들다 rank
강남 Gangnam, the metropolitan district south of the Han River

〈판단〉의 '-(으)/는 편이다.'와 '-(으)ㄴ/는 축에 들다.'는
어떻게 다를까요?

'-(으)ㄴ/는 편이다.'는 대체로 그러한 경향이 있다는 의미가 강한 반면, '-(으)ㄴ/는 축에 들다.'는 대체로 그러한 부류에 속한다는 것의 의미가 강하고 경향의 느낌은 없다.

문법	판단	예문
-(으)ㄴ/는 편이다.	부류 · 경향	• 아놀드 씨는 우리 반에서 공부를 <u>잘하는 편이에요.</u> (아놀드가 상위권에 속한다의 의미와 공부를 잘하는 쪽에 가깝다는 의미를 모두 나타냄.)
-(으)ㄴ/는 축에 들다.	부류	• 아놀드 씨는 우리 반에서 공부를 <u>잘하는 축에 들어요.</u> (아놀드가 상위권에 속한다는 의미만 나타냄.)

판단

10 V/A−기는 틀렸다.

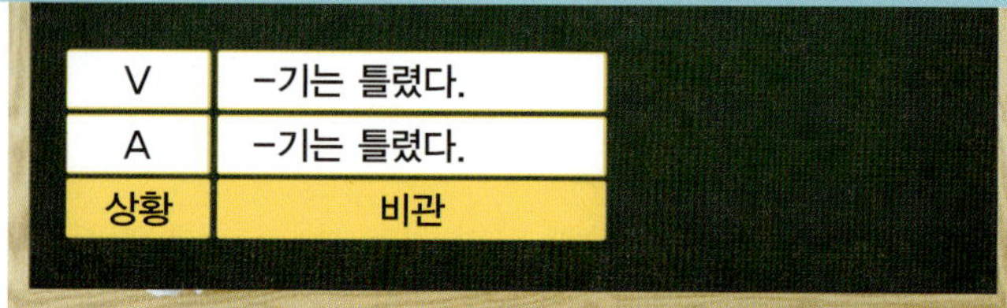

해설 화자가 미래의 상황을 비관적이라고 판단할 때 사용한다.

예문
- 경기 시간이 5분밖에 안 남았는데 우리 팀이 **이기기는 틀렸어요**.
- 오늘 안으로 일을 다 **끝내기는 틀렸어요**. 아직 반도 못 했거든요.

연습 '−기는 틀렸다.'를 사용해서 대화를 완성하십시오.

01 가: 우리가 제시간에 출발할 수 있을까요?

　　 나: <u>제시간에 출발하기는 틀렸어요.</u> 사람들이 다 안 왔거든요.

02 가: 지금 가면 조조 영화를 볼 수 있겠지?

　　 나: 너무 늦게 일어나서 ＿＿＿＿＿＿＿＿＿＿＿＿.

03 가: 빨리 뛰어가면 지금 들어오는 지하철을 탈 수 있겠지요?

　　 나: ＿＿＿＿＿＿＿＿＿＿＿＿. 카드를 충전해야 하거든요.

04 가: 내일 일찍 일어날 수 있게 일찍 자요.

　　 나: 아직 숙제가 많이 남아서 ＿＿＿＿＿＿＿＿＿＿＿＿.

05 가: 김치찌개가 정말 맛있을 것 같아요.

　　 나: ＿＿＿＿＿＿＿＿＿＿＿＿. 물을 너무 많이 넣었거든요.

어휘 및 표현

상황 circumstances
비관 pessimism

****

이기다 win
제시간 the appropriate time
조조 영화 a movie shown
at reduced admission fees
for morning
카드를 충전하다 recharge
a transportation card
김치찌개 kimchi stew

11   V₁/A₁–지도 V₂/A₂–지도 않다.

V₁	–지도	V₂	–지도 않다.
A₁	–지도	A₂	–지도 않다.
N₁	–(이)지도	N₂	–(이)지도 않다.
사실1		사실2	보통·중간

해설 화자가 어떠한 사실에 대하여 보통이거나 중간 정도라고 판단할 때 사용한다. 이때에는 상반되는 의미를 가진 두 개의 단어를 사용한다. 'N₁-(이)지도 N₂-(이)지도 않다.' 는 '적극적, 소극적, 긍정적, 부정적' 등 정도를 나타내는 일부 명사와만 쓰인다.

예문
- 가: 보하 씨, 피아노를 잘 치세요?

  나: **잘 치지도 못 치지도 않아요.**
- 가: 매일 들고 다니기에는 가방이 너무 크지 않아요?

  나: **크지도 작지도 않아요.** 딱 알맞은데요.

연습 '–지도 –지도 않다.' 를 사용해서 대화를 완성하십시오.

01 가: 한국어를 잘하세요?

나: 잘하지도 못하지도 않아요. 보통이에요. (잘하다 / 못하다)

02 가: 10명이 먹기에 좀 적지 않아요?

나: ___________________. 적당해요. (많다 / 적다)

03 가: 술 잘 마셔요?

나: ___________________. 적당히 마시는 편이에요. (잘 마시다 / 못 마시다)

04 가: 한국의 가을 날씨는 어때요?

나: ___________________. 여행하기에 딱 좋아요. (덥다 / 춥다)

05 가: 집에서 회사가 가까워요? 멀어요?

나: ___________________. 차로 30분 정도 걸려요. (가깝다 / 멀다)

판단

어휘 및 표현

사실 fact
보통 normal
중간 medium
****
적당히 moderately
딱 exactly

12 V/A-(으)ㄴ/는 셈이다.

V	-는 셈이다.
A	-(으)ㄴ 셈이다.
N	-인 셈이다.
상황	유사 결과

해설   화자가 어떠한 상황에 대하여 실제 사실은 아니지만 그것과 비슷한 정도의 결과라고 판단할 때 사용한다. '그러한 것이나 마찬가지이다.'의 뜻이다. 동사는 과거 상황인 경우 '-(으)ㄴ 셈이다.'를 사용한다.

예문   ■ 가: 운동 자주 하세요?
　　나: 일주일에 5일 정도 하니까 거의 매일 **하는 셈이에요.**
　　■ 가: 태완 씨가 어디까지 왔대요?
　　나: 5분이면 도착한다고 하니까 거의 다 **온 셈이지요.**

연습   알맞은 단어를 골라 '-(으)ㄴ/는 셈이다.'를 사용해서 대화를 완성하십시오.

무료이다	만나다	갚다	거짓말하다	만들다

01 가: 남자 친구와 자주 만나요?
　　나: 네. 일주일에 5일 정도는 보니까 거의 매일 <u>만나는 셈이에요.</u>

02 가: 이번 문화 체험 참가비는 얼마예요?
　　나: 학교에서 입장료와 식사비를 지원해 준다고 했으니까
　　　　이번에는 거의 ________________________.

03 가: 보람 씨가 오늘 모임에 꼭 온다고 했는데 안 왔어요?
　　나: 네. 이번에도 약속을 안 지켰으니 또 ________________.

04 가: 대출금이 천 만 원인데 아직도 백만 원을 더 갚아야 해요.
　　나: 그래도 그 정도면 다 ________________.

05 가: 생일 케이크 다 완성됐어요?
　　나: 네. 과일 장식만 하면 되니까 거의 다 ______________.

어휘 및 표현

상황 circumstances
유사 결과 a similar result
****
문화 체험 field trip
참가비 entry fee
입장료 admission fee
식사비 dining expenses
지원하다 support
무료 no charge
대출금 loaned money
갚다 repay
장식 decoration

〈판단〉의 '-(으)ㄴ/는 셈이다.'와 〈시인〉의 '-(으)ㄴ 셈치다.'는 어떻게 다를까요?

1 '-(으)ㄴ/는 셈이다.'는 실제 사실이 없으면 사용할 수 없지만, '-(으)ㄴ 셈치다.'는 실제 사실이 없어도 사용할 수 있다. 이때 '-(으)ㄴ 셈치다.'는 실제로 어떠한 행동을 하지는 않았지만 행동을 한 것이나 마찬가지라고 합리화하려는 의미가 있다.

문법	기능	실제 사실	유사 결과	예문
-(으)ㄴ/는 셈이다.	판단	없음	없음 ×	• 오늘은 시간이 없으니까 그냥 저녁 **먹은 셈입니다.** (저녁을 먹었다고 할 수 있는 비슷한 결과가 없기 때문에 틀린 문장임.)
-(으)ㄴ 셈치다.	시인	없음	합리화 ○	• 오늘은 시간이 없으니까 그냥 저녁 **먹은 셈치겠습니다.** (실제 사실은 저녁을 먹지 않았지만 먹은 것이라고 가정해서 합리화함.)

2 '-(으)ㄴ/는 셈이다.'와 '-(으)ㄴ 셈치다.'는 실제 사실과 유사한 결과가 모두 있는 경우 바꿔 쓸 수 있지만 의미 차이가 있다. '-(으)ㄴ/는 셈이다.'는 실제 사실과 유사한 결과를 동일한 결과라고 판단하는 반면, '-(으)ㄴ 셈치다.'는 유사한 결과를 실제 사실이라고 합리화한 것이다.

문법	기능	실제 사실	유사 결과	예문
-(으)ㄴ/는 셈이다.	판단	있음	동일 ○	• 저 때문에 영화를 못 보게 돼서 미안해요. 영화 대신에 저녁을 샀으니까 영화 **본 셈이에요.** (저녁 식사를 산 것을 영화 본 것과 마찬가지라고 판단함.)
-(으)ㄴ 셈치다.	시인	있음	합리화 ○	• 저 때문에 영화를 못 보게 돼서 미안해요. 영화 대신에 저녁을 샀으니까 영화 **본 셈쳐요.** (저녁 식사를 산 것으로 영화를 보지 못한 미안함을 합리화하려고 함.)

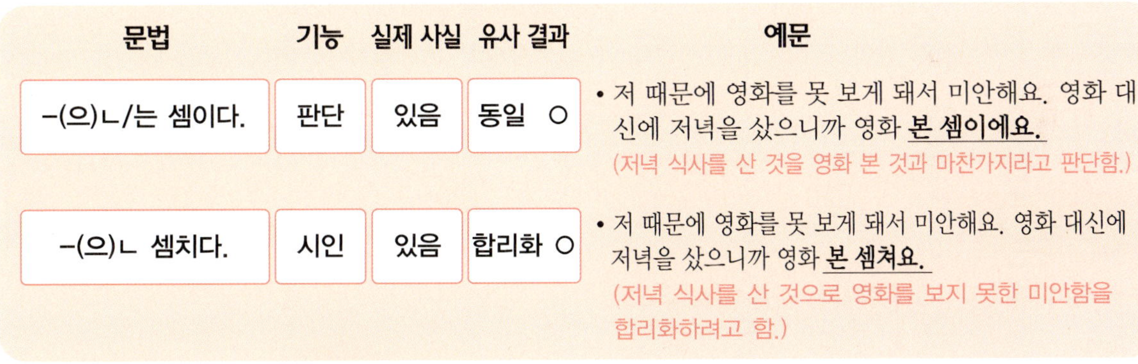

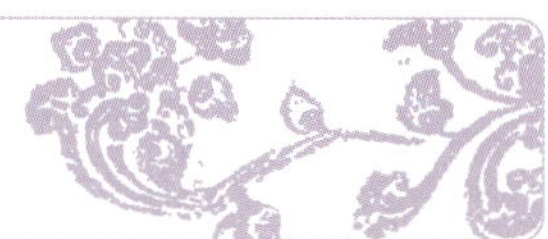

초급

※ (   )에 알맞은 것을 고르십시오.

1. (3점)

> 가: 제가 직접 케이크를 만들었어요. 한번 드셔 보세요.
>
> 나: 와, (   ). 잘 먹을게요.

① 맛있었으면 해요

② 맛있지 않아요

③ 맛있어 보여요

④ 맛있어야 해요

※ 빈칸에 알맞은 것을 고르십시오.

2. (3점)

> 가: 어젯밤부터 기침이 나고 목이 좀 아프네요.
>
> 나: _______________ 한번 드셔 보세요.

① 생강차가 맛있어 보이니까

② 생강차를 마실 필요가 없으니까

③ 생강차가 마시기에 편하니까

④ 생강차가 감기에 좋으니까

중급

※ [1-3] 다음 (   )에 알맞은 것을 고르십시오.

1. (3점)

> 가: 지금 밤 10시인데 선생님 댁에 전화해도 될까요?
>
> 나: 지금 (   ) 시간이 늦은 것 같아요. 내일 하는 게 좋겠어요.

① 전화하기에는   ② 전화하려면   ③ 전화하기로는   ④ 전화하는데

2. (3점)

> 가: 저 두 사람 사이에 무슨 일 있었어요? 서로 인사도 안 해요.
>
> 나: (   ) 둘이 심하게 다툰 것 같아요.

① 분위기로 봐서는   ② 분위기인 이상

③ 분위기를 통해서   ④ 분위기에 비하면

3. (3점)

> 가: 비싸다고 하더니 결국 그 집으로 결정했어요?
>
> 나: 네. 조금 (   ) 학교에서 가깝고 집도 깨끗해서요.

① 비싼 데다가   ② 비싼 감이 있지만   ③ 비싸면서도   ④ 비쌀 뿐이고

※ 다음 밑줄 친 부분과 바꾸어 쓸 수 있는 것을 고르십시오.

4. (3점)

> 가: 연하 씨는 노래를 잘해요?
>
> 나: 아주 잘하지는 못하지만 가족 중에서는 <u>잘하는 축에 들어요.</u>

① 잘하기는 틀렸어요   ② 잘하는 편이에요

③ 잘할 줄 알아요   ④ 잘하기 마련이에요

※ [5-6] 빈칸에 가장 알맞은 것을 고르십시오.

5. (3점)

> 가: 지난주에 김 선생님이 다른 학교로 가셨대요.
>
> 나: 그래요? _________________ 선물이라도 드릴걸 그랬어요.

① 그럴 거라면   ② 그럴 줄 몰랐으면

③ 그럴 줄 알았으면   ④ 그런 일이 있다면

6. (4점)

> 가: 김 부장님이 회식 자리에서 자꾸 개인적인 질문을 하는데 모두 대답해야 해요?
>
> 나: 아니요. 개인적인 일을 꼭 다 _________________.

① 말해야 해요   ② 말한 모양이에요

③ 말하는 편이지요   ④ 말할 필요는 없어요

※ [7-10] 밑줄 친 부분을 같은 의미로 바꾸어 쓴 것을 고르십시오.

7. (3점)

> 가: 이번에 냉장고를 바꾸려고 하는데 어떤 제품이 좋을까요?
>
> 나: 가격으로 보나 품질로 보나 'KW 냉장고' 만한 제품이 없지요.

① 가격과 품질을 요구하면 　　　　② 가격과 품질을 보장하면

③ 가격과 품질을 따져보면 　　　　④ 가격과 품질을 보고하면

8. (3점)

> 가: 정 과장님이 올해 우수사원으로 뽑혀서 이번 달 회사 신문에 나온대요.
>
> 나: 좋은 소식이네요. 정 과장님은 그럴 자격이 있는 사람이지요.

① 그럴 사람이 아니에요 　　　　② 그저 그런 사람이에요

③ 그럴 만한 사람이잖아요 　　　　④ 그 사람이 그럴 줄 몰랐어요

9. (3점)

> 가: 보람 씨 남자 친구는 키가 큰 편이에요?
>
> 나: 키가 크지도 작지도 않아요.

① 보통이에요 　　② 기준이에요 　　③ 작기만 해요 　　④ 작은 편이에요

10. (4점)

> 가: 제시간 안에 도착할 수 있겠지?
>
> 나: 약속 시간을 지키기는 틀렸어. 더 늦기 전에 전화해야겠어.

① 약속 시간을 잘못 알았어 　　　　② 약속한 시간 안에 꼭 갈 수 있어

③ 노력해야만 제 시간에 도착할 수 있어 　　　　④ 약속 시간을 지키기는 불가능해

고급

※ 다음 ( )에 알맞은 것을 고르십시오.

1. (3점)

> 책장에 책만 꽂으면 이삿짐 정리는 (　　　　).

① 다할 뿐이다 　　② 다한 셈이다 　　③ 다해 버린 거다 　　④ 다하려던 참이다

매운 정도 판단하기

눈으로 봐서는
매운지 모르겠어요.
제가 보기에는
매워 보여요.
낙지볶음이
이렇게 매운 줄 몰랐어요.
낙지볶음은
좀 매운 편이에요.

확인

'확인'은 어떠한 사실이 그러한가를 알아본다는 의미이다. 보통 상대방에게 사실을 확인하거나 동의를 구할 때 사용한다.

확인 질문

- 초 V/A-지요?
- 초 V/A-지 않아요?
- 초 V-(으)ㄹ까요? ①
- 중 V-(으)ㄹ래요? ①
- 중 V-(으)ㄹ 건가요?
- 중 V/A-(ㄴ/는)다면서요?
- 중 V/A-(ㄴ/는)다지요?
- 중 V/A-(으)ㄴ/는 건 아니겠지요?

재질문 확인

- 중 V/A-(ㄴ/는)단 말이에요?
- 중 V/A-(ㄴ/는)다고요?
- 중 V/A-다니요?

확인 표현

- 고 V-다시피

01　V/A-지요?

V	-지요?
A	-지요?
N	-(이)지요?
화제	동의·확인 질문

축약형) V/A-죠?
유사 문법) V/A-지 않아요?

해설　화자가 상대방에게 이미 알고 있는 화제에 대하여 동의를 구하거나 확인 질문할 때 사용한다. 주로 구어체와 비격식체에 사용한다.

화자가 어떠한 사실에 대하여 정확하게 기억하지 못해서 다시 확인하려고 할 때에는 '누구(누가), 언제, 어디, 무엇, 어떻게, 왜, 얼마, 몇, 어느, 무슨, 어떤' 등과 함께 쓰이기도 한다.
예) 가: 우리 **몇** 시에 만나기로 했지요?　　가: 회의 장소가 **어디**지요?
　　나: 오후 2시에요.　　　　　　　　　　　나: 2층 회의실이에요.

예문
- 가: 오늘 날씨가 **춥지요?**
  나: 네. 정말 추워요.
- 가: 어제 남산에 **갔지요?**
  나: 아니요. 인사동에 갔어요.

연습　알맞은 단어를 골라 '-지요?'를 사용해서 대화를 완성하십시오.

살다	유명하다	좋아하다	학생이다	많다

01 가: 영화관에 사람이 <u>많지요?</u>
　　나: 네. 주말이라서 너무 복잡해요.

02 가: 태완 씨가 복정동에 __________?
　　나: 아니요. 며칠 전에 이사 갔어요.

03 가: 한국은 김치가 __________?
　　나: 네. 외국인들도 다 알아요.

04 가: 지금 __________?
　　나: 네. 가천대학교에 다녀요.

05 가: 연하 씨는 커피를 __________?
　　나: 네. 매일 한 잔씩 꼭 마셔요.

어휘 및 표현
화제 topic
동의 agreement
확인 질문 reconfirmation
****
며칠 전 a few days ago

〈확인〉의 '-지요?' 와 〈의문문〉의 '-아/어요?' 는 어떻게 다를까요?

'-지요?' 는 정보에 대하여 화자와 상대방이 모두 알고 있는 반면, '-아/어요?' 는 정보에 대하여 화자는 모르고 상대방만 알고 있다.

문법	기능	정보 공유 화자	상대방	예문
-지요?	확인	○	○	• 가: 오늘 날씨가 **덥지요?** 나: 네. 아주 더워요.
-아/어요?	의문문	×	○	• 가: 오늘 날씨가 **더워요?** 나: 네. 아주 더워요.

확인

〈확인〉의 '–지요?'와 〈의견〉의 '–지요. ①'은 어떻게 다를까요?

〈확인〉의 '–지요?'는 화자가 상대방에게 동의를 구하거나 확인 질문을 할 때 사용하는 반면, 〈의견〉의 '–지요.'는 화자가 상대방의 의견에 대하여 동의를 하거나 재확인하여 대답할 때 사용한다.

문법	기능	화자		예문
–지요?	확인	질문	동의 구함 확인 질문함	• 가: 환절기라서 감기에 걸리는 사람이 <u>많지요?</u> 나: 네. 특히 요즘이 심한 것 같아요.
–지요. ①	의견	대답	동의함 재확인함	• 가: 요즘 감기에 걸리는 사람이 너무 많은 것 같아요. 나: 환절기라서 감기에 걸리는 사람이 <u>많지요.</u>

확인

의견

02 V/A–지 않아요?

V	–지 않아요?
A	–지 않아요?
N	–이지 않아요?
화제	부정 의문 ⇨ 동의 · 확인 질문

반말) V/A–지 않니?
유사 문법) V/A–지요?

해설 화자가 상대방에게 이미 알고 있는 화제에 대하여 동의를 구하거나 확인 질문할 때 사용한다. '–지요?'를 부정 표현한 것으로 동의와 확인을 강조한다. 주로 구어체와 비격식체에 사용한다.

 '–지 않아요/않습니까?'는 화제에 대해서 먼저 말하면 상대방에게 동의를 구하거나 확인 질문의 기능을 하고, 상대방의 의견을 듣고 그에 대하여 자신의 의견을 말하면 이의를 제기하거나 반박을 하는 기능을 한다. 〈의견〉 66쪽 참조.

예문
■ 가: 이 바지 정말 **싸지 않아요?**
　나: 네. 싸요. 저도 한 벌 사고 싶어요.

■ 가: 오늘 고향으로 **돌아가지 않아요?**
　나: 아니요. 내일 가요.

연습 '–지 않아요?'를 사용해서 대화를 완성하십시오.

01 가: 된장찌개가 좀 <u>짜지 않아요?</u>
　나: 그래요? 저는 괜찮은데요.

02 가: 배가 ____________? 우리 식사하러 가요.
　나: 좋아요. 뭘 먹을까요?

03 가: 지금 출발하면 ____________?
　나: 걱정하지 마세요. 지하철로 가면 제시간에 도착할 수 있어요.

04 가: 짐이 ____________? 제가 좀 들어 드릴게요.
　나: 고마워요. 저기까지만 들어 주세요.

05 가: 보람 씨, 다음 주에 ____________?
　나: 네. 맞아요. 이번 휴가에는 부산에 가려고 해요.

어휘 및 표현
화제 topic
부정 의문
동의 agreement
확인 질문 reconfirmation
****
된장찌개 doenjang stew, bean paste stew
제시간 the appropriate time
짐 load
들다 hold

03   V-(으)ㄹ까요? ①

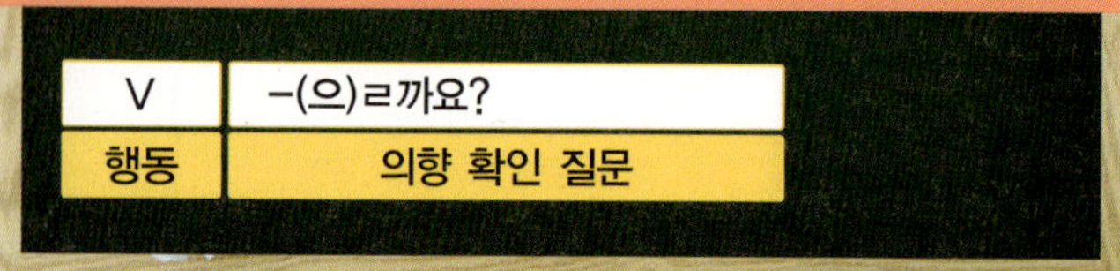

V	-(으)ㄹ까요?
행동	의향 확인 질문

해설   1인칭 주어가 의도한 행동에 대하여 상대방의 의향이나 생각을 확인 질문할 때 사용한다. 의문사와 자주 사용한다.

예문
- 가: 제가 음식을 **주문할까요?**
  나: 네. 그러세요.
- 가: 몇 시까지 공항에 마중을 **나갈까요?**
  나: 1시까지 오면 돼요.

연습   알맞은 단어를 골라 '-(으)ㄹ까요?' 를 사용해서 대화를 완성하십시오.

사다	열다	운전하다	받다	기다리다

01 가: 내일이 마이클 씨 생일인데 제가 케이크를 <u>살까요?</u>
　　나: 그러세요. 그럼 제가 선물을 준비할게요.

02 가: 회사에 도착했는데 어디에서 ___________?
　　나: 1층 커피숍에서 봐요.

03 가: 연하 씨, 피곤하면 제가 ___________?
　　나: 괜찮아요. 그냥 제가 할게요.

04 가: 보하 씨, 전화가 오는데 제가 ___________?
　　나: 네. 좀 받아 주세요.

05 가: 방이 더운데 창문을 좀 ___________?
　　나: 네. 그러세요.

〈확인〉의 '-(으)ㄹ까요? ①'과 〈제안〉의 '-(으)ㄹ까요? ②'는
어떻게 다를까요?

〈제안〉 187쪽 참조.

〈확인〉의 '-(으)ㄹ까요? ①'과 〈추측〉의 '-(으)ㄹ까요? ③'은
어떻게 다를까요?

〈확인〉의 '-(으)ㄹ까요?'는 1인칭 주어가 상대방에게 질문할 때 사용하는 반면, 〈추측〉의 '-(으)ㄹ까요?'는 3인칭 주어의 행동을 추측할 때 사용한다.

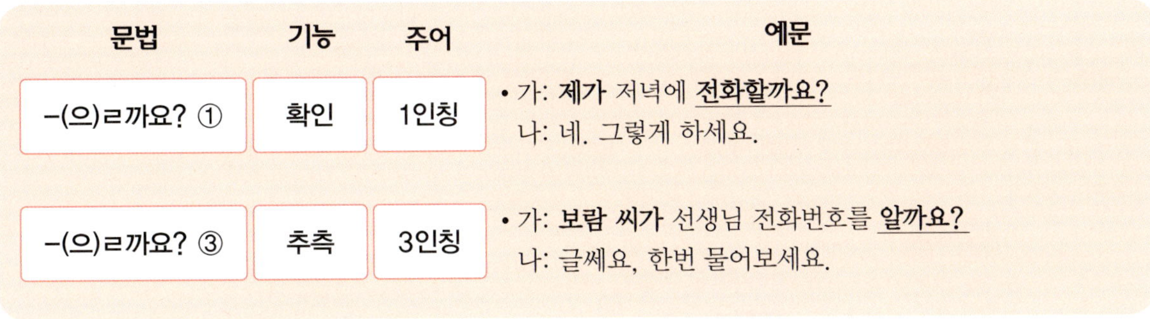

문법	기능	주어	예문
-(으)ㄹ까요? ①	확인	1인칭	• 가: **제가** 저녁에 <u>전화할까요?</u> 나: 네. 그렇게 하세요.
-(으)ㄹ까요? ③	추측	3인칭	• 가: **보람 씨가** 선생님 전화번호를 <u>알까요?</u> 나: 글쎄요, 한번 물어보세요.

04 V-(으)ㄹ래요? ①

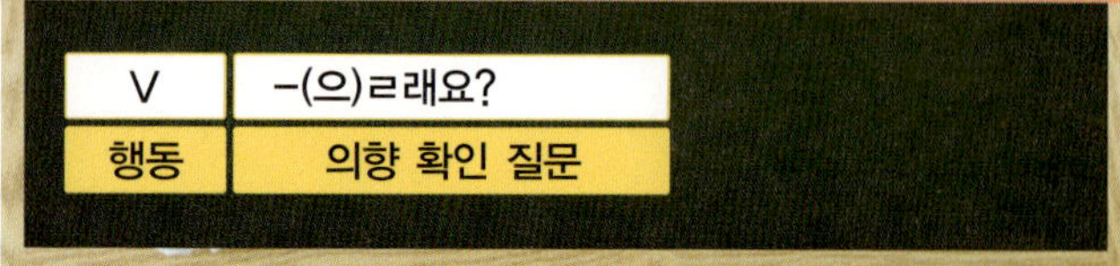

해설 화자가 상대방의 의향이나 생각을 확인 질문할 때 사용한다. 이때 주어는 2인칭이다. 주로 구어체와 비격식체에 사용한다. 자기보다 윗사람이나 높은 사람에게는 사용할 수 없다.

 화자와 친분이 있는 윗사람이나 높은 사람, 예를 들어 부모님이나 직장 상사에게는 높임말의 형태인 '-(으)실래요?'로 사용할 수 있다. 또 친분이 있는 사람에게 무엇을 요청할 때는 '-아/어 줄래요/주실래요?'를 사용한다.

예문
- 가: 보하 씨는 뭐 **드실래요?**
  나: 날씨가 추우니까 따뜻한 국물이 있는 음식을 먹고 싶어요.
- 가: 저는 좀 늦을 것 같아요. 아놀드 씨 먼저 **출발할래요?**
  나: 그럼 이따가 식당에서 만나요.

연습 알맞은 표현을 골라 '-(으)ㄹ래요?'를 사용해서 대화를 완성하십시오.

마시다	전해 주다	앉다	가르쳐 주다	쓰다

01 가: 김 선생님의 전화번호를 알면 좀 <u>가르쳐 줄래요?</u>
나: 잠깐만요. 제가 종이에 써 줄게요.

02 가: 마이클 씨, 저기 자리가 있는데 가서 __________?
나: 저는 괜찮으니까 연하 씨가 가서 앉으세요.

03 가: 제제 씨한테 다음 주에 시험을 본다고 좀 __________?
나: 네. 제가 제제 씨한테 말할게요.

04 가: 보람 씨, 뭐 __________?
나: 저는 시원한 커피로 할게요.

05 가: 컴퓨터가 고장 났어요.
나: 그럼 제 컴퓨터를 __________?
가: 네. 고마워요.

어휘 및 표현
행동 action
의향 확인 질문 ask one's intention
****
국물 soup
이따가 after a while
시원하다 cool

〈확인〉의 '–(으)ㄹ래요? ①'과 〈계획〉의 '–(으)ㄹ래요.'는 어떻게 다를까요?

〈확인〉의 '–(으)ㄹ래요?'는 상대방에게 의향을 묻기 때문에 주어가 2인칭인 반면, 〈계획〉의 '–(으)ㄹ래요.'는 자신의 계획을 말하기 때문에 주어가 1인칭이다. 3인칭 주어는 사용할 수 없다.

문법	기능	주어	예문
–(으)ㄹ래요? ①	확인	2인칭	• 가: **보람 씨**, 여기에서 잠시만 **기다릴래요?** 제가 커피 한 잔 타 올게요. 나: 네. 알겠습니다.
–(으)ㄹ래요.	계획	1인칭	• 가: 초콜릿 맛과 딸기 맛 중 어떤 걸로 하겠어요? 나: **저는** 딸기 맛으로 **할래요.**

〈확인〉의 '–(으)ㄹ래요? ①'과 〈제안〉의 '–(으)ㄹ래요? ②'는
어떻게 다를까요?

〈제안〉 192쪽 참조.

〈확인〉의 '-(으)ㄹ까요? ①'과 '-(으)ㄹ래요? ①'은 어떻게 다를까요?

1 '-(으)ㄹ까요?'는 주어가 1인칭인 반면, '-(으)ㄹ래요?'는 주어가 2인칭이다.

문법	주어	예문
-(으)ㄹ까요? ①	1인칭	• 가: 선생님, 지금 바쁘시면 이따가 (제가) 3시쯤에 **갈까요?** 나: 네. 3시에 오세요.
-(으)ㄹ래요? ①	2인칭	• 가: 몇 시쯤에 찾아뵐까요? 나: 오전에는 회의가 있으니까 (네가) 오후에 **올래요?**

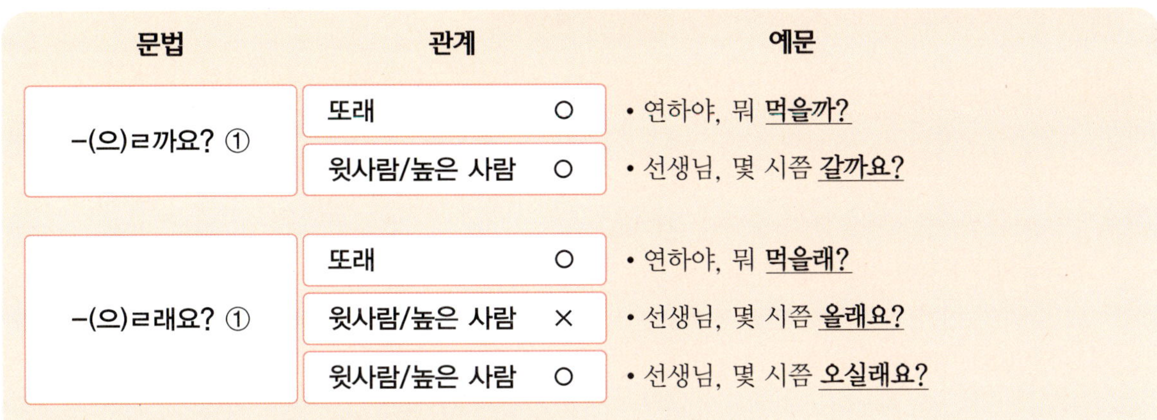

2 '-(으)ㄹ래요?'는 '-(으)ㄹ까요?'보다 좀 더 비격식적이기 때문에 자기보다 윗사람이나 높은 사람에게는 사용할 수 없다. 하지만 자신과 친분이 있는 윗사람이나 높은 사람, 예를 들어 부모님이나 직장 상사에게는 높임말의 형태인 '-(으)실래요?'로 사용할 수 있다.

문법	관계		예문
-(으)ㄹ까요? ①	또래	O	• 연하야, 뭐 __먹을까?__
	윗사람/높은 사람	O	• 선생님, 몇 시쯤 __갈까요?__
-(으)ㄹ래요? ①	또래	O	• 연하야, 뭐 __먹을래?__
	윗사람/높은 사람	×	• 선생님, 몇 시쯤 __올래요?__
	윗사람/높은 사람	O	• 선생님, 몇 시쯤 __오실래요?__

확인

05 V-(으)ㄹ 건가요?

V	-(으)ㄹ 건가요?
행동	계획 확인 질문

원형) V-(으)ㄹ 것인가요?
유사 문법) V-(으)ㄹ 것입니까?

해설 화자가 상대방의 계획을 확인 질문할 때 사용한다. '-(으)ㄹ 계획입니까?' 의 뜻이다. 주로 구어체와 비격식체에 사용한다.

예문
- 가: 사진을 찾으러 직접 **오실 건가요?**
  나: 아니요. 제 동생이 올 거예요.
- 가: 연하 씨를 언제 **만날 건가요?**
  나: 이따가 퇴근 후에 보려고요.

연습 알맞은 단어를 골라 '-(으)ㄹ 건가요?' 를 사용해서 대화를 완성하십시오.

걷다	두다	보다	출발하다	묵다

01 가: 보람 씨도 같이 영화를 볼 건가요?
　　나: 아니요. 저는 며칠 전에 봤어요.

02 가: 이 냉장고를 어디에 ___________?
　　나: 저기 식탁 옆이요.

03 가: 여기에서 며칠 동안 ___________?
　　나: 사흘 정도 있으려고 하는데요.

04 가: 내일 부산에 간다면서요? 몇 시쯤 ___________?
　　나: 7시요. 일찍 가야 차가 안 막혀요.

05 가: 매일 식사 후에 운동한다고 들었는데 오늘도 ___________?
　　나: 네. 이따가 나갈 거예요.

어휘 및 표현
행동 action
계획 확인 질문 ask one's about plan
****
이따가 after a while
두다 set
묵다 stay

06 V/A-(ㄴ/는)다면서요?

V	-(ㄴ/는)다면서요?
A	-다면서요?
N	-(이)라면서요?
정보	확인 질문

반말) V/A-(ㄴ/는)다면서?
  V/A-(ㄴ/는)다며?
유사 문법) V/A-(ㄴ/는)다지요?

해설　화자가 이미 알고 있는 정보나 다른 사람에게 들은 정보를 상대방에게 확인 질문할 때 사용한다. 주로 구어체와 비격식체에 사용한다.

상대방의 말이나 행동이 바뀌었을 때 사용하기도 한다. 이때에는 정보를 확인 질문하는 의미보다는 상대방의 태도에 대한 빈정거리는 의미가 강하다.

예) 가: 떡볶이 먹을래?
　　나: 아니. 순대 먹을래.
　　…………(잠시 후)…………
　　나: 나 떡볶이도 먹을래.
　　가: 아까는 안 **먹는다면서?**

예문
- 가: 요즘 태권도를 배우러 **다닌다면서요?**
  나: 네. 친구하고 같이 배우는데 재미있어요.
- 가: 설악산은 단풍이 아름답기로 **유명하다면서요?**
  나: 네. 그래서 가을에 설악산으로 단풍놀이를 가는 사람이 많아요.

확인

 '-(ㄴ/는)다면서요?'를 사용해서 대화를 완성하십시오.

알고 있는 정보 / 들은 정보
1) 제주도는 '여자, 바람, 돌'이 많다
2) 한국 사람은 생일에 미역국을 먹다
3) 오늘이 연하 씨의 생일이다
4) 보하 씨가 아파서 결석했다
5) 제제 씨는 이번 학기가 끝나면 고향으로 돌아갈 거다

01 가: 제주도는 '여자, 바람, 돌'이 많다면서요?

　　나: 네. 그래서 '삼다도'라고도 불러요.

02 가: ＿＿＿＿＿＿＿＿＿＿＿＿＿＿＿＿＿＿＿＿?

　　나: 네. 보통 아이를 낳은 산모가 미역국을 먹는데 생일에 먹기도 해요.

03 가: 연하 씨, ＿＿＿＿＿＿＿＿＿＿＿＿＿＿＿?

　　나: 네. 어떻게 아셨어요?

04 가: ＿＿＿＿＿＿＿＿＿＿＿＿＿＿＿＿＿＿?

　　나: 네. 이따가 문병을 갈 건데 같이 가실래요?

05 가: 제제 씨, ＿＿＿＿＿＿＿＿＿＿＿＿＿＿?

　　나: 네. 고향에 돌아가서 취직을 하려고 해요.

어휘 및 표현

정보 information
확인 질문 reconfirmation
****
태권도 Taekwondo
단풍 autumn colors
미역국 sea mustard soup

07 V/A-(ㄴ/는)다지요?

V	-(ㄴ/는)다지요?
A	-다지요?
N	-(이)라지요?
정보	확인 질문

유사 문법) V/A-(ㄴ/는)다면서요?

해설 화자가 이미 알고 있는 정보나 다른 사람에게 들은 정보를 상대방에게 확인 질문할 때 사용한다. 확인의 '-지요?' 와 결합된 형태로 상대방이 이미 알고 있다고 확신하는 정보일 때 사용한다. 주로 구어체와 비격식체에 사용한다.

예문
- 가: 아놀드 씨가 이번 학기에도 장학금을 **받았다지요?**
  나: 그래요? 정말 대단해요.
- 가: 요즘 이 영화가 인기가 **많다지요?**
  나: 네. 그래서 극장표를 예매하기가 힘들다고 하더라고요.

연습 '-(ㄴ/는)다지요?' 를 사용해서 대화를 완성하십시오.

01 가: 요즘 태완 씨가 많이 <u>바쁘다지요?</u>
　　나: 네. 요즘 일하느라 정신없대요.

02 가: 한국어능력시험 고급을 따야 대학교에 _______________?
　　나: 네. 저도 그렇게 들었어요. 한국어 공부를 더 열심히 해야겠어요.

03 가: 강원도에 눈이 많이 ____________?
　　나: 네. 강릉에 폭설이 내려서 교통이 마비됐대요.

04 가: 금요일부터 기말시험을 ____________?
　　나: 네. 맞아요. 이번 시험은 어렵다고 했는데 걱정이에요.

05 가: 다음 달에 마문 씨가 학교 근처로 ____________?
　　나: 네. 그렇대요. 그날 같이 도와주러 가요.

어휘 및 표현

정보 information
확인 질문 reconfirmation
****
장학금 a scholarship
대단하다 great
폭설 heavy snow
교통이 마비되다 hazardous conditions of traffic

〈확인〉의 '-(ㄴ/는)다면서요?'와 '-(ㄴ/는)다지요?'는 어떻게 다를까요?

'-(ㄴ/는)다면서요?'는 상대방과 다른 사람에 대한 정보를 물어볼 때 사용하는 반면, '-(ㄴ/는)다지요?'가 상대방에 대한 정보보다는 주로 다른 사람에 대한 정보를 물어볼 때 사용한다.

문법	정보		예문
-(ㄴ/는)다면서요?	상대방	○	• (네가) 이번 달 말에 고향에 **돌아간다면서요?**
	다른 사람	○	• 이 선생님께서 올 봄에 **결혼한다면서요?**
-(ㄴ/는)다지요?	상대방	×	• (네가) 이번 달 말에 고향에 **돌아간다지요?**
	다른 사람	○	• 이 선생님께서 올 봄에 **결혼한다지요?**

확인 다음 중 맞는 것을 고르십시오.

01 가: 보하 씨, 다음 달에 중국으로 출장을 (간다지요, 간다면서요)?
   나: 네. 어떻게 아셨어요?

02 가: 보하 씨가 다음 달에 중국으로 출장을 (간다지요, 간다면서요)?
   나: 네. 저도 들었어요.

08 V/A-(으)ㄴ/는 건 아니겠지요?

V	–는 건 아니겠지요?
A	–(으)ㄴ 건 아니겠지요?
N	–인 건 아니겠지요?
사실	추측 반문 ⇨ 확인

해설 화자가 추측한 사실에 대하여 반대로 물어보면서 확인 질문할 때 사용한다. '설마'와 같이 쓰여 의미를 강조해 주기도 한다. 동사는 과거 상황인 경우 '–(으)ㄴ 건 아니겠지요?'를 사용한다.

예문
- 가: 내일 여행을 가는데 설마 비가 **오는 건 아니겠지요?**
  나: 일기예보를 들었는데 내일 날씨가 맑다고 했어요.
- 가: 그 남자의 키가 설마 나보다 **작은 건 아니겠지?**
  나: 걱정 마. 키도 크고 잘생겼다고 했어.

연습 '–(으)ㄴ/는 건 아니겠지요?'를 사용해서 대화를 완성하십시오.

추측한 상황
1) 열심히 공부했는데 시험에서 떨어지다
2) 일찍 오라고 했는데 오늘도 지각하다
3) 비싸다고 물건이 다 좋다
4) 10분 지났다고 벌써 출발했다
5) 피자 한 판을 혼자 다 먹었다

01 가: <u>열심히 공부했는데 시험에서 떨어지는 건 아니겠지요?</u>
나: 그럼요. 열심히 준비했으니까 좋은 결과가 있을 거예요.

02 가: ____________________?

나: 어제 얘기했으니까 오늘은 일찍 올 거예요.

03 가: ____________________?

나: 그럼요. 가격만 비싸고 품질이 떨어지는 제품도 많아요.

04 가: ____________________?

나: 조금 전에 통화했는데 정류장에서 기다린다고 했어요.

05 가: ____________________?

나: 옆 방 친구들과 같이 먹었어요.

어휘 및 표현

사실 fact
추측 재질문 ask again
확인 check
****
설마 Really?

01 V/A-(ㄴ/는)단 말이에요?

V	-(ㄴ/는)단 말이에요?
A	-단 말이에요?
N	-(이)란 말이에요?
상대 진술	의외 · 의심 ⇨ 재질문

원형) V/A-(ㄴ/는)다는 말이에요?

 **해설** 상대방의 말이 의외라서 놀라거나 의심스러워서 확인 질문할 때 사용한다. 상대방의 말을 반복하여 말하면서 질문한다.

평서문인 '-(ㄴ/는)단 말이다.'는 화자가 자신의 말을 반복하여 말하는 것으로 의미를 강조해 줄 때 사용하는 표현이다.
예) 가: 김 선생님이 중국으로 이민을 가신대요.
　　나: 그럼 언제 오신대요?
　　가: 중국으로 아주 **가신단 말이에요.** (=가요/가세요/가신대요.)

예문 ■ 가: 매일 분당에서 여의도로 출근하려면 1시간이 넘게 걸려요.
　　나: 회사가 그렇게 **멀단 말이에요?** 출퇴근하기 힘들겠어요.
　　■ 가: 저는 발표 준비 다 했어요. 연하 씨는요?
　　나: 벌써 다 **끝냈단 말이에요?** 저는 아직 멀었어요.

연습 '-(ㄴ/는)단 말이에요?'를 사용해서 대화를 완성하십시오.

01　가: 아놀드 씨가 다음 달에 결혼한대요.
　　나: 뭐라고요? 만난 지 한 달밖에 안 됐는데 벌써 <u>결혼한단 말이에요?</u>

02　가: 선생님, 제제 씨가 일이 있다면서 먼저 집에 갔어요.
　　나: 저한테 말도 없이 그냥 ＿＿＿＿＿＿＿＿?

03　가: 오늘 기온이 영하 10도까지 떨어진대요.
　　나: 그렇게 ＿＿＿＿＿＿＿＿? 옷을 따뜻하게 입어야겠어요.

04　가: 여기에 있던 책 못 봤어요?
　　나: 어제 제가 책상 위에 올려놓았는데 거기에 ＿＿＿＿＿＿＿＿?

05　가: 장 선생님의 딸을 본 적이 있어요? 예쁘고 키도 커요.
　　나: 장 선생님은 키가 작은데 딸은 키가 ＿＿＿＿＿＿＿＿?

어휘 및 표현
상대 진술 statement
의외 unexpected
의심 doubt
재질문 ask again
****
먼저 earlier
기온 temperature
영하 below zero temperatures
기온이 떨어지다 fall below zero
올려놓다 put on

02   V/A-(ㄴ/는)다고요?

V	-(ㄴ/는)다고요?
A	-다고요?
N	-(이)라고요?
상대 진술	재질문 ⇨ 확인

해설   상대방의 말을 잘 듣지 못해서 다시 질문하여 확인하거나 상대방의 말을 정확히 들었지만 확인하려고 다시 질문할 때 사용한다. '지금 뭐라고 말했습니까?', '지금 -(ㄴ/는)다고 말했습니까?' 의 뜻이다. 문장의 종류에 따라 '-냐고요?', '-(으)라고요?', '-자고요?' 등으로 쓰인다.

- 일상 회화에서 자주 '-다구요?' 라고 잘못 쓰이는 경우가 있다.
- 평서문인 '-(ㄴ/는)다고요.'는 자신의 말을 강조하거나 자랑하고 싶을 때 사용하는 표현이다. '얼마나'와 같이 쓰여 의미를 강조해 주기도 한다.

예) • 가: 이번 시험은 아주 어려울 거예요.
　　　나: 어렵다고요?
　　　가: 네. **어렵다고요.** (강조)
　　• 가: 지금 사귀는 여자 친구가 잘 해 줘요?
　　　나: 그럼요. 여자 친구가 저한테 얼마나 잘 **해 준다고요.** (자랑)

예문   ■ 가: 저는 일주일에 책을 두 권 정도 읽어요.
　　　나: 일주일에 책을 두 권이나 **읽는다고요?**

　　■ 가: 혹시 가천대학교 학생이에요?
　　　나: 가천대학교 **학생이냐고요?** 아닌데요.

　　■ 가: 여보세요. 저 보하인데요.
　　　나: **누구라고요?** 시끄러워서 잘 안 들려요.

　　■ 가: 이 약은 식후 30분에 꼭 드세요.
　　　나: 식후 30분에 **먹으라고요?**

　　■ 가: 출근하기 전에 같이 테니스를 칠래요?
　　　나: 네? 같이 테니스를 **치자고요?**

 '-(ㄴ/는)다고요?'를 사용해서 대화를 완성하십시오.

01 가: 아침부터 열이 나고 기침을 해요.

나: 열이 나고 기침을 <u>한다고요?</u> 이따가 꼭 병원에 가 보세요.

02 가: 영화가 곧 시작할 텐데 우리 먼저 가자.

나: 먼저 _______________? 조금만 더 기다려 보자.

03 가: 한국 사람은 설날에 뭘 먹어요?

나: 한국 사람은 설날에 뭘 _______________? 아침에 떡국을 먹어요.

04 가: 제가 보하 씨 전화번호를 알아요.

나: 보하 씨 전화번호를 _______________? 그럼 보하 씨한테 한번 연락해 보세요.

05 가: 저 지금 명동에 있는데 나올 수 있어요?

나: 네? _______________? 다시 한번 얘기해 주세요.

가: 명동이라고요.

확인

<확인>의 '-(ㄴ/는)다면서요?'와 '-(ㄴ/는)다고요?'는 어떻게 다를까요?

'-(ㄴ/는)다면서요?'는 화자가 이미 알고 있는 정보나 다른 사람에게 들은 정보를 상대방에게 확인 질문할 때 사용하는 반면, '-(ㄴ/는)다고요?'는 상대방의 말을 다시 확인할 때 사용한다.

문법	상황	예문
-(ㄴ/는)다면서요?	정보 확인	• 가: 이번 여름 문화 체험은 제주도에 **간다면서요?** 　나: 네, 맞아요. 그런데 체험비가 좀 비싼 편이에요.
-(ㄴ/는)다고요?	단순 확인	• 가: 이번 여름 문화 체험은 제주도에 간대요. 　나: 제주도에 **간다고요?**

03 V/A-다니요?

V	-다니요?
A	-다니요?
N	-(이)라니요?
상대 진술	의외 · 의심 ⇨ 재질문 부정 (반어적 의문문)

유사 문법) V/A-(ㄴ/는)단 말이에요?

해설　　상대방의 말이 의심스러워서 확인 질문하거나 부정을 나타내는 반어적 의문문으로 표현할 때 사용한다. 상대방의 말이 의외라서 놀라거나 의심스러워서 확인 질문하는 경우에는 '-다는 것이 정말입니까?'의 뜻이다. 그리고 상대방의 진술을 부정하면서 반어적 의문문의 형태로 사용하는 경우에는 '-다니 그것은 아니라고 생각한다.'의 뜻이다. 과거의 상황인 경우에는 '-았/었다니요?'를 사용한다.

〈반어적 의문문〉 Ⅰ-159쪽 참조.

예문
- 가: 배가 고픈데 뭘 좀 먹을까요?
  나: 피자를 먹은 지 얼마 안 됐는데 벌써 배가 **고프다니요?**
- 가: 보람 씨가 이번 시험에서 1등을 했대요.
  나: 보람 씨가 1등을 **했다니요?** 저는 아놀드 씨가 1등을 했다고 들었는데요.

 '–다니요?'를 사용해서 대화를 완성하십시오.

01 가: 오늘 필기시험이 끝난 후에 바로 말하기 시험을 본대요.
　　나: 말하기 시험을 <u>보다니요?</u> 내일 보는 거 아니에요?

02 가: 어떡하지? 지갑이 없어졌어.
　　나: 지갑이 ____________? 가방 안에 넣은 거 분명해?

03 가: 음식이 좀 부족한 거 같은데요.
　　나: 이렇게 많이 준비했는데 ____________?

04 가: 상조 씨가 대학원생이라면서요?
　　나: ____________? 작년에 졸업하고 지금 회사에 다녀요.

05 가: 상조 씨 집에 불이 났대요.
　　나: 불이 ____________? 정말요?

어휘 및 표현

상대 진술 statement
의외 unexpected
의심 doubt
재질문 ask again
부정 denial
반어적 의문문 rhetorical question
****
필기시험 written test
불이 나다 a fire breaks out

〈확인〉의 '–(ㄴ/는)다고요?', '–(ㄴ/는)단 말이에요?', '–다니요?'는 어떻게 다를까요?

'–(ㄴ/는)다고요?'는 상대방의 말을 단순하게 확인할 때만 사용한다. '–(ㄴ/는)단 말이에요?'와 '–다니요?'는 상대방의 말이 의외의 사실로 느껴져서 놀라거나 의심스러워서 확인 질문할 때 사용한다. 이때 '–(ㄴ/는)단 말이에요?'와 '–다니요?'는 바꿔 쓸 수 있지만, '–다니요?'는 반어적 의문문을 사용하여 상대방의 말을 부정하는 의미가 더 강하다.

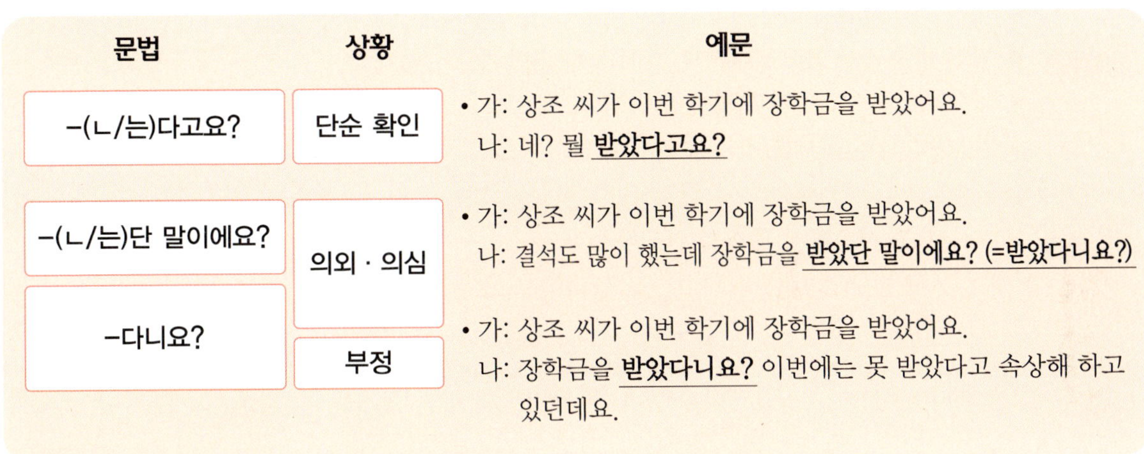

문법	상황	예문
–(ㄴ/는)다고요?	단순 확인	• 가: 상조 씨가 이번 학기에 장학금을 받았어요. 　나: 네? 뭘 **받았다고요?**
–(ㄴ/는)단 말이에요?	의외 · 의심	• 가: 상조 씨가 이번 학기에 장학금을 받았어요. 　나: 결석도 많이 했는데 장학금을 **받았단 말이에요?** (=받았다니요?)
–다니요?	부정	• 가: 상조 씨가 이번 학기에 장학금을 받았어요. 　나: 장학금을 **받았다니요?** 이번에는 못 받았다고 속상해 하고 있던데요.

01　V-다시피

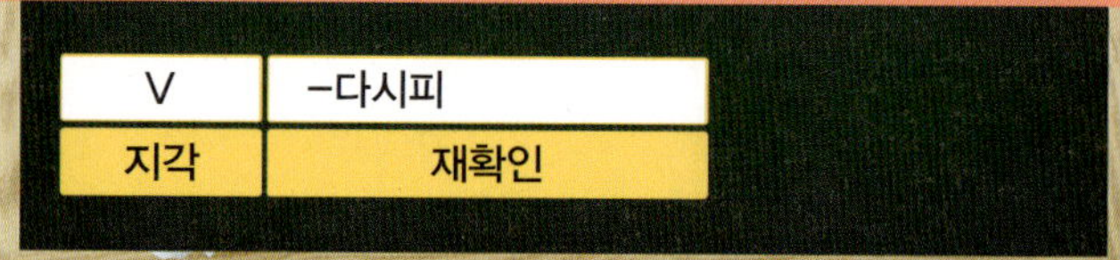

해설　상대방이 이미 알고 있는 사실을 재확인하며 말할 때 사용하는 표현이다. '-는 것과 마찬가지로', '-는 것과 같이'의 뜻이다. '보다, 알다, 듣다, 느끼다, 짐작하다, 주지하다' 등의 일부 지각 동사와 쓰인다. 주로 격식체에 사용한다.

예문
- 방금 방송에서 **들으셨다시피** 올해 물가가 많이 올랐습니다.
- 가: 상조 씨, 요즘 왜 그렇게 연락이 안 돼요?
  나: **알다시피** 회사를 옮겨서 정신이 없었어요.

연습　'-다시피'를 사용해서 대화를 완성하십시오.

01 가: 품질에 비해 가격이 비싼 편이 아닙니까?
　　나: 지금 <u>보시다시피</u> 이 제품의 품질은 세계 최고라 할 수 있습니다.
　　　　이 정도의 품질이면 비싸지 않다고 봅니다. (보다)

02 가: 어떻게 하면 취업을 할 수 있을까요?
　　나: 여러분도 ＿＿＿＿＿＿ 요즘 취업하기가 하늘의 별따기입니다.
　　　　끝없는 자기 개발이 필요하다고 봅니다. (알다)

03 가: 이 책의 특징은 무엇입니까?
　　나: 많은 사람들이 ＿＿＿＿＿＿ 철학은 어렵고 재미없는 분야입니다.
　　　　이 책은 여러분이 쉽게 철학을 이해할 수 있도록 쓰여 있습니다. (느끼다)

04 가: 지진으로 인한 사상자는 몇 명 정도 됩니까?
　　나: 방금 ＿＿＿＿＿＿ 이번 지진으로 인한 사상자는 20만 명이 넘을 것으로 예상됩니다. (듣다)

05 가: ＿＿＿＿＿＿ 요즘 회사 사정이 안 좋습니다. 여러분의 도움이 필요합니다. (짐작하다)
　　나: 그럼 이 난관을 어떻게 극복해야 할지 방법을 찾아 봐야겠군요.

어휘 및 표현

지각 동사 a verb of perception
재확인 reconfirmation
****
방송 telecast
물가 price
옮기다 transfer
품질 quality
취업 find a job
하늘의 별따기 be almost impossible
자기 계발 self-improvement
느끼다 be aware of
철학 philosophy
지진 earthquake
사상자 casualties
방금 just now
넘다 exceed
짐작하다 guess
회사 사정 company situation
난관 difficulty
극복하다 overcome

초급

※ (　　　　)에 알맞은 것을 고르십시오.

1. (3점)

> 가: 선생님, 이 책을 어디에 (　　　　　　　　)?
>
> 나: 저기 책상 위에 놓으면 돼요.

① 놓을까요　　　　② 놓을래요　　　　③ 놓았지요　　　　④ 놓았어요

※ [2-3] 빈칸에 알맞은 것을 고르십시오.

2. (4점)

> 가: 그 식당 음식 값이 ______________?
>
> 나: 네. 좀 비싸요. 그런데 점심 때 가면 할인이 돼요.

① 비싸지 않아요　　　② 얼마예요　　　③ 싸지 않아요　　　④ 할인이 돼요

3. (4점)

> 가: ______________________?
>
> 나: 네. 시험 기간이라서 학생들이 많아요.

① 왜 학생들이 많아요　　　　　　② 도서관에 학생들이 많지요

③ 언제부터 시험을 봐요　　　　　④ 시험 기간에 뭐 해요

중급

※ [1-3] 다음 (　　　　)에 알맞은 것을 고르십시오.

1. (3점)

> 가: 연하 씨한테 들었는데 요즘 (　　　　　　　　)?
>
> 나: 네. 할 일이 너무 많아서 밥 먹을 시간조차 없어요.

① 바쁘던데요　　　② 바쁘다면서요　　　③ 바쁘다니요　　　④ 바쁘거든요

2. (3점)

> 가: 태완 씨, 제가 주말에 이사하는데 바쁘지 않으면 와서 좀 (   )?
>
> 나: 물론이지요. 몇 시까지 갈까요?

① 도와줄게요　　　② 도와줄까 해요　　　③ 도와줄까요　　　④ 도와줄래요

3. (4점)

> 가: 선생님, 오늘 보람 씨가 아파서 결석했어요.
>
> 나: 누가 (   )?
>
> 가: 보람 씨가요.

① 결석했다고요　　　② 결석했다면서요　　　③ 결석하다니요　　　④ 결석했던데요

※ **[4-5] 다음 밑줄 친 부분과 바꾸어 쓸 수 있는 것을 고르십시오.**

4. (3점)

> 가: 한국어 과정 수업을 마친 후에 고향으로 <u>돌아갈 계획입니까?</u>
>
> 나: 아니요. 한국에서 취직할 예정입니다.

① 돌아갈 건가요　　　② 돌아가다니요　　　③ 돌아갈까 해요　　　④ 돌아간다지요

5. (4점)

> 가: 요즘 한국어를 배우는 외국인이 많이 <u>늘고 있다지요?</u>
>
> 나: 네. 저도 그런 신문 기사를 봤어요.

① 늘고 있다면서요　　　② 늘고 있다니요　　　③ 늘고 있어요　　　④ 늘고 있을까요

※ **[6-8] 빈칸에 가장 알맞은 것을 고르십시오.**

6. (3점)

> 가: 상조 씨가 교통사고로 병원에 입원했다면서요?
>
> 나: ______________________? 방금 전에 학교에서 만났는데요.

① 벌써 집에 갔단 말이에요　　　　　　② 교통사고가 날 뻔했다고요

③ 치료 후에 퇴원했다면서요　　　　　　④ 병원에 입원했다니요

7. (4점)

가: 어제 명동에서 배영준 팬 사인회를 하는데 수백 명이 왔대요.

나: 팬 사인회에 _______________? 아주 복잡했겠어요.

① 사인을 받으러 갔으면 좋겠다고요　　　② 수백 명이 왔다면서요

③ 그렇게 많은 사람들이 모였단 말이에요　　④ 사인을 받을 수가 있어야지요

8. (4점)

가: 미국에서 1년 살았다고 해서 다 _______________?

나: 그럼요. 자신이 얼마나 열심히 공부했는지가 더 중요하지요.

① 영어를 잘하는 건 아니겠지요　　　② 영어를 잘할 수가 있어야지요

③ 미국에서 취직할 수 있다지요　　　④ 미국 사람처럼 말할 수 있다면서요

고급

※ 다음 밑줄 친 부분과 의미가 가장 비슷한 것을 고르십시오.

1. (4점)

　여러분도 아시는 것과 마찬가지로 비만은 성인병의 원인이 됩니다. 비만을 예방하려면 꾸준히 운동을 해야 합니다.

① 아시다피시　　② 아신다기에　　③ 아신다면야　　④ 아시더니만

한국에서는 애를 먹는다면서요?

　위에서 말하는 '애'는 아이가 아니라 어떤 일을 때 겪는 어려움이나 어떤 일을 잘 이루기 위해 들이는 노력을 말한다. 그래서 한국 사람들은 아주 큰 어려움을 겪을 때 '애를 먹다.' 라고 표현한다.

☆ 한 걸음 더 ☆

'애' 와 관련된 표현을 알아볼까요?

1. 애가 터지다.
　이루어져야 할 일이 이루어지지 않고 있거나 이루어지지 않을 것 같아 속이 터질 것 같은
상태를 의미한다.

2. 애를 쓰다.
어떤 일을 잘 이루기 위해 들이는 노력을 의미한다.

3. 애가 타다. = 애간장이 타다.
너무 걱정이 되어 속이 타는 듯하다.

4. 애를 태우다. = 애간장을 태우다.
근심스럽거나 안타까워서 속을 많이 태우다.

5. 애간장이 녹다.
몹시 걱정이 되고 안타까워 속이 녹는 듯하다.

명령 · 권유

한자	영어	중국어	일어	몽골어
命令 · 勸誘	Command Recommendation	命令 · 劝导	命令 · 勧誘	тушаал сайшаал

'명령'은 화자가 상대방에게 무엇을 시키거나 행동을 요구하는 것을 의미하고,
'권유'는 어떠한 일을 하도록 권하는 것을 의미한다.
명령은 직접적인 표현인 반면, 권유는 간접적인 표현이다.

명령

- 초 V-(으)십시오.
- 초 V-지 마십시오.
- 초 V-(으)세요.
- 초 V-지 마세요.

권유

- 초 V-(으)시겠습니까? ①
- 중 V-는 것이 어때요? ①
- 중 V-지 그래요?
- 중 V-지요. ②
- 중 V-는 것이 좋겠다.
- 중 V-도록 하세요.
- 중 V₁-지 않도록 V₂-(으)세요.

01 V–(으)십시오. / V–지 마십시오.

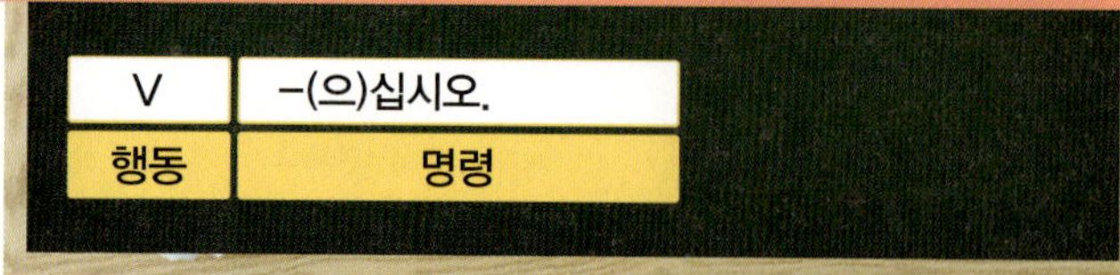

V	–(으)십시오.
행동	명령

유사 문법) V–(으)세요.

해설 상대방에게 어떠한 행동을 할 것을 정중하게 명령할 때 사용한다. 주로 격식체에 사용하는데, 회의나 발표, 연설, 보고 등 격식이 필요한 상황이나 처음 만난 사람, 손님과 같이 예의를 갖춰야 할 대상에게 사용한다. 하지 말 것을 명령할 때에는 '–지 마십시오.'를 사용한다.

예문
- 여기에서 잠깐만 **기다리십시오.**
- 크게 **말씀해 주십시오.**

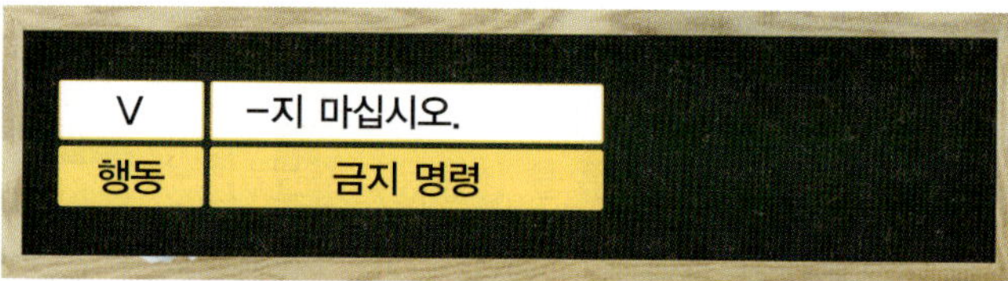

V	–지 마십시오.
행동	금지 명령

유사 문법) V–지 마세요.

해설 '–(으)십시오.'의 부정형으로 상대방에게 어떠한 행동을 하지 말 것을 명령할 때 사용한다.

예문
- 바닥에 쓰레기를 **버리지 마십시오.**
- 회의 중에는 전화를 **받지 마십시오.**

연습 표를 완성하고 '–지 마십시오.'를 사용해서 쓰십시오.

장소	금지
1) 도서관	전화를 하다
2) 박물관	
3) 기숙사	
4) 공 원	
5) 사무실	

어휘 및 표현
행동 action
명령 command
금지 명령 a negative command
****
잠깐만 just a minute
바닥 floor
박물관 museum

01 도서관에서는 전화를 하지 마십시오.

02 ____ .

03 ____ .

04 ____ .

05 ____ .

연습   '-(으)십시오.'와 '-지 마십시오.' 중 하나를 골라서 쓰십시오.

> 전화를 하다   오른쪽으로 가다   주차하다   담배를 피우다
>
> 휴지통에 버리다   사진을 찍다

01 주차하지 마십시오.

02 ___________________________

03 ___________________________

04 ___________________________

05 ___________________________

06 ___________________________

비교 1   〈명령·권유〉의 '-지 마십시오.'와 〈제안〉의 '-지 맙시다.'는 어떻게 다를까요?

〈제안〉 177쪽 참조.

02 V-(으)세요. / V-지 마세요.

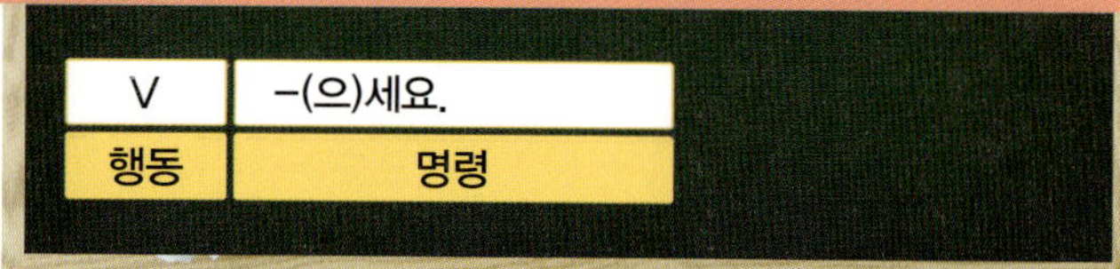

유사 문법) V-(으)십시오.

해설 상대방에게 어떠한 행동을 할 것을 정중하게 명령할 때 사용한다. 비격식체이기 때문에 일상 회화에서 자주 사용한다. 하지 말 것을 명령할 때에는 '-지 마세요.'를 사용한다.

예문
- 수업 시간에 조용히 **하세요.**
- 가: 은행이 어디에 있어요?
  나: 저기 사거리에서 오른쪽으로 **가세요.**

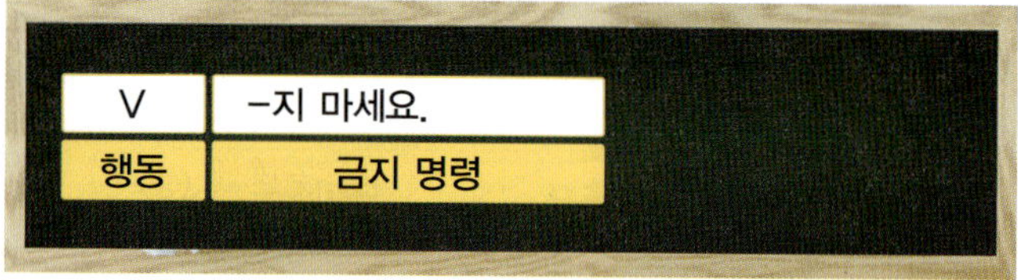

유사 문법) V-지 마십시오.

해설 '-(으)세요.'의 부정형으로 상대방에게 어떠한 행동을 하지 말 것을 명령할 때 사용한다.

예문
- 도서관에서 음식을 **먹지 마세요.**
- 지금 빨간 불이니까 **건너지 마세요.**

연습 알맞은 단어를 골라 '-(으)세요.'를 사용해서 대화를 완성하십시오.

| 쉬다 | 걷다 | 앉다 | 열다 | 보다 |

어휘 및 표현
행동 action
명령 command
****
사거리 crossroads
살을 빼다 diet

01 가: 감기에 걸렸어요.
    나: 그럼 집에서 쉬세요.

02 가: 이 영화 재미있어요?

나: 네. 재미있어요. 꼭 ____________.

03 가: 연하 씨, 여기에 ____________.

나: 고마워요.

04 가: 방이 좀 더워요.

나: 그러면 창문을 ____________.

05 가: 어떻게 하면 살을 뺄 수 있어요?

나: 매일 한 시간씩 ____________.

연습 '-지 마세요.'를 사용해서 대화를 완성하십시오.

01 가: 어디에 가요?

나: 산책하러 공원에 가려고요.

가: 지금 비가 오니까 <u>나가지 마세요</u>. (나가다)

02 가: 제가 아놀드 씨한테 연락할게요.

나: 지금은 수업 중이니까 ____________. (전화하다)

03 가: 위험해요. 계단에서 ____________. (뛰다)

나: 네. 알겠어요.

04 가: 창문을 닫을까요?

나: 청소를 할 거니까 ____________. (닫다)

05 가: 연하 씨의 생일에 제가 케이크를 만들까요?

나: 아니요. 태완 씨가 준비할 거니까 ____________. (만들다)

어휘 및 표현

행동 action
금지 명령 a negative command
****
빨간 불 stop light
위험하다 dangerous
계단 stairs

명령·권유

143

〈명령 · 권유〉의 '-(으)십시오.'와 '-(으)세요.'는 어떻게 다를까요?

1 '-(으)십시오.'는 공공장소나 회의장 같은 격식이 필요한 상황에서 쓰이는 반면, '-(으)세요.'는 일상적인 상황에서 사용한다.

문법	상황	예문
-(으)십시오.	격식적	• (결혼식장) 하객 여러분께서는 모두 자리에 **앉아 주십시오.** (○) (격식이 필요한 상황이므로 자연스러움.)
-(으)세요.	일상적	• (결혼식장) 하객 여러분께서는 모두 자리에 **앉아 주세요.** (△) (일상적인 대화 상황이 아니기 때문에 어색함.) • (수업 시간) 자, 수업 시작할 테니까 빨리 자리에 **앉아 주세요.** (○)

(○)

(△)

2 '-(으)십시오.'는 처음 만난 사람, 손님과 같이 예의를 갖춰야 하는 상황에서 쓰인다. 반면에 '-(으)세요.'는 일상적인 만남에서 편하게 쓰며, 친분이 있는 윗사람이나 높은 사람에게 사용할 수 있다. 그리고 처음 만난 사람이더라도 나이나 지위가 비슷할 때에는 약간 높이는 느낌으로 사용한다.

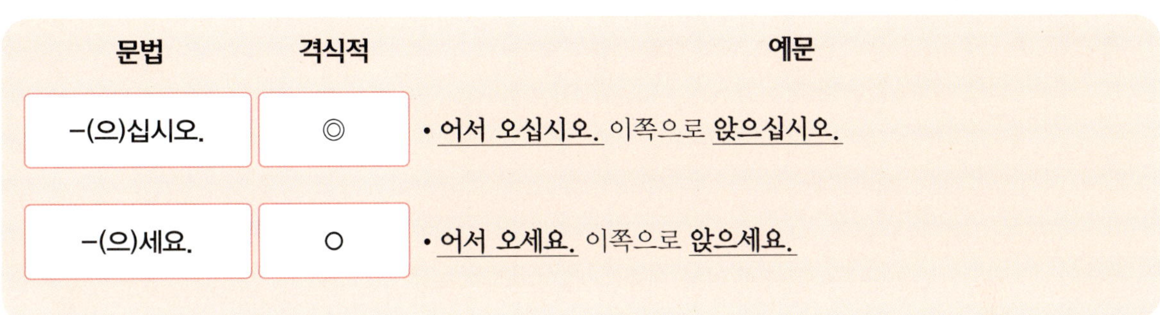

문법	격식적	예문
-(으)십시오.	◎	• 어서 오십시오. 이쪽으로 앉으십시오.
-(으)세요.	○	• 어서 오세요. 이쪽으로 앉으세요.

01 V-(으)시겠습니까? ①

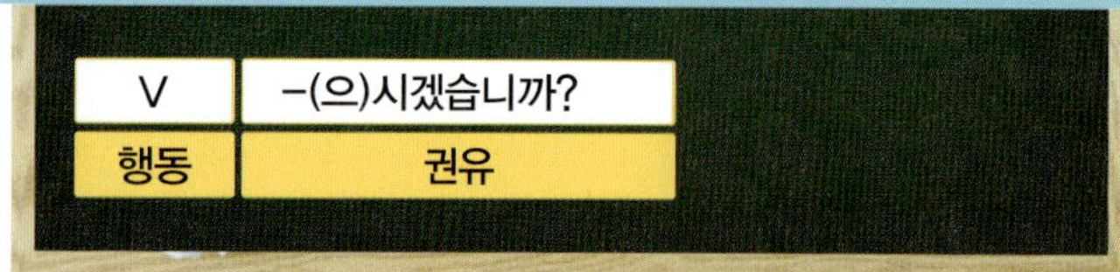

해설 상대방에게 의향을 물어보는 동시에 어떠한 행동을 할 것을 간접적으로 정중하게 권유할 때 사용한다. 일상 회화에서는 비격식체인 '-(으)시겠어요?' 를 자주 사용한다.

예문
- 가: 잘 안 들리는데 좀 크게 **말씀하시겠습니까?**
  나: 네. 알겠습니다.
- 가: 음식을 좀 더 **드시겠어요?**
  나: 아니요. 괜찮아요.

연습 '-(으)시겠습니까?' 를 사용해서 대화를 완성하십시오.

01 가: 여기 사용 설명서가 있는데 한번 <u>보시겠습니까?</u>
　　나: 네. 감사합니다.

02 가: 이 디자인으로 ＿＿＿＿＿＿＿＿?
　　나: 네. 이걸로 하겠습니다.

03 가: 손님, 지금 자리가 없는데 ＿＿＿＿＿＿＿＿?
　　나: 네. 기다리겠습니다.

04 가: 저기 자리가 있는데 ＿＿＿＿＿＿＿＿?
　　나: 아니요. 괜찮습니다.

05 가: 추우면 외투를 ＿＿＿＿＿＿＿＿?
　　나: 아니요. 괜찮습니다.

어휘 및 표현
행동 action
권유 recommendation
****
설명서 instructions
디자인 design
자리가 없다 full up
외투 overcoat

비교 3

〈명령·권유〉의 '−(으)십시오.'와 '−(으)시겠습니까? ①'은 어떻게 다를까요?

'−(으)십시오.'는 아무리 정중하게 말하더라도 명령의 의미이기 때문에 상대방의 의향을 물어보는 '−(으)시겠습니까?'가 더 정중한 표현이다.

문법	정중함		예문
−(으)십시오.	명령	○	• 창가 쪽 자리로 <u>옮기십시오.</u>
−(으)시겠습니까? ①	권유	◎	• 창가 쪽 자리로 <u>옮기시겠습니까?</u>

비교 4

〈명령·권유〉의 '−(으)시겠습니까? ①'과 〈제안〉의 '−(으)시겠습니까? ②'는 어떻게 다를까요?

〈제안〉 183쪽 참조.

02 V-는 것이 어때요? ①

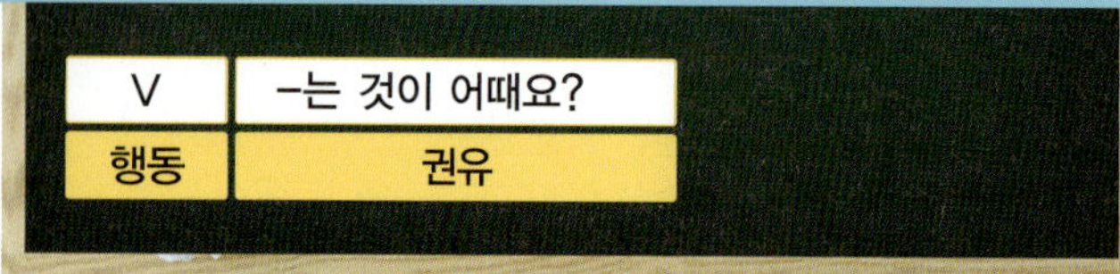

해설 상대방에게 어떠한 행동을 할 것을 간접적으로 권유할 때 사용한다. '-는 것은 어때요?'의 형태로도 사용한다.

예문
- 가: 저녁에 약속이 있는데 무슨 옷을 입는 것이 좋을까요?

  나: 원피스를 **입는 것이 어때요?** 보람 씨한테 잘 어울릴 거예요.
- 가: 주말에 부산에 가야 하는데 뭘 타고 갈까요?

  나: KTX를 **타는 것은 어때요?** KTX가 빠르고 편해요.

연습 '-는 것이 어때요?'를 사용해서 대화를 완성하십시오.

상황	권유
1) 태권도를 배우고 싶다	태권도 동아리에 가입하다
2) 요즘 살이 찌다	매일 1시간씩 걷다
3) 집을 구하려고 하다	인터넷에서 찾다
4) 방 친구와 싸웠다	먼저 사과를 하다
5) 휴대전화가 고장났다	A/S센터에 전화해서 물어보다

01 가: 태권도를 배우고 싶은데 어떻게 하면 좋을까요?

　　나: 태권도 동아리에 가입하는 것이 어때요?

02 가: 요즘 살이 쪄서 고민이에요.

　　나: ___________________________?

03 가: 집을 구하려고 하는데 어디에서 알아보면 좋을까요?

　　나: ＿＿＿＿＿＿＿＿＿＿＿＿＿＿＿＿＿＿＿?

04 가: 방 친구와 싸웠어요.

　　나: ＿＿＿＿＿＿＿＿＿＿＿＿＿＿＿＿＿＿＿?

05 가: 며칠 전에 산 휴대전화가 고장났어요.

　　나: ＿＿＿＿＿＿＿＿＿＿＿＿＿＿＿＿＿＿＿?

어휘 및 표현

행동 action
권유 recommendation
****
원피스 one-piece dress
동아리 club
가입하다 become a member
살이 찌다 gain weight
집을 구하다 go house hunting
사과(를) 하다 apologize
물어보다 ask

명령 · 권유

비교 5

〈명령 · 권유〉의 '－는 것이 어때요? ①'과 〈제안〉의 '－는 것이 어때요? ②'는 어떻게 다를까요?

〈제안〉 185쪽 참조.

03　V-지 그래요?

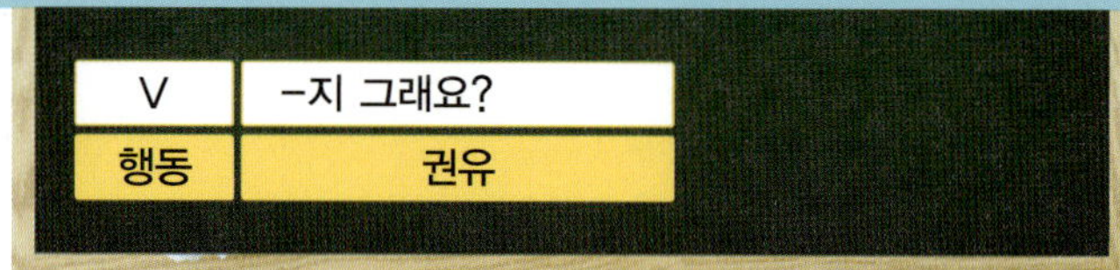

해설　　자신의 의견을 상대방에게 간접적으로 권유할 때 사용한다. 주로 구어체와 비격식체에 사용한다. 윗사람이나 높은 사람에게는 사용할 수 없다.

예문
- 가: 건강에 안 좋은데 담배를 **끊지 그래요?**
  나: 저도 끊을 생각이에요.
- 가: 방이 좀 덥네요.
  나: 외투를 **벗지 그래요?**

연습　　'-지 그래요?'를 사용해서 대화를 완성하십시오.

01 가: 하루 종일 걸었더니 좀 피곤해요.
　　나: 피곤하면 좀 <u>쉬지 그래요?</u>

02 가: 한국어 말하기 실력이 늘지 않아요.
　　나: 말하기 실력이 늘지 않으면 ＿＿＿＿＿＿＿＿＿＿＿＿＿?

03 가: 문제가 어려워서 답을 모르겠어요.
　　나: 답을 모르겠으면 ＿＿＿＿＿＿＿＿＿＿＿＿＿?

04 가: 점심을 급하게 먹었더니 소화가 안 돼요.
　　나: 소화가 안 되면 ＿＿＿＿＿＿＿＿＿＿＿＿＿?

05 가: 약속 시간에 늦었는데 어떻게 하지요?
　　나: 약속 시간에 늦었으면 ＿＿＿＿＿＿＿＿＿＿＿＿＿?

어휘 및 표현

행동 action
권유 recommendation

＊＊＊＊＊＊＊＊＊＊＊＊＊＊＊＊＊＊＊＊＊＊＊
담배를 끊다 quit smoking
외투 overcoat
실력이 늘다 become proficient
밥을 급하게 먹다 scoff
소화가 안 되다 digests poorly

04 V-지요. ②

해설 상대방에게 어떠한 행동을 할 것을 권유할 때 사용한다. 주로 구어체와 비격식체에서 사용한다. 보통 권유의 '-지요.'는 높임말의 형태인 '-(으)시지요.'를 더 많이 사용한다.

예문
- 가: 태완 씨가 음식을 **시키지요.**
  나: 그럼, 뭘로 시킬까요?
- 가: 제가 만든 김치 부침개인데 한번 **드셔 보시지요.**
  나: 음, 정말 맛있어요.

연습 알맞은 단어를 골라 '-(으)시지요.'를 사용해서 대화를 완성하십시오.

드시다	끊다	예약하다	팔다	내려가다

01 가: 요즘 밤에 잠이 잘 안 와요.
   나: 그러면 자기 전에 따뜻한 우유를 <u>드시지요.</u>

02 가: 한국어 교육부가 어디에 있습니까?
   나: 여기는 2층이니까 1층으로 ____________.

03 가: 방학 때 고향에 가려고 하는데 비행기 표가 있을까요?
   나: 그때는 성수기라서 비행기 표가 없을지도 모르니까 미리 ____________.

04 가: 요즘 건강이 안 좋아져서 걱정이에요.
   나: 술과 담배는 건강에 안 좋으니까 이제 ____________.

05 가: 집에 컴퓨터가 두 대 있는데 한 대만 사용해요.
   나: 그래요? 그럼 한 대는 다른 사람한테 ____________.

명령·권유

〈명령 · 권유〉의 '-지요. ②'와 〈제안〉의 '-지요. ③'은 어떻게 다를까요?

〈제안〉 180쪽 참조.

〈명령 · 권유〉의 '-(으)십시오.'와 '-(으)시지요.'는 어떻게 다를까요?

'-(으)십시오.'는 아무리 정중하게 말하더라도 명령의 의미이기 때문에 권유를 나타내는 '-(으)시지요.'가 더 정중한 표현이다.

문법	정중함	예문
-(으)십시오.	명령 ○	• 먼저 <u>앉으십시오.</u>
-(으)시지요.	권유 ◎	• 먼저 <u>앉으시지요.</u>

05   V–는 것이 좋겠다.

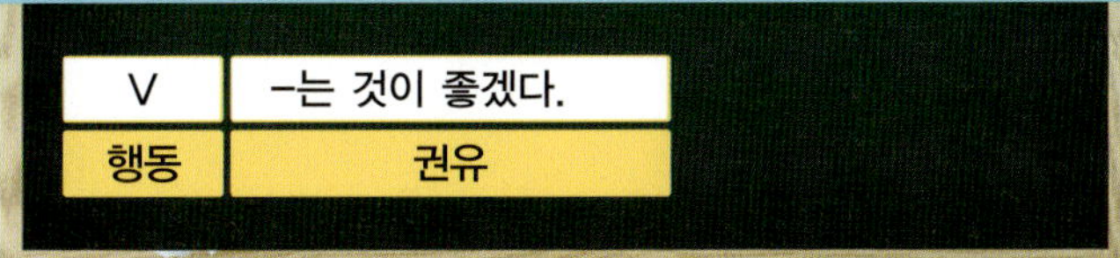

해설   자신의 의견을 상대방에게 권유할 때 사용한다. 보통 조언이나 충고를 할 때 많이 사용한다.

예문
- 가: 아버지 생신 때 무슨 선물을 드리면 좋을까요?

  나: 건강식품을 **드리는 것이 좋겠어요.**
- 가: 감기 때문에 열이 나고 기침도 심해요.

  나: 그럼 병원에 가서 주사를 **맞는 것이 좋겠어요.**

연습   '–는 것이 좋겠다.' 를 사용해서 대화를 완성하십시오.

어휘 및 표현

행동 action
권유 recommendation
****
생신 a birthday
건강식품 health food
열이 나다 have a fever
기침 cough
주사를 맞다 have an injection

01   가: 이번 휴가 때 뭘 하면 좋을까요?

     나: 오랜만에 가족들과 함께 <u>여행을 가는 것이 좋겠어요.</u>

02   가: 한국 요리를 배우고 싶어요.

     나: 한국 요리를 가르쳐 주는 학원이 있으니까 _______________.

03   가: 주말에 여자 친구와 약속이 있는데 영화를 볼까요?

     나: 주말에 날씨가 좋다고 하니까 _______________.

04   가: 아르바이트를 구하고 싶은데 어떻게 하면 좋을까요?

     나: 며칠 전에 마이클 씨가 아르바이트를 구했다고 하니까 _______________.

05   가: 좀 더 기다릴까요?

     나: 기차 시간이 다 됐으니까 먼저 _______________.

06 V-도록 하세요.

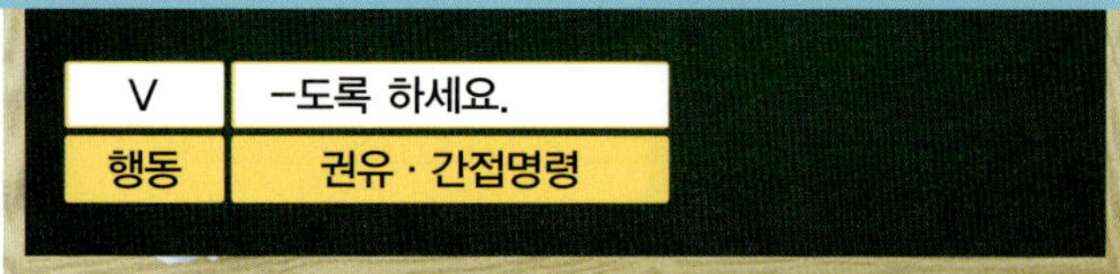

해설 상대방에게 어떠한 행동을 할 것을 권유하거나 간접적으로 완곡하게 명령할 때 사용한다. 보통 조언이나 충고를 할 때 많이 사용한다. 하지 말 것을 명령하거나 권유할 때에는 '-지 않도록 하세요.'를 사용한다.

예문
- 건강을 위해서 아침밥을 꼭 **먹도록 하세요.**
- 가: 내일 12시까지 가면 돼요?

  나: 네. **늦지 않도록 하세요.**

연습 '-도록 하세요.'와 '-지 않도록 하세요.' 중 하나를 골라서 대화를 완성하십시오.

| 생기다 | 내다 | 입다 | 쓰다 | 먹다 |

01 가: 보고서는 언제 제출해야 해요?

　　나: 내일 오전까지 내도록 하세요.

02 가: 한국어 쓰기를 잘 하고 싶어요.

　　나: 그럼 매일 한국어로 일기를 ________________.

03 가: 오늘 날씨가 어때요?

　　나: 날씨가 쌀쌀하니까 외투를 ________________.

04 가: 아이스크림을 먹어도 돼요?

　　나: 소화가 안 될 때는 차가운 음식을 ________________.

05 가: 이 일은 내일까지 마무리하도록 하겠습니다.

　　나: 중요한 일이니까 문제가 ________________.

어휘 및 표현

행동 action
권유 recommendation
간접 명령 an indirect command
****
보고서 report
보고서를 제출하다 send in a report
쌀쌀하다 be chilly
외투 overcoat
소화가 안 되다 digests poorly
차갑다 cold
마무리하다 to finish
중요하다 important

〈명령 · 권유〉의 '–(으)세요.'와 '–도록 하세요.'는 어떻게 다를까요?

'–(으)세요.'는 상대방에게 어떠한 행동을 할 것을 직접적이지만 정중하게 명령할 때 쓰이는 반면, '–도록 하세요.'는 '–(으)세요.'보다 좀 더 완곡한 표현이며, 권유하거나 간접적으로 명령할 때 쓰인다.

문법	명령 · 권유	예문
–(으)세요.	직접적	• 잠이 안 오면 잠자기 전에 따뜻한 물로 **샤워하세요.**
–도록 하세요.	간접적	• 잠이 안 오면 잠자기 전에 따뜻한 물로 **샤워하도록 하세요.**

07   V1–지 않도록 V2–(으)세요.

V1	–지 않도록	V2	–(으)세요.
우려		명령	

유사 문법) V1–지 않게 V2–(으)세요.

해설   예상되는 우려나 부정적인 결과를 예방하기 위해서 상대방에게 어떠한 행동을 할 것을 명령할 때 사용한다

형용사는 사용할 수 없으나 우리 신체와 관련된 감각형용사인 '배고프다, 아프다, 춥다, 덥다' 등은 예외적으로 쓸 수 있다.
예) 이따가 <u>배고프지 않도록</u> 많이 먹어 두세요.
　　<u>아프지 않도록</u> 미리 건강을 챙기세요.
　　<u>춥지 않도록</u> 따뜻한 옷을 입으세요.

예문   ■ 바닥이 미끄러우니까 **넘어지지 않도록** 조심하세요.

　　　　■ 약속을 **잊어버리지 않도록** 수첩에 **메모하세요.**

연습   다음을 연결하고 '–지 않도록 –(으)세요'를 사용해서 한 문장으로 쓰십시오.

1) 시험에 떨어지다　•	• 옷을 따뜻하게 입다
2) 감기에 걸리다　•	• 부모님께 자주 전화하다
3) 카메라가 고장나다　•	• 규칙적인 생활을 하다
4) 부모님께서 걱정하다　•	• 조심해서 사용하다
5) 건강이 나빠지다　•	• 열심히 공부하다

01 <u>시험에 떨어지지 않도록 열심히 공부하세요.</u>

02 ____.

03 ____.

04 ____.

05 ____.

어휘 및 표현
우려 worry
명령 command
****
바닥 floor
미끄럽다 slippery
조심하다 be careful
잊어버리다 forget
수첩 diary
메모하다 memo
시험에 떨어지다 fail an exam
규칙적인 regular

〈명령 · 권유〉 문법 항목의 정중함의 정도에 따른 순서

〈명령 · 권유〉의 문법 항목을 정중함의 정도에 따라 순서대로 나열하면 다음과 같다.

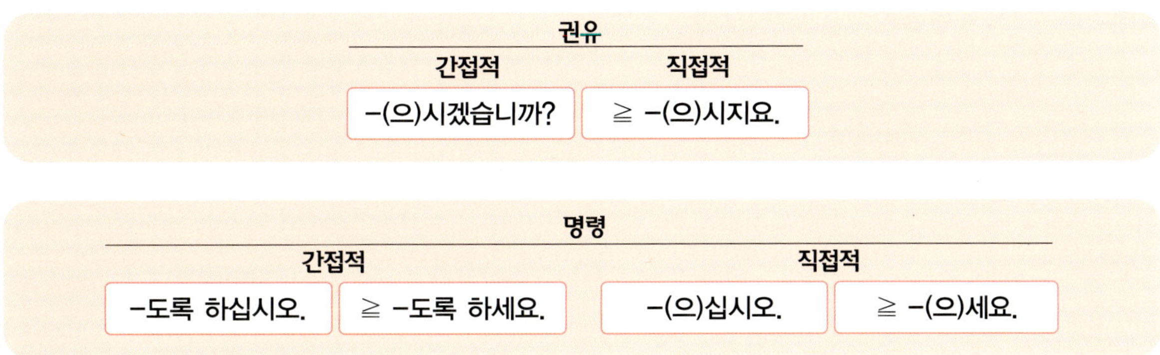

  상대방에게 어떠한 행동을 할 것을 시킬 때에는 보통 명령을 하거나 권유를 한다. 하지만 명령은 아무리 정중하게 말하더라도 명령이므로 권유로 바꾸어 사용하는 것이 좀 더 정중하고 자연스럽다. 명령과 권유를 할 때에도 위와 같이 직접적인 표현보다는 간접적인 표현이 좀 더 정중하다.

초급

※ [1-3] (   )에 알맞은 것을 고르십시오.

1. (3점)

> 가: 바지가 80,000원이에요.
>
> 나: 여기는 너무 비싸요. 바지를 (   ).

① 사지 마세요   ② 살 거예요   ③ 사지 않아요   ④ 샀어요

2. (3점)

> 가: 날씨가 추운데 따뜻한 차 한 잔 (   )?
>
> 나: 네. 감사합니다.

① 드셨습니까   ② 드세요   ③ 드시겠습니까   ④ 드셔야 해요

3. (4점)

> 가: 회의가 몇 시에 끝나요?
>
> 나: 곧 끝날 거예요. 잠깐만 (   ).

① 기다리세요   ② 기다립시다   ③ 기다렸어요   ④ 기다리겠어요

※ [4-5] 밑줄 친 부분을 <u>잘못</u> 바꾸어 쓴 것을 고르십시오.

4. (4점)

〈떡 만들기 체험〉
① <u>장소</u>: 국제어학원 1층
② <u>시간</u>: 금요일 오후 2시~4시
③ <u>대상</u>: 외국인 유학생
④ <u>회비</u>: 3,000원

① 국제어학원 일 층으로 오십시오.

② 금요일 오후 두 시까지 떡을 만듭니다.

③ 외국인 유학생만 참가할 수 있습니다.

④ 삼 천원씩 가지고 오십시오.

5. (4점)

〈방 친구가 쓴 메모입니다〉
① 12시 연하 씨가 전화했음.
② 연하 씨에게 전화할 것.
③ 미국에서 소포가 오면 받을 것.
④ 소포는 오후 6시쯤 올 것임.

① 12시에 연하 씨가 전화했어요.

② 연하 씨한테 전화하세요.

③ 미국에서 소포가 오면 받아 주세요.

④ 소포를 6시까지 가지고 오세요.

※ [6-7] 그림을 보고 (　　)에 알맞은 말을 쓰십시오.

6. (5점)

이곳에서 (　　　　　　　　　　).

7. (5점)

왼쪽으로 (　　　　　　　　　　).

※ 다음을 이용해 문장을 만드십시오.

8. (5점)

이름과, 쓰세요, 여기에, 주소를

여기에 _______________________________.

※ [1-2] 다음 (   )에 알맞은 것을 고르십시오.

1. (3점)

> 가: 감기 때문에 목이 아프고 열이 나요.
>
> 나: 그러면 약을 드시고 푹 (   ) 하세요. 절대로 무리하면 안 돼요.

① 쉬던데   ② 쉬도록   ③ 쉬거든   ④ 쉬더니

2. (3점)

> 가: 한국어 말하기를 잘하고 싶어요. 어떻게 하면 좋을까요?
>
> 나: 취미 생활을 같이 할 수 있는 한국 친구를 (   ).

① 사귈걸 그랬어요   ② 사귀기 마련이에요   ③ 사귀는 게 좋겠어요   ④ 사귀려고 해요

※ 다음 밑줄 친 부분과 바꾸어 쓸 수 있는 것을 고르십시오.

3. (4점)

> 가: 하숙집을 구해야 하는데 어떻게 하면 좋을까요?
>
> 나: 며칠 전에 연하 씨가 하숙집을 구했다고 하던데 연하 씨한테 <u>물어보는 게 어때요?</u>

① 물어볼 줄 알았어요   ② 물어보던데요

③ 물어보려던 참이지요   ④ 물어보지 그래요

※ 빈칸에 가장 알맞은 것을 고르십시오.

4. (4점)

> 가: 몇 시까지 회의 자료를 준비하면 됩니까?
>
> 나: 3시에 회의가 있으니까 그때까지 _______________.

① 늦도록 준비하세요   ② 늦을 텐데 준비하세요

③ 늦지 않도록 준비하세요   ④ 늦지 않아도 준비하세요

일상생활에서 자주 볼 수 있는 표지

우리 주변에서 자주 볼 수 있는 표지는 어떤 것이 있을까요? 이런 표지는 어떤 의미일까요? 한번 생각해 보세요.

쓰레기는 휴지통에 버리십시오.

담배를 피우지 마십시오.

자전거를 타지 마십시오.

주차를 하십시오.

사진을 찍지 마십시오.

주차를 하지 마십시오.

봉사

한자	영어	중국어	일어	몽골어
奉仕	Service	服务	奉仕	Үйлчилгээ

'봉사'는 다른 사람을 위하여 어떠한 행동을 하거나 도와주는 것을 의미한다.
봉사 표현에는 다른 사람에게 어떤 일을 해 달라고
부탁하거나 요구하는 것까지 포함한다.

종결어미

- 초 V-아/어 주십시오.
- 초 V-아/어 주시겠습니까?
- 초 V-아/어 드릴게요.
- 초 V-아/어 드릴까요?

01 V–아/어 주십시오.

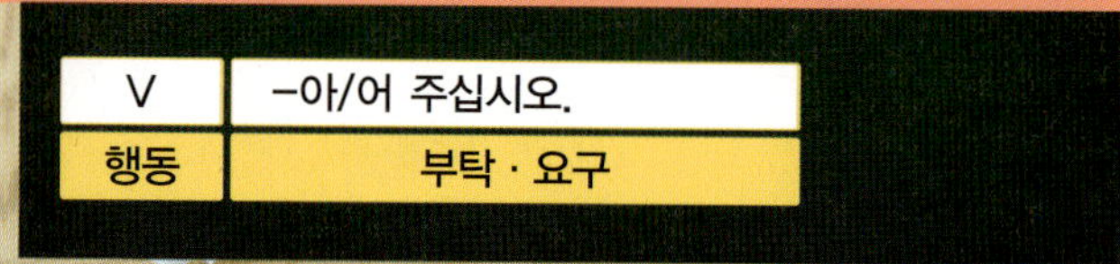

V	–아/어 주십시오.
행동	부탁 · 요구

유사 문법) V–아/어 주세요.

해설 화자가 상대방에게 어떠한 행동을 정중하게 부탁하거나 요구할 때 사용한다. 격식체인 '–아/어 주십시오.'는 회의나 발표, 보고 등 격식이 필요한 상황이나 처음 만난 사람, 손님과 같이 예의를 갖춰야 할 대상에게 사용한다. 비격식체인 '–아/어 주세요.'는 '좀'과 같이 자주 쓰인다.

글에서 '–아/어 다오.'의 형태를 볼 수 있는데, 이는 '–아/어 주세요.'의 의미로 시나 노랫말, 문학적 표현 등에서 볼 수 있다.
예) 로미오: 창문을 **열어 다오.** ~

예문
- 모두 자리에 **앉아 주십시오.**
- 시끄러우니까 조용히 좀 **해 주세요.**

연습 알맞은 단어를 골라 '–아/어 주세요.'를 사용해서 문장을 완성하십시오.

찾다	가르치다	끄다	열다	사다

01 지갑을 잃어버렸어요. 지갑을 좀 <u>찾아 주세요.</u>

02 교실이 더워요. 창문을 좀 ___________.

03 수영을 배우고 싶어요. 수영을 좀 ___________.

04 생일 선물로 책을 받고 싶어요. 책을 ___________.

05 수업 시간에 휴대전화를 ___________.

어휘 및 표현
행동 action
부탁 request
요구 demand
****
시끄럽다 noisy
잃어버리다 lose

02 V-아/어 주시겠습니까?

V	-아/어 주시겠습니까?
행동	부탁·요구

유사 문법) V-아/어 주시겠어요?

해설 화자가 상대방에게 의향을 물어보는 동시에 어떠한 행동을 간접적으로 정중하게 부탁하거나 요구할 때 사용한다. 주로 격식체에 사용한다. 비격식체인 '-아/어 주시겠어요?'는 '좀'과 같이 자주 쓰인다. 이에 대하여 도와줄 수 있으면 '-아/어 드리겠습니다.', '-아/어 드릴게요.'로 대답한다.

대답으로 '-아/어 주겠습니다.'는 잘 사용하지 않는다. 그리고 이에 대하여 도와줄 수 없으면 그 이유를 정중하게 말하면 된다.
예) 가: 죄송하지만, 돈 좀 **빌려 주시겠습니까?**
　　나: 죄송합니다. 지금 저도 돈이 없습니다.

예문 ■ 가: 여기 그릇을 좀 **치워 주시겠습니까?**
　　나: 네. 치워 드리겠습니다.

■ 가: 바람이 많이 부는데 창문을 **닫아 주시겠어요?**
　　나: 네. 닫아 드릴게요.

연습 알맞은 단어를 골라 '-아/어 주시겠어요?'를 사용해서 대화를 완성하십시오.

01 가: 책이 무거운데 좀 들어 주시겠어요?
　　나: 네. 들어 드릴게요.

02 가: 창가 쪽으로 자리를 좀 ＿＿＿＿＿＿＿？
　　나: 네. 바꿔 드리겠습니다.

03 가: 가천대학교 전화번호를 좀 ＿＿＿＿＿＿＿？
　　나: 네. 알려 드리겠습니다.

04 가: 내일 제가 이사를 가는데 ＿＿＿＿＿＿＿？
　　나: 네. 도와 드릴게요.

05 가: 신청서에 이름을 ＿＿＿＿＿＿＿？
　　나: 네. 알겠어요.

봉사

어휘 및 표현

행동 action
부탁 request
요구 demand
＊＊＊＊＊＊＊＊＊＊＊＊＊＊＊＊＊＊＊＊
그릇 bowl
그릇을 치우다 clear the table
들다 hold
신청서 application form

〈봉사〉의 '-아/어 주십시오.'와 '-아/어 주시겠습니까?'는
어떻게 다를까요?

'-아/어 주십시오.'는 아무리 정중하게 부탁하더라도 명령의 의미이기 때문에 상대방의 의향을 물어보는 '-아/어 주시겠습니까?'가 더 정중한 표현이다.

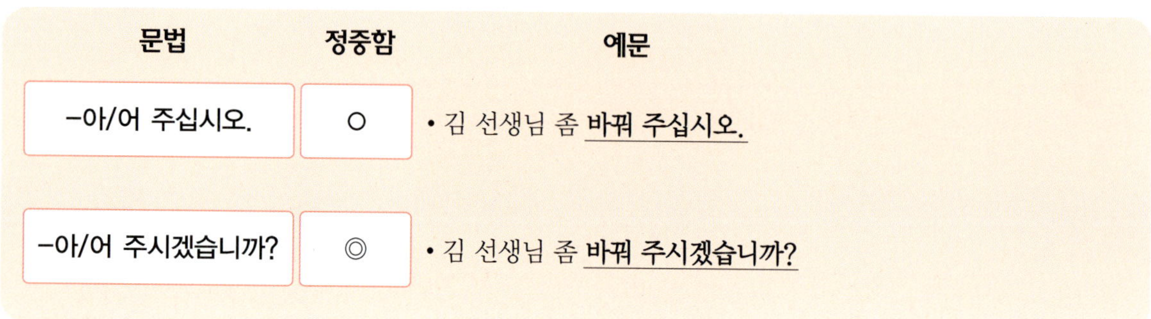

문법	정중함	예문
-아/어 주십시오.	○	• 김 선생님 좀 <u>바꿔 주십시오.</u>
-아/어 주시겠습니까?	◎	• 김 선생님 좀 <u>바꿔 주시겠습니까?</u>

03 V-아/어 드릴게요.

V	-아/어 드릴게요.
행동	봉사

해설 화자가 상대방을 위하여 어떠한 행동을 하거나 도와줄 때 사용한다. 상대방이 또래나 동료인 경우에는 '-아/어 줄게요.'를 사용한다.

예문 ■ 가: 사전이 필요한데 좀 빌려 주시겠어요?
　나: 네. **빌려 드릴게요.**
　■ 가: 태완 씨, 컴퓨터가 고장났어요.
　나: 제가 **고쳐 줄게요.**

연습 '-아/어 드릴게요.'를 사용해서 대화를 완성하십시오.

01 가: 문을 좀 열어 주세요.
　나: 네. 제가 <u>열어 드릴게요.</u>

02 가: 죄송한데 사진 좀 찍어 주시겠습니까?
　나: 네. 제가 _______________.

03 가: 한국 친구를 만나고 싶은데 소개해 주시겠어요?
　나: 네. 제가 _______________.

04 가: 테니스를 배우고 싶어요.
　나: 그럼 제가 _______________.

05 가: 방이 너무 어두워요.
　나: 그럼 제가 불을 _______________.

어휘 및 표현
행동 action
봉사 service
****
어둡다 dark

04   V-아/어 드릴까요?

V	-아/어 드릴까요?
행동	봉사 ⇨ 질문

해설   상대방이 도움을 부탁하기 전에 화자가 상대방에게 도움이 필요한지를 질문할 때 사용한다. 상대방이 또래나 동료인 경우 '-아/어 줄까요?'를 사용한다. 이에 대하여 도움이 필요하면 '-아/어 주세요.', '-아/어 주십시오.'로 대답한다.

도움이 필요 없으면 '아니요. 괜찮습니다.'로 대답한다.
예) 가: 제가 **도와 드릴까요?**
　　나: 아니요. 괜찮습니다.

예문   ■ 가: 길을 모르면 제가 **안내해 드릴까요?**
　　나: 네. 안내해 주십시오.
　　■ 가: 연하 씨, 제가 그 책을 **찾아 줄까요?**
　　나: 네. 찾아 주세요.

연습   '-아/어 드릴까요?'를 사용해서 대화를 완성하십시오.

01　가: 서류가 필요하면 제가 보내 드릴까요?
　　나: 네. 보내 주세요.

02　가: 봉투에 ＿＿＿＿＿＿＿＿?
　　나: 네. 넣어 주세요.

03　가: 택시를 ＿＿＿＿＿＿＿＿?
　　나: 네. 잡아 주세요.

04　가: 피자를 ＿＿＿＿＿＿＿＿?
　　나: 네. 포장해 주세요.

05　가: 제가 가방을 ＿＿＿＿＿＿＿＿?
　　나: 네. 들어 주세요.

어휘 및 표현
행동 action
봉사 service
질문 question
****
서류 document
필요하다 need
넣다 put into
택시를 잡다 get a taxi
포장하다 package up
들다 hold

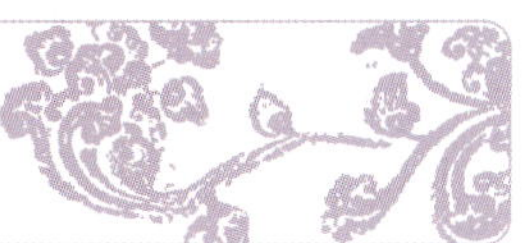

초급

※ [1-3] (　　　)에 알맞은 것을 고르십시오.

1. (4점)

> 가: 천 원짜리로 바꿔 주시겠습니까?
>
> 나: 네. (　　　　　　).

① 바꿔 드립시다　　　② 바꿔 드릴게요　　　③ 바꿔 줬어요　　　④ 바꿔 주세요

2. (4점)

> 가: 선생님, 제가 잘 못 들었는데 다시 한번 (　　　　　　)?
>
> 나: 네. 알겠어요.

① 말씀해 주시겠어요　　② 말씀해 드리겠어요　　③ 말씀해 줄까요　　④ 말씀해 드릴까요

3. (4점)

> 가: 손님, 남은 음식을 (　　　　　　)?
>
> 나: 네. 싸 주세요.

① 싸 주실까요　　　② 싸 드릴까요　　　③ 싸 주시겠어요　　　④ 싸 드리겠어요

※ 빈칸에 알맞은 것을 고르십시오.

4. (4점)

> 가: 가방이 무거우면 제가 들어 드릴까요?
>
> 나: ＿＿＿＿＿＿＿＿＿＿＿＿＿＿＿＿＿＿＿.

① 네. 들어 줍시다　　　　　　　　　② 아니요. 들어 줬어요

③ 네. 들어 주세요　　　　　　　　　④ 아니요. 들어 드릴게요

미용실 표현

어떻게 해 드릴까요?
짧게 잘라 주세요.
어떤 스타일로 해 드릴까요?
다듬어 주세요.
살짝 다듬어 드릴까요?
파마해 주세요.
볼륨을 살려 드릴까요?
염색해 주세요.
스트레이트 파마해 주세요.
에센스를 발라 드릴까요?

제안

'제안'은 어떠한 의견을 내어 놓음을 의미한다. 제안을 나타낼 때에는 상대방에게 같이 행동할 것을 직접적으로 요청하는 청유형과 간접적으로 제안하는 의문형이 있다.

청유형

- 초 (같이/함께) V-아/어요.
- 초 (같이/함께) V-(으)ㅂ시다.
- 초 (같이/함께) V-지 맙시다.
- 중 (같이/함께) V-지요. ③

의문형

- 초 (같이/함께) V-(으)시겠습니까? ②
- 초 (같이/함께) V-는 것이 어때요? ②
- 초 (같이/함께) V-(으)ㄹ까요? ②
- 중 (같이/함께) V-(으)ㄹ래요? ②

01 (같이/함께) V-아/어요.

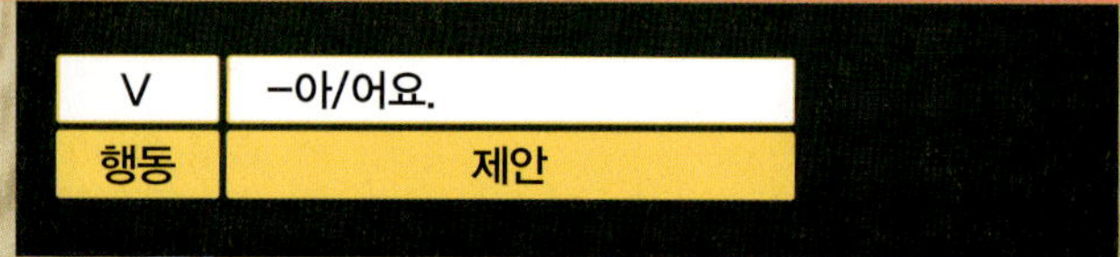

유사 문법) V-(으)ㅂ시다.

해설   상대방에게 어떠한 행동을 같이 할 것을 제안할 때 사용한다. 1인칭 주어의 복수인 '우리'와 함께 사용하지만 주어는 종종 생략된다. 제안에 대한 동의를 나타낼 때의 대답은 '-아/어요.', '-(으)ㅂ시다.'를 사용한다. 주로 구어체와 비격식체에 사용한다. 자기보다 윗사람이나 높은 사람이라도 친분이 있는 경우에 사용할 수 있다.

예문
- 가: 우리 영화 **봐요**.
  나: 네. 같이 봐요.
- 가: 오늘 더운데 수영하러 **가요**.
  나: 네. 같이 갑시다.

연습   알맞은 단어를 골라 '-아/어요.'를 사용해서 대화를 완성하십시오.

| 공부하다 | 가다 | 걷다 | 마시다 | 살다 |

01 가: 이번 주말에 남한산성에 <u>가요</u>.
    나: 미안해요. 바빠서 못 가요.

02 가: 좀 졸려요. 우리 커피 ___________.
    나: 그래요.

03 가: 내일 시험이 있으니까 같이 ___________.
    나: 좋아요. 도서관에서 만나요.

04 가: 보람 씨, 집을 구할 때까지 같이 ___________.
    나: 네. 좋아요.

05 가: 우리 아침마다 같이 ___________.
    나: 좋아요. 그러면 건강도 좋아질 거예요.

어휘 및 표현
행동 action
제안 suggestion
****
졸리다 feel sleepy
집을 구하다 go house hunting

02 (같이/함께) V-(으)ㅂ시다.

V	-(으)ㅂ시다.
행동	제안

반말) V-자.
유사 문법) (같이/함께) V-아/어요.

해설 상대방에게 어떠한 행동을 같이 할 것을 제안할 때 사용한다. 1인칭 주어의 복수인 '우리'와 함께 사용하지만 주어는 종종 생략된다. 제안에 대한 동의를 나타낼 때의 대답은 '-아/어요.', '-(으)ㅂ시다.'를 사용한다. 자기보다 윗사람이나 높은 사람에게는 사용할 수 없다.

형용사는 명령문이나 청유문에는 쓸 수 없으나 일부 형용사는 다음과 같이 쓰이기도 한다.
예) 자, 수업 시작했으니까 **조용합시다.**
우리 좀 더 **침착합시다.**

예문
- 가: 지금은 길이 막히니까 지하철을 **탑시다.**
  나: 네. 그래요.
- 가: 저기에 좀 **앉읍시다.**
  나: 네. 앉읍시다.

연습 알맞은 단어를 골라 '-(으)ㅂ시다.'를 사용해서 대화를 완성하십시오.

찍다	등산하다	배우다	만들다	듣다

01 가: 이번 주말에 같이 <u>등산합시다.</u>
　　나: 미안해요. 이번 주말에는 시간을 낼 수 없어요.

02 가: 주말에 같이 잡채를 ____________.
　　나: 그래요. 제가 보하 씨 집으로 갈게요.

03 가: 이번에 새로 나온 노래인데 같이 ____________.
　　나: 지금은 외출해야 해요. 저는 나중에 들어 볼게요.

04 가: 어디에서 사진을 찍을까요?
　　나: 잔디밭에서 ____________.

05 가: 주말에 뭐 해요?
　　나: 요즘 스포츠댄스를 배워요. 같이 ____________.
　　　　정말 재미있어요.

어휘 및 표현

행동 action
제안 suggestion
****
시간을 내다 make time for
잡채 japchae, a mixed dish of
vegetables and sliced meat
잔디밭 a lawn
스포츠댄스 sports dance

〈제안〉의 '-아/어요.'와 '-(으)ㅂ시다.'는 어떻게 다를까요?

〈제안〉의 '-아/어요.'와 '-(으)ㅂ시다.'는 상대방에게 어떠한 행동을 같이 할 것을 제안할 때 사용하기 때문에 바꿔 쓸 수 있지만 다음과 같은 차이점이 있다. '-아/어요.'는 자기보다 윗사람이나 높은 사람에게 사용할 수 있는 반면, '-(으)ㅂ시다.'는 자기보다 윗사람이나 높은 사람에게 사용할 수 없다. 또 '-(으)ㅂ시다.'보다 '(같이) -아/어요.'가 좀 더 부드러운 느낌을 준다.

문법	관계		예문
(같이) -아/어요.	또래	○	• 마이클 씨, 이번 주말에 **같이** 스케이트 **타러 가요.**
	윗사람/높은 사람	○	• 선생님, 이번 주말에 **같이 등산해요.**
-(으)ㅂ시다.	또래	○	• 마이클 씨, 이번 주말에 **같이** 스케이트 **타러 갑시다.**
	윗사람/높은 사람	×	• 선생님, 이번 주말에 **같이 등산합시다.**

확인 다음 중 맞는 것을 고르십시오.

01 부장님, 오늘 저녁에 우리 부서 (회식해요, 회식합시다).

02 태완 씨, 이번 주말에 영화 (봐요, 봅시다).

03 아버지, 다음 주말에 우리 가족 모두 남이섬에 (가요, 갑시다).

03 (같이/함께) V-지 맙시다.

V	-지 맙시다.
행동	금지 제안

반말) V-지 말자.

해설   '-(으)ㅂ시다.'의 부정형으로 상대방에게 어떠한 행동을 같이 하지 말 것을 제안할 때 사용한다. 자기보다 윗사람이나 높은 사람에게는 사용할 수 없다.

예문
- 가: 오늘 점심에 김치찌개를 먹을까요?
  나: 아니요. 김치찌개를 **먹지 맙시다.**
- 가: 회의 시간에 늦었어요. 택시를 탈까요?
  나: 아니요. 길이 막히니까 택시를 **타지 맙시다.** 지하철을 탑시다.

연습   '-지 맙시다.'와 '-(으)ㅂ시다.'를 사용해서 대화를 완성하십시오.

01   가: 같이 텔레비전을 볼까요?
     나: 텔레비전을 보지 맙시다. 음악을 들읍시다. (텔레비전을 보다× / 음악을 듣다○)

02   가: 점심에 같이 비빔밥을 먹을까요?
     나: ________________________. (비빔밥을 먹다× / 냉면을 먹다○)

03   가: 점심을 먹은 후에 테니스를 칠까요?
     나: ________________________. (테니스를 치다× / 탁구를 치다○)

04   가: 이번 휴가에 부산에 갈까요?
     나: ________________________. (부산에 가다× / 경주에 가다○)

05   가: 오늘 저녁에 술 한잔합시다.
     나: ________________________. (술을 마시다× / 차를 마시다○)

제안

연습 표를 완성하고 '-지 맙시다.'를 사용해서 쓰십시오.

장소	금지
1) 도서관	전화를 하다
2) 박물관	
3) 기숙사	
4) 공 원	
5) 사무실	

01 도서관에서는 전화를 하지 맙시다.

02 __________________________________.

03 __________________________________.

04 __________________________________.

05 __________________________________.

어휘 및 표현

행동 action
금지 제안 suggestion
****
김치찌개 kimchi stew
비빔밥 bibimbap
냉면 naengmyeon,
Korean cold noodles
한잔하다 have a drink

〈제안〉의 '-지 맙시다.'와 〈명령·권유〉의 '-지 마십시오.'는
어떻게 다를까요?

〈제안〉의 '-지 맙시다.'는 화자가 상대방에게 어떠한 행동을 같이 하지 말 것을 제안하는 의미인 반면, 〈명령·권유〉의 '-지 마십시오.'는 화자가 상대방에게 어떠한 행동을 하지 말 것을 명령하는 의미이다.

문법	기능	금지	예문
-지 맙시다.	제안	화자·상대방	• 건물 안에서 담배를 **피우지 맙시다.**
-지 마십시오.	명령·권유	상대방	• 건물 안에서 담배를 **피우지 마십시오.**

04   (같이/함께) V-지요. ③

해설   상대방에게 어떠한 행동을 같이 할 것을 제안할 때 사용한다. 1인칭 주어의 복수인 '우리'와 함께 사용하지만 주어는 종종 생략된다. 주로 구어체와 비격식체에 사용한다.

   윗사람이나 높은 사람에게는 높임말의 형태인 '-(으)시지요.'를 사용한다. 하지만 이때 주어 '우리'는 반드시 생략된다. 왜냐하면 1인칭 주어에는 높임말을 쓸 수 없기 때문에 주어인 '우리'와 높임말의 형태인 '-(으)시지요.'를 함께 사용할 수 없다.

주어	부사	문법
우리	같이/함께	-지요.
~~우리~~	같이/함께	-(으)시지요.

예문
- 가: 우리 주말에 같이 설악산에 **가지요.**
  나: 좋아요. 저도 단풍 구경을 하고 싶었어요.
- 가: 저녁에 술 **한잔하시지요.**
  나: 미안해요. 오늘은 시간이 없어서 안 돼요.

연습 '–지요.'를 사용해서 문장을 완성하십시오.

상황	제안
1) 신입생 환영회	아놀드 씨도 함께 가다
2) 연하 씨의 생일	같이 파티를 준비하다
3) 어학원 수료식	반 친구들과 같이 사진을 찍다
4) 부서 회식	오늘은 삼겹살을 먹다
5) 집들이	같이 휴지와 세제를 사다

01 신입생 환영회가 있는데 아놀드 씨도 함께 가지요.

02 연하 씨의 생일인데 ____________________________.

03 어학원 수료식인데 ____________________________.

04 부서 회식이니까 ____________________________.

05 집들이니까 ____________________________.

제안

〈제안〉의 '-지요. ③'과 〈명령 · 권유〉의 '-지요. ②'는 어떻게 다를까요?

〈제안〉의 '-지요.'는 주어가 1인칭 복수인 '우리'이며, '같이, 함께'와 쓰이는 반면, 〈명령 · 권유〉의 '-지요.'는 주어가 2인칭이다.

문법	기능	주어	예문
-지요. ③	제안	우리	• 가: 12시까지 점심 준비를 해야 하는데 20분밖에 안 남았어요. 나: 그럼 제가 도와줄 테니까 (우리) 같이 **점심 식사 준비를 하지요.**
-지요. ②	명령 · 권유	2인칭	• 가: 오늘은 (아놀드 씨가) **점심 식사 준비를 하지요.** 나: 네. 알겠어요. 제가 준비할게요.

제안

명령 · 권유

〈의견〉, 〈명령·권유〉, 〈제안〉의 '–지요.'는 어떻게 다를까요?

〈의견〉의 '–지요.'는 어떠한 화제에 대하여 동의하거나 재확인을 할 때 사용하기 때문에 상대방에게 어떠한 행동을 요구하는 의미가 없는 반면, 〈명령·권유〉와 〈제안〉의 '–지요.'는 상대방에게 어떠한 행동을 요구하는 의미가 있다. 그런데 〈명령·권유〉는 상대방이 혼자 행동함을 나타내고, 〈제안〉은 화자와 상대방이 함께 행동함을 나타낸다.

문법	기능	행동 요구	행동	예문
–지요. ①	의견	×	×	• 가: 한국 사람들은 가을에 단풍놀이를 많이 하는 것 같아요. 나: 네. 특히 내장산이나 설악산에 많이 **가지요.**
–지요. ②	명령 권유	○	상대방	• 가: 오늘 저녁에 일이 늦게 끝날 것 같은데, 모임에 먼저 **가지요.** 나: 네. 알겠어요.
–지요. ③	제안	○	화자 상대방	• 가: 오늘 저녁에 연하 씨하고 만나기로 했는데, 같이 **가지요.** 나: 네. 좋아요.

제안

01 (같이/함께) V-(으)시겠습니까? ②

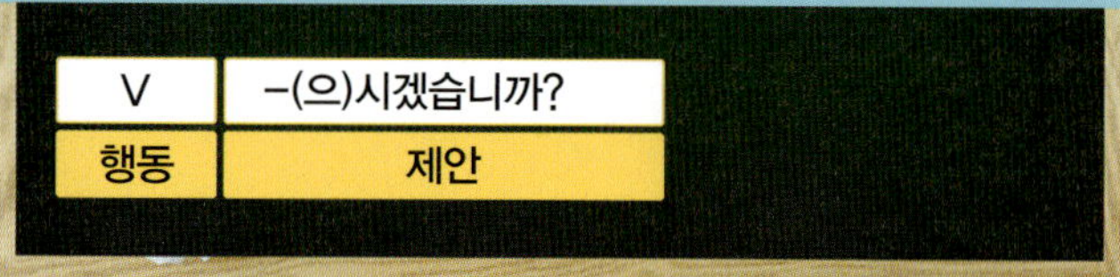

해설 상대방에게 어떠한 행동을 같이 할 것을 제안할 때 사용한다. 주로 격식체에서 사용한다. 일상 회회에서는 비격식체인 '-(으)시겠어요?'를 사용한다.

이때에 주어 '우리'는 반드시 생략된다. 왜냐하면 1인칭 주어에는 높임말을 쓸 수 없기 때문에 주어인 '우리'와 높임말의 형태인 '-(으)시겠습니까?'를 함께 사용할 수 없다.

주어	부사	문법
~~우리~~	같이/함께	-(으)시겠습니까?

예문
- 가: 이번 주말에 같이 민속촌에 **가시겠습니까?**
  나: 죄송합니다. 그날은 약속이 있습니다.
- 가: 날씨가 좋은데 좀 **걸으시겠어요?**
  나: 그래요. 좀 걸어요.

연습 '-(으)시겠어요?'를 사용해서 대화를 완성하십시오.

01 가: 극장표가 두 장 있는데 함께 영화를 <u>보시겠어요</u>?
    나: 좋아요. 같이 봐요.

02 가: 부장님, 오늘 저녁에 같이 _______________?
    나: 좋아요. 끝나고 한잔합시다.

03 가: 점심 식사 후에 같이 테니스를 _______________?
    나: 미안해요. 감기에 걸려서 오늘은 못 할 것 같아요.

04 가: 주말에 우리 집에서 같이 빵을 _______________?
    나: 좋아요. 같이 만들어요.

05 가: 새로 나온 음악인데 함께 _______________?
    나: 네. 같이 들어요.

어휘 및 표현

행동 action
제안 suggestion
****
민속촌 The Folk Village
그날 that day
부장 head of department
한잔하다 have a drink
새로 newly
나오다 come out

<제안>의 '-(으)시겠습니까? ②'와 <명령 · 권유>의 '-(으)시겠습니까? ①'은 어떻게 다를까요?

<제안>의 '-(으)시겠습니까?'는 주어가 생략되고 '같이, 함께'와 쓰이는 반면, <명령 · 권유>의 '-(으)시겠습니까?'는 주어가 2인칭이다.

문법	기능	주어	같이 함께	예문
-(으)시겠습니까? ②	제안	×	○	• 가: 오늘 저녁에 보하 씨하고 만나기로 했는데, **같이 가시겠습니까?** 나: 네. 좋아요.
-(으)시겠습니까? ①	명령 권유	2인칭	×	• 가: 오늘 저녁에 일이 늦게 끝날 것 같은데, 모임에 먼저 **가시겠습니까?** 나: 네. 알겠어요.

제안

명령 · 권유

02 (같이/함께) V-는 것이 어때요? ②

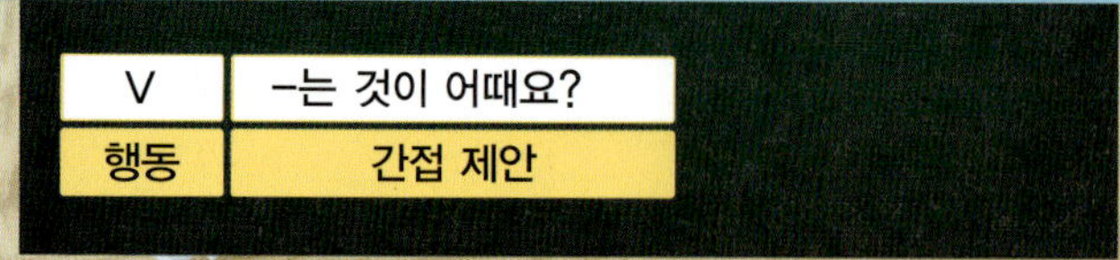

축약형) V-는 게 어때요?
유사 문법) (같이/함께) V-(으)ㄹ까요?
(같이/함께) V-(으)ㄹ래요?

해설　　상대방에게 자신의 생각을 간접적으로 제안할 때 사용한다. 1인칭 주어의 복수인 '우리'와 함께 사용하지만 주어는 종종 생략된다. '-는 것은 어때요?'의 형태로도 사용된다.

예문
■ 가: 점심 먹고 나서 **축구를 하는 것이 어때요?**
　　나: 미안해요. 몸이 안 좋아서 쉬고 싶어요.
■ 가: 우리 이번 주말에 어디로 놀러 갈까요?
　　나: 설악산에 **가는 것은 어때요?** 설악산의 단풍이 아주 아름답대요.

연습　　'-는 것이 어때요?'를 사용해서 대화를 완성하십시오.

01 가: 오늘 저녁에 시간 있으면 같이 영화 봐요.
　　나: 영화 말고 뮤지컬을 <u>보는 것이 어때요?</u>

02 가: 시험이 끝났는데 내일 놀이공원에 _______________?
　　나: 놀이공원에는 사람이 많으니까 다른 곳으로 갑시다.

03 가: 다음 주가 시험이니까 우리 집에서 같이 공부합시다.
　　나: 집에서 하지 말고 도서관에서 _______________?

04 가: 마문 씨 생일인데 우리가 직접 케이크를 _______________?
　　나: 좋은 생각이에요. 같이 만들어요.

05 가: 오늘 날씨가 정말 좋네요. 좀 _______________?
　　나: 좋아요. 건강에도 좋으니까 좀 걸읍시다.

어휘 및 표현

간접 제안 an indirect suggestion

****

몸이 안 좋다
단풍 autumn colors
뮤지컬 musical
놀이공원 amusement park
직접 personally

〈제안〉의 '–는 것이 어때요? ②'와 〈명령 · 권유〉의 '–는 것이 어때요? ①'
은 어떻게 다를까요?

〈제안〉의 '–는 것이 어때요?'는 주어가 1인칭 복수인 '우리'이며, '같이, 함께'와 쓰이는 반면, 〈명령 · 권유〉의 '–는 것이 어때요?'는 주어가 2인칭이다.

문법	기능	주어	같이 함께	예문
–는 것이 어때요? ②	제안	우리	○	• 보람: (우리) (같이) 매일 아침에 **운동하는 것이 어때요?** 보하: 네. 좋아요.
–는 것이 어때요? ①	명령 권유	2인칭	×	• 보람: 다이어트를 하고 싶은데 어떤 방법이 좋을까요? 연하: 그럼, (네가) 매일 아침에 **운동하는 것이 어때요?**

제안

명령 · 권유

03 (같이/함께) V-(으)ㄹ까요? ②

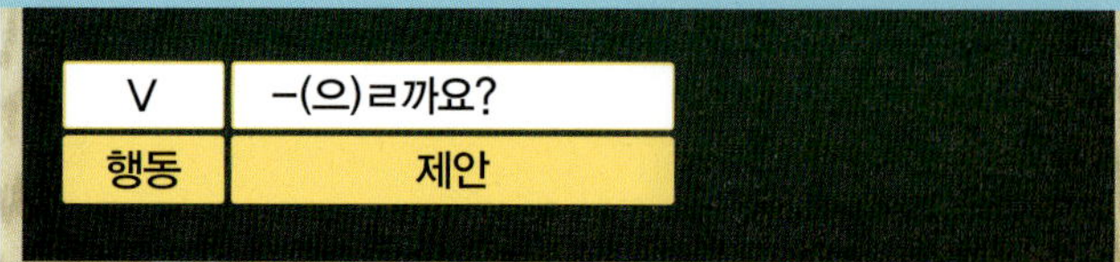

유사 문법) (같이/함께) V-는 것이 어때요?
(같이/함께) V-(으)ㄹ래요?

해설 화자가 상대방에게 어떠한 행동을 같이 할 것을 제안할 때 사용한다. 1인칭 주어의 복수인 '우리'와 함께 사용하지만 주어는 종종 생략된다. 제안에 대한 동의를 나타낼 때의 대답은 '-아/어요.'나 '-(으)ㅂ시다.'를 사용한다.

예문
- 가: 좀 힘든데 여기에서 **쉴까요?**
  나: 네. 쉬어요.
- 가: 여기에서 사진을 **찍을까요?**
  나: 우리 다른 곳에 가서 찍읍시다.

연습 알맞은 단어를 골라 '-(으)ㄹ까요?'를 사용해서 대화를 완성하십시오.

치다	마시다	듣다	앉다	살다

01 가: 같이 커피를 <u>마실까요?</u>
  나: 네. 같이 마셔요.

02 가: 우리 같이 탁구를 ______________?
  나: 저는 탁구를 잘 못 쳐요.
  가: 괜찮아요. 제가 가르쳐 드릴게요.

03 가: 오랫동안 걸어서 좀 힘들어요. 저기에 좀 ______________?
  나: 그래요. 잠깐 쉽시다.

04 가: 이번 학기에 우리 같이 ______________?
  나: 좋아요. 저도 방 친구를 찾고 있었어요.

05 가: 청소하면서 음악을 ______________?
  나: 좋아요. 신나는 음악을 들읍시다.

〈제안〉의 '–(으)ㄹ까요? ②'와 〈확인〉의 '–(으)ㄹ까요? ①'은
어떻게 다를까요?

1 〈제안〉의 '–(으)ㄹ까요?'는 주어가 1인칭 복수인 '우리'이고 '같이, 함께'와 쓰이는 반면, 〈확인〉
의 '–(으)ㄹ까요?'는 주어가 1인칭이다.

문법	기능	주어	같이 함께	예문
–(으)ㄹ까요? ②	제안	우리	○	• (우리) (같이) 영화 <u>볼까요?</u>
–(으)ㄹ까요? ①	확인	1인칭	×	• 제가 내일 <u>전화할까요?</u>

2 의문사와 같이 쓰이는 경우는 〈제안〉의 기능보다는 〈확인〉의 기능을 한다.

문법	기능	주어	예문
–(으)ㄹ까요? ①	확인	1인칭	• 가: 우리 무슨 영화 <u>볼까요?</u> 나: 〈슈퍼맨〉을 봅시다.

〈제안〉의 '-(으)ㄹ까요? ②'와 〈추측〉의 '-(으)ㄹ까요? ③'은
어떻게 다를까요?

〈제안〉의 '-(으)ㄹ까요?'는 주어가 1인칭 복수인 '우리'이며, '같이, 함께'와 쓰이는 반면, 〈추측〉의
'-(으)ㄹ까요?'는 주어가 3인칭이다.

문법	기능	주어	같이 함께	예문
-(으)ㄹ까요? ②	제안	우리	○	• (우리) (같이) 수영장에 **갈까요?**
-(으)ㄹ까요? ③	추측	3인칭	×	• 가: **마이클 씨가** 수영장에 **갈까요?** 나: 마이클 씨는 수영을 못해서 아마 안 갈 거예요.

제안

추측

04 (같이/함께) V-(으)ㄹ래요? ②

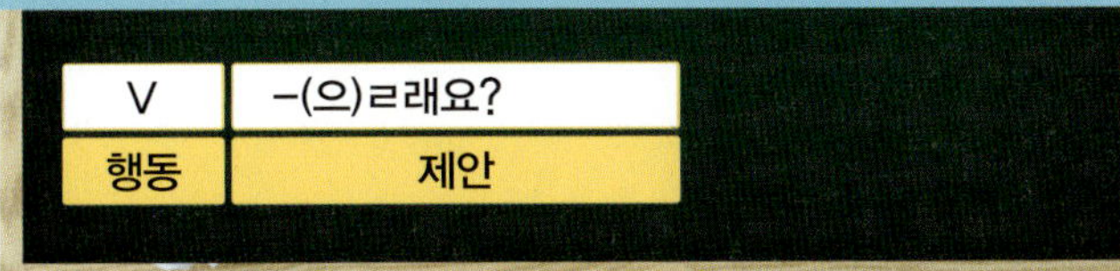

유사 문법) (같이/함께) V-는 것이 어때요?
(같이/함께) V-(으)ㄹ까요?

해설 상대방에게 의향을 물어보는 동시에 어떠한 행동을 같이 할 것을 제안할 때 사용한다. 1인칭 주어의 복수인 '우리'와 함께 사용하지만 주어는 종종 생략된다. 주로 구어체와 비격식체에 사용한다. 자신보다 윗사람이나 높은 사람에게는 사용할 수 없다. 제안에 대한 동의를 나타낼 때의 대답은 '-아/어요.'나 '-(으)ㅂ시다.', '-(으)ㄹ래요.'를 사용한다.

- 화자와 친분이 있는 윗사람이나 높은 사람, 예를 들어 직장 상사나 부모님에게는 높임말의 형태인 '-(으)실래요?'로 사용할 수 있다.
- 실제로 말할 때에는 '-(으)ㄹ래요.'로 대답하면 어색하므로 잘 사용하지 않는다.

예문
- 가: 내일 시간이 있으면 같이 영화 **볼래요?**
  나: 좋아요. 같이 봐요.
- 가: 크리스마스에 케이크를 **만들래요?**
  나: 좋아요. 딸기 케이크를 만듭시다.

연습 알맞은 단어를 골라 '-(으)ㄹ래요?'를 사용해서 대화를 완성하십시오.

| 걷다 | 가다 | 운동하다 | 배우다 | 먹다 |

01 가: 친구들하고 영화 보러 가는데 같이 <u>갈래요?</u>
나: 미안해요. 오늘은 시간이 없어요.

02 가: 아침에 운동을 하려고 하는데 같이 __________?
나: 좋아요. 저도 운동을 하려고 했어요.

03 가: 요즘 춤을 배우는데 같이 __________?
나: 좋아요. 재미있을 것 같아요.

04 가: 오늘 점심에 짜장면을 __________?
나: 짜장면은 어제 먹었으니까 다른 것을 먹읍시다.

05 가: 가천대역까지 __________?
나: 네. 가까우니까 걸어가요.

제안

〈제안〉의 '–(으)ㄹ까요? ②'와 '–(으)ㄹ래요? ②'는 어떻게 다를까요?

1 '–(으)ㄹ래요?'는 '–(으)ㄹ까요?'에 비해 좀 더 비격식적이기 때문에 자기보다 윗사람이나 높은 사람에게는 사용할 수 없다. 하지만 자신과 친분이 있는 윗사람이나 높은 사람, 예를 들어 부모님이나 직장 상사에게는 높임말의 형태인 '–(으)실래요?'로 사용할 수 있다.

문법	관계		예문
–(으)ㄹ까요? ②	또래	O	• 보하 씨, 주말에 영화 **볼까요?**
	윗사람/높은 사람	O	• 어머니, 주말에 영화 **볼까요?**
–(으)ㄹ래요? ②	또래	O	• 보하 씨, 주말에 영화 **볼래요?**
	윗사람/높은 사람	X	• 어머니, 주말에 영화 **볼래요?**
		O	• 어머니, 주말에 영화 **보실래요?**

 '-(으)ㄹ까요?' 는 화자의 생각을 제안하는 것이므로 상대방을 배려하는 느낌이 약한 반면, '-(으)ㄹ래요?' 는 화자의 생각을 상대방에게 의향을 물어보는 동시에 제안하는 것이므로 상대방을 배려하는 느낌이 강하다.

문법	화자 생각	상대방 배려	예문
-(으)ㄹ까요? ②	◎	○	• 오늘 점심에 같이 김치찌개 **먹을까요?**
-(으)ㄹ래요? ②	○	◎	• 오늘 점심에 같이 김치찌개 **먹을래요?**

〈제안〉의 '-(으)ㄹ래요? ②'와 〈확인〉의 '-(으)ㄹ래요? ①'은 어떻게 다를까요?

〈제안〉의 '-(으)ㄹ래요?'는 주어가 1인칭 복수인 '우리'이며, '같이, 함께'와 쓰이는 반면, 〈확인〉의 '-(으)ㄹ래요?'는 주어가 2인칭이다.

문법	기능	주어	같이 함께	예문
-(으)ㄹ래요? ②	제안	우리	○	• (우리) (같이) 이번 주말에 등산 **갈래요?**
-(으)ㄹ래요? ①	확인	2인칭	×	• 여기에서 잠시만 **기다릴래요?** 제가 커피 한 잔 타 올게요.

제안

확인

초급

※ [1-4] (   )에 알맞은 것을 고르십시오.

1. (3점)

> 가: 무엇을 주문할까요?
>
> 나: 불고기와 냉면을 (   ).

① 시키지 마세요　　② 시킵시다　　③ 시키지 않아요　　④ 시켰지요

2. (3점)

> 가: 우리 같이 커피를 (   ).
>
> 나: 네. 좋아요.

① 마셨어요　　② 마셔요　　③ 마실 거예요　　④ 마시겠어요

3. (4점)

> 가: 늦었는데 택시를 탈까요?
>
> 나: 아니요. 길이 막히니까 택시를 (   ).

① 안 타요　　② 타야 해요　　③ 타지 맙시다　　④ 탈 거예요

4. (4점)

> 가: 제가 불고기를 만들 줄 모르니까 같이 (   )?
>
> 나: 네. 같이 만듭시다.

① 만들 줄 알아요　　② 만들려고 해요　　③ 만들어 줬어요　　④ 만드는 게 어때요

※ 밑줄 친 부분이 틀린 것을 고르십시오.

5. (4점)

① 음악을 <u>들읍시다.</u>

② 학교에 <u>갑시다.</u>

③ 비빔밥을 <u>먹읍시다.</u>

④ 케이크를 <u>만들읍시다.</u>

제안

※ 빈칸에 알맞은 것을 고르십시오.

6. (3점)

> 가: 우리 _________________?
>
> 나: 네, 좋아요. 저기에 앉읍시다.

① 좀 쉴까요   ② 여기에 앉을까요   ③ 많이 힘들어요   ④ 저기가 어디예요

※ 다음 글을 읽고 (   )에 알맞은 말을 쓰십시오.

7. (5점)

> 가: 주말에 뭐 할 거예요?
>
> 나: 아직 계획이 없어요. 왜요?
>
> 가: 그럼 (   )?
>
> 나: 네, 좋아요. 저도 인사동에 가고 싶었어요.

중급

※ 다음 (   )에 알맞은 것을 고르십시오.

1. (3점)

> 가: 이번 주말에 외국인 유학생을 위한 글짓기 대회가 있다고 하던데 같이 (   )?
>
> 나: 그러고 싶지만 그날은 약속이 있어서 안 돼요.

① 참가할게요   ② 참가할까 해요   ③ 참가했으면 해요   ④ 참가할래요

프러포즈

여러분은 어떠한 프러포즈가 가장 마음에 드십니까?

포함

〈포함〉은 '포함', '추가', '제외'로 나누어 살펴보았다. '포함'은 어떠한 대상이나 행동, 상태를 함께 묶어 표현하는 것을 의미하고, '추가'는 어떠한 대상이나 행동, 상태에 더 보태어 표현하는 것을 의미하며, '제외'는 어떠한 대상이나 행동, 상태를 따로 떼어 화제에서 빼고 표현하는 것을 의미한다.

포함

- 초 N-도
- 중 N-까지
- 중 N-마저
- 중 N-조차
- 중 N-은/는 물론이고
- 중 N₁-(이)나 N₂-(이)나 할 것 없이
- 중 N-을/를 막론하고
- 중 N-을/를 불문하고
- 고 N-을/를 비롯해서
- 고 N-은/는커녕
- 고 V/A-기는커녕
- 고 N-은/는 고사하고
- 고 V/A-기는 고사하고

추가

- 중 V/A-고요.
- 중 N₁-도 N₁-(이)지만
- 중 V₁/A₁-기도 V₁/A₁-지만
- 중 V/A-(으)ㄴ/는 데다가
- 중 N-뿐만 아니라
- 중 V/A-(으)ㄹ 뿐만 아니라
- 고 V/A-(으)ㄹ뿐더러
- 고 V/A-거니와
- 고 N₁-에다가 N₂

제외

- 고 N 말고
- 고 N-은/는 차치하고

01 N-도

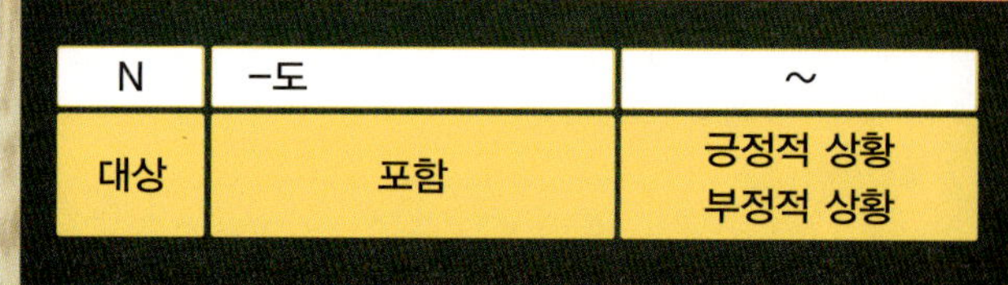

N	-도	~
대상	포함	긍정적 상황 부정적 상황

유사 문법) N-까지
N-조차
N-마저

해설 어떠한 사실에 대상이 포함됨을 나타낼 때 사용한다. 뒤의 내용은 긍정적인 상황과 부정적인 상황을 모두 쓸 수 있다.

같은 의미로 '또, 또한, 역시'의 접속부사가 있는데, 조사 '-도'와 접속부사 '또'의 발음이 비슷하여 초급 학습자의 경우 잘못 쓰는 경우가 있는데, 유의해서 써야 한다.
예) 저는 어제 **빨래또**(→**빨래도**) 했어요.

예문 ■ 가: 무슨 과일을 좋아해요?
　　나: 저는 사과를 좋아해요. 그리고 **배도** 좋아해요.
■ 가: 얼굴이 안 좋아 보여요.
　　나: 기운이 없고 **입맛도** 없어요.

연습 '-도'를 사용해서 대화를 완성하십시오.

01 가: 요즘 무엇을 공부해요?
　　나: 영어를 공부해요. 그리고 <u>한국어도 공부해요.</u> (한국어를 공부하다)

02 가: 어디 아파요?
　　나: 열이 나요. 그리고 _______________. (기침이 나다)

03 가: 아침에 무엇을 먹어요?
　　나: 빵을 먹어요. 그리고 _______________. (커피를 마시다)

04 가: 지난 주말에 뭐 했어요?
　　나: 친구를 만났어요. 그리고 _______________. (영화를 봤다)

05 가: 노래방에서 뭐 했어요?
　　나: 노래를 불렀어요. 그리고 _______________. (춤을 췄다)

어휘 및 표현

대상 an object
포함 inclusion
긍정적 상황 positive situation
부정적 상황 negative situation
****
얼굴이 안 좋다 look bad

02   N–까지

N	–까지	~
대상	포함	긍정적 상황 부정적 상황

유사 문법) N–도
　　　　　N–조차
　　　　　N–마저

해설　　어떠한 사실에 대상을 더 포함하여 나타낼 때 사용한다. 뒤의 내용은 긍정적인 상황과 부정적인 상황을 모두 쓸 수 있다.

예문
- 연하 씨는 영어도 잘하고 일본어도 잘하고 **중국어까지** 잘해요.
- 가: 오늘 날씨가 어때요?
  나: 더운데 **습도까지** 높아요.

연습　'–까지'를 사용해서 문장을 완성하십시오.

01 컴퓨터가 고장났는데 <u>전화까지 안 돼요.</u> (전화가 안 되다)

02 마문 씨는 말을 잘 못하는데 ＿＿＿＿＿＿. (발음이 안 좋다)

03 아이가 말을 안 듣는 데다가 ＿＿＿＿＿＿. (거짓말을 하다)

04 얼굴이 예쁜 데다가 ＿＿＿＿＿＿. (성격이 좋다)

05 소개팅에 나가려고 예쁜 옷을 입고 ＿＿＿＿＿＿. (화장을 했다)

어휘 및 표현

대상 an object
포함 inclusion
긍정적 상황 positive situation
부정적 상황 negative situation
****
습도 humidity
발음 pronunciation
소개팅 blind date
화장(을) 하다 make oneself up

03   N-마저

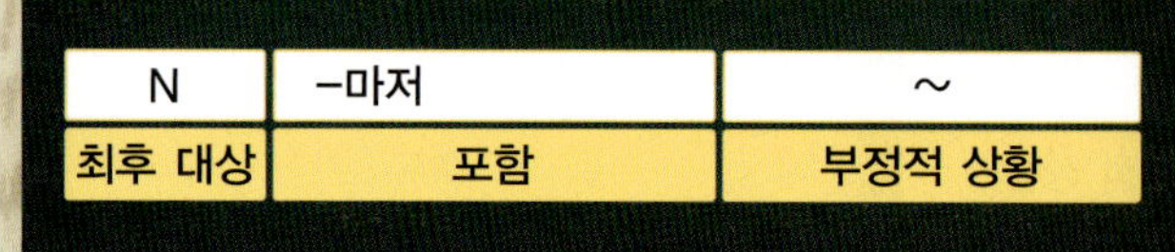

N	-마저	~
최후 대상	포함	부정적 상황

유사 문법) N-도
N-까지
N-조차

해설   어떠한 사실에 하나 남은 마지막 대상을 더 포함하여 나타낼 때 사용한다. 뒤의 내용은 긍정적인 상황은 쓸 수 없고, 부정적인 상황만 쓸 수 있다. '마지막 남은 이것까지 포함해서 모두'의 뜻이다.

 긍정문(긍정적 상황)에서 예외적으로 사용하는 경우도 있다.
예) 연하는 스케이트도 잘 타지만, **얼굴마저** 예쁘다. (부러움)

예문   ■ 가: 네가 하는 말은 이제 못 믿어.

나: **너마저** 믿지 않으면 누가 나를 믿겠어?

■ 가: 여행 잘 다녀왔어요?

나: 아니요. 지갑을 잃어버렸는데 **휴대전화마저** 고장나서 고생했어요.

연습   '-마저'를 사용해서 대화를 완성하십시오.

01 가: 약속 시간이 30분이나 지났는데 왜 이제 와요?

나: 미안해요. 버스를 놓쳐서 택시를 타려고 했는데 <u>택시마저</u> 안 오더라고요. (택시)

02 가: 약속 시간에 늦는다고 미리 말하지 그랬어요?

나: 미안해요. 연락을 했어야 했는데 __________ 고장나서 전화를 못 했어요. (집 전화)

03 가: 친구들이 모두 여행을 안 간대요?

나: 네. 같이 사는 __________ 안 간다고 해요. (친구)

04 가: 상조 씨가 교통사고 났다고 들었는데 어때요?

나: 많이 다쳐서 __________ 못 알아봐요. (어머니)

05 가: 거래처 사장님은 요즘 어떻게 지내세요?

나: 사업 실패로 집도 잃고 __________ 악화돼서 병원에 계세요. (건강)

> **어휘 및 표현**
> 최후 대상 last object
> ********************************
> 거래처 a business connection
> 사업 실패 a business failure
> 건강이 악화되다 take a serious turn

04 N-조차

N	-조차	~
기본 대상	포함	부정적 상황

유사 문법) N-도
N-까지
N-마저

해설

　어떠한 사실에 가장 기본적이고 쉬운 대상을 더 포함하여 나타낼 때 사용한다. 일반적으로 화자가 예상하기 어려운 극단적인 경우까지 포함한다. 뒤의 내용은 주로 '-지 않다, 못하다' 등의 부정문이 쓰인다. '가장 기본적인 이것까지 포함해서 모두'의 뜻이다.

예문

- 가: 아놀드 씨, 오늘 뭐 좀 먹었어요?
  나: 아니요. 목이 아파서 **물조차** 못 마셨어요.
- 가: 어제 생일이었다면서요? 선물 많이 받았어요?
  나: 많이 받기는요. **친한 친구조차** 제 생일을 모르더라고요.

연습

'-조차'를 사용해서 대화를 완성하십시오.

어휘 및 표현

기본 대상 a basic condition

****

안건 item on the agenda
토의 discussion
논의 discussion
가치(가) 없다 worthless
집안 사정 family reasons
생활비 living expenses
하숙비 room-and-board charges

01　가: 요즘에는 아놀드 씨가 열심히 공부해요?
　　나: 열심히 하기는요. <u>숙제조차</u> 하지 않아요. (숙제)

02　가: 오늘 많이 바빠요?
　　나: 네. 일이 많아서 커피 한 잔 마실 ____________ 없어요. (시간)

03　가: 이 안건에 대해 토의해 봅시다.
　　나: 그것은 논의할 ____________ 없다고 생각해요. (가치)

04　가: 요즘 제제 씨의 집안 사정이 어려운 것 같아요.
　　나: 저도 들었어요. 생활비가 부족해서 ____________ 못 내고 있대요. (하숙비)

05　가: 시험에서 1등할 거라고 예상했어요?
　　나: 아니요. 제가 1등할 거라고는 ____________ 못 했어요. (생각)

포함

〈포함〉의 '–도', '–까지', '–마저', '–조차'는 어떻게 다를까요?

1 '–도', '–까지', '–마저', '–조차'는 어떠한 사실에 대상을 더 포함하여 나타낸다는 점에서 바꿔 쓸 수 있지만, 화자의 심리적인 태도에 따라 다음과 같은 차이점이 있다. '–도', '–까지'는 긍정문과 부정문에 모두 쓸 수 있는 반면, '–마저'와 '–조차'는 부정문에만 쓸 수 있다.

문법	의미	뒤의 내용		예문
–도 –까지	포함	긍정문 (긍정적 상황)	O	• 친구와 영화를 보고 **밥도/밥까지** 먹었다.
		부정문	O	• 날씨가 더운데 **바람도/바람까지** 불지 않는군요.
–마저	마지막 남은 이것까지도	긍정문 (긍정적 상황)	×	• 친구와 영화를 보고 **밥마저** 먹었다.
		부정문	O	• 날씨가 더운데 **바람마저** 불지 않는군요.
–조차	가장 기본적인 이것까지도	긍정문 (긍정적 상황)	×	• 친구와 영화를 보고 **밥조차** 먹었다.
		부정문	O	• 날씨가 더운데 **바람조차** 불지 않는군요.

 긍정문 중 부정적 상황을 의미하는 경우에는 '–마저'는 쓸 수 있는 반면, '–조차'는 쓸 수 없다.

문법	의미	뒤의 내용		예문
–마저	마지막 남은 이것까지도	긍정문 (부정적 상황)	○	• 날씨가 추운데 **바람마저** 부네요. (추위에 바람이라는 최악의 상황을 포함시켜 표현)
–조차	가장 기본적인 이것까지도	긍정문 (부정적 상황)	×	• 날씨가 추운데 **바람조차** 부네요. (바람이 기본적인 것이 될 수 없기 때문에 사용할 수 없음.)

확인 다음 중 맞는 것을 고르십시오.

01 목이 아파서(물마저, 물조차) 마실 수 없어요.

02 어제 오른손을 다쳤는데 오늘 (왼손마저, 왼손조차) 다쳤어요.

03 오늘은 기온이 높은 데다가 (습도마저, 습도조차) 높네요.

포 함

05 N–은/는 물론이고

N	–은/는 물론이고	~
대상	포함	상황

생략형) N–은/는 물론

해설 뒤의 어떠한 상황에 앞의 대상은 말할 것도 없이 포함됨을 나타낼 때 사용한다. '당연히 –은/는 말할 것도 없이' 의 뜻이다.

예문
- 2002 한일 월드컵 때 **한국은 물론이고** 전 세계가 축제 분위기였다.
- 가: 보하 씨는 한국 사람처럼 한국어를 매우 잘해요.
  나: **한국어는 물론** 영어도 잘해요.

연습 '–은/는 물론이고' 를 사용해서 대화를 완성하십시오.

어휘 및 표현
대상 an object
포함 inclusion
상황 circumstances

****
월드컵 the World Cup
축제 분위기 festive mood
땀을 흘리다 sweat buckets
전문가 expert
상담 consultation
성수기 peak season
예약하다 booking

01 가: 마이클 씨는 운동을 참 잘하는 것 같아요.
　　나: 맞아요. <u>농구는 물론이고</u> 축구도 잘하더라고요. (농구)

02 가: 왜 이렇게 땀을 많이 흘려요?
　　나: 저는 매운 음식을 먹으면 ＿＿＿＿＿＿＿ 머리에도 땀이 나요. (이마)

03 가: 회사에서 인정받으려면 어떻게 해야 해요?
　　나: ＿＿＿＿＿＿＿ 인간관계에도 신경 써야 해요. (일)

04 가: 요즘 아이가 화도 자주 내고 말도 잘 안 해요. 어떻게 하면 좋을까요?
　　나: 그럴 때는 ＿＿＿＿＿＿＿ 부모도 전문가와 상담하는 것이 좋아요. (아이)

05 가: 크리스마스에 여행을 가려고 하는데 방을 예약할 수 있을까요?
　　나: ＿＿＿＿＿＿＿ 연말까지 성수기라서 예약하기 힘들 거예요. (크리스마스)

06 N1-(이)나 N2-(이)나 할 것 없이

N1	-(이)나	N2	-(이)나 할 것 없이	~
대상1		대상2	포함	상황

유사 문법) N-을/를 막론하고
N-을/를 불문하고

해설　뒤의 어떠한 상황에 두 대상은 말할 것도 없이 포함된 전체라는 의미를 나타낼 때 사용한다. 이때에는 상반이나 대응의 의미를 가진 두 개의 명사를 사용한다. '모두', '전부', '전체'의 뜻이다.

예문
- 요즘은 **남자나 여자나 할 것 없이** 외모에 관심이 많다.
- 그 드라마는 인기가 많아서 **너나 나나 할 것 없이** 즐겨 본다.

연습　'-(이)나 -(이)나 할 것 없이'를 사용해서 문장을 완성하십시오.

01　대도시는 아침이나 저녁이나 할 것 없이 항상 차가 막힌다. (아침 / 저녁)

02　요즘에는 ＿＿＿＿＿＿＿＿＿＿ 아파트가 많다. (도시 / 농촌)

03　눈썰매를 타기 위해 ＿＿＿＿＿＿＿＿＿＿ 줄을 길게 서 있다. (아이 / 어른)

04　출퇴근 시간에는 ＿＿＿＿＿＿＿＿＿＿ 사람이 많다. (지하철 / 버스)

05　그 가수의 목소리는 ＿＿＿＿＿＿＿＿＿＿ 아름답다. (예 / 지금)

어휘 및 표현

대상 an object
포함 inclusion
상황 circumstances
****
외모 appearance
관심이 많다 a lot of interest in
즐기다 enjoy
눈썰매 sledging in the snow
줄을 서다 line up
예나 지금이나 in all ages

07 N-을/를 막론하고, N-을/를 불문하고

N	-을/를 막론하고	~
대상	포함	상황

유사 문법) N₁-(이)나 N₂-(이)나 할 것 없이
N-을/를 불문하고

N	-을/를 불문하고	~
대상	포함	상황

유사 문법) N₁-(이)나 N₂-(이)나 할 것 없이
N-을/를 막론하고

해설 뒤의 어떠한 상황에 앞의 대상에 대하여 이것저것 따지거나 가리지 않고 모두 포함됨을 나타낼 때 사용한다. 이때에는 상반이나 대응의 의미를 가진 하나의 명사를 사용한다. '무엇이든 어느 것이든 상관하지 않고' 의 뜻이다.

예문
- 떡볶이는 **남녀노소를 막론하고**(=남녀노소를 불문하고) 누구나 좋아하는 간식이다.
- 축구는 **동서고금을 막론하고**(=동서고금을 불문하고) 인기 있는 운동이다.

연습 알맞은 단어를 골라 '-을/를 막론하고, -을/를 불문하고' 를 사용해서 문장을 완성하십시오.

지위 고하	이유 여하	여야	밤낮	날씨 여하

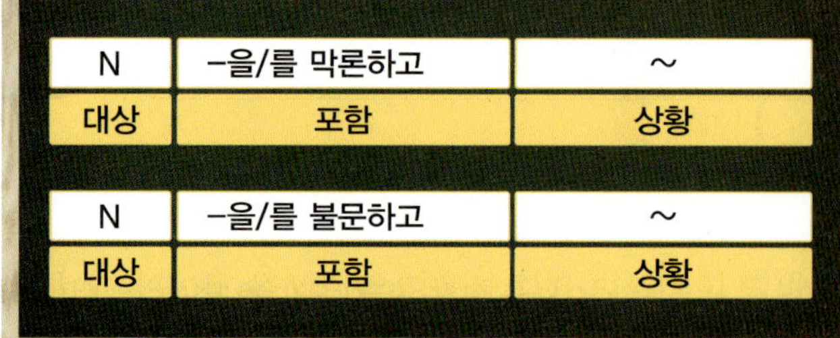

01 그 회사는 갑자기 늘어난 주문으로 인해 <u>밤낮을 막론하고(밤낮을 불문하고)</u>
생산에 힘쓰고 있다.

02 그 백화점은 ＿＿＿＿＿＿＿＿ 고객을 만족시키기 위해 항상 노력한다.

03 이번 주 토요일에는 ＿＿＿＿＿＿＿ 등산을 할 예정이오니 꼭 참석해 주시기 바랍니다.

04 운동선수들은 약물을 복용하면 ＿＿＿＿＿＿＿ 실격된다.

05 국회의원은 ＿＿＿＿＿＿＿ 국민을 위해 일해야 한다.

〈포함〉의 '-(이)나 -(이)나 할 것 없이'와 '-을/를 막론하고'는 어떻게 다를까요?

'-(이)나 -(이)나 할 것 없이'는 상반이나 대응의 의미를 가진 두 개의 명사를 사용하는 반면, '-을/를 막론하고'는 상반이나 대응의 의미를 가진 하나의 명사를 사용한다.

문법	명사	예문
-(이)나 -(이)나 할 것 없이	2개	• 남자나 여자나, 애나 어른이나, 예나 지금이나, 너나 나나 등 • **예나 지금이나 할 것 없이** 모든 여성은 아름다워지고 싶어한다.
-을/를 막론하고	1개	• 남녀노소, 동서고금, 지위 고하, 이유 여하, 여야 등 • **동서고금을 막론하고** 모든 여성은 아름다워지고 싶어한다.

08 N-을/를 비롯해서

N	–을/를 비롯해서	~
대표 대상 시작 대상	포함	

해설 여러 대상 중 어떠한 대상을 대표로 하거나 시작으로 해서 뒤의 대상까지 포함한다고 나타낼 때 사용한다. '–을/를 포함해서 모두', '–부터 시작해서 모두' 의 뜻이다.

예문
- **사장님을 비롯해서** 회사 직원들 모두 불우 이웃 돕기에 참여했다.
- 가: 어디에서 한국어를 배웠어요?
  나: **저를 비롯해서** 모두 가천대학교에서 한국어를 공부했어요.

연습 '–을/를 비롯해서'를 사용해서 한 문장으로 쓰십시오.

01 (선생님 / 반 친구들)에게 감사의 말을 전하고 싶다
⇨ <u>선생님을 비롯해서 반 친구들에게 감사의 말을 전하고 싶다.</u>

02 집들이를 할 때는 (청소 / 음식 준비)까지 신경 써야 할 일이 많다
⇨ ______________________________

03 태완 씨는 (막걸리 / 모든 술)을 좋아하다
⇨ ______________________________

04 우리 집은 (아버지 / 온 가족)이 호두과자를 좋아하다
⇨ ______________________________

05 그 영화는 (한국 / 전 세계)에서 동시에 개봉되다
⇨ ______________________________

어휘 및 표현

대표 대상 representative
시작 대상 beginning
포함 inclusion

****
비롯하다 including
사장님 CEO
불우 이웃 돕기 a campaign to help unfortunate neighbors
참여하다 take part in
집들이 a housewarming party
신경 쓰다 pay careful attention
막걸리 makgeolli, raw rice wine
호두과자 small walnut-flavored cake in the size and shape of a walnut
개봉되다 premiere

09 N-은/는커녕 , V/A-기는커녕

N₁	-은/는커녕	N₂
부정적 상황	포함	부정적 상황 상반 결과

V	-기는커녕	
A	-기는커녕	~
N	-(이)기는커녕	
부정적 상황	포함	부정적 상황 상반 결과

축약형) N-커녕
유사 문법) N-은/는 고사하고

유사 문법) V/A-기는 고사하고

해설

　앞의 상황을 포함하여 뒤의 상황도 못 하게 되거나 상반된 결과를 나타낼 때 사용한다. 'N-은/는 고사하고', 'V/A-기는 고사하고' 와 바꿔 쓸 수 있다. 부정적인 상황에만 쓰이며 긍정적 상황에는 쓸 수 없다. 'N-은/는커녕' 은 앞과 뒤의 명사가 상반이나 대응의 의미가 있는 명사를 사용한다. 그리고 'V/A-기는커녕' 은 부정의 의미를 가지고 있기 때문에 그 앞에는 긍정형만 쓸 수 있다. 뒤의 내용에 따라 두 가지의 의미가 있다.

　(1) 뒤의 내용이 앞의 내용보다 기본적이고 쉬운 일이지만 하지 못한 부정적 상황을 나타낸다. '(A)는커녕 (B)도 못(안) 하다.' 의 형식으로 사용된다. 보조사 '-도' 이외에도 '조차, 마저, 조차도, 마저도' 등과 같이 쓰이기도 한다.

　(2) 뒤의 내용이 앞의 내용과 상반된 결과나 심한 상황을 나타낸다. '(A)는커녕 오히려 (B)하다.' 의 형식으로 사용된다.

문법	앞의 내용	뒤의 내용	예문
-은/는커녕	부정적 상황	부정적 상황	• 하루 종일 **밥은커녕** 물 한 모금도 못 마셨다.
		상반 결과	• **상은커녕** (오히려) 벌만 받았다.
-기는커녕	부정적 상황	부정적 상황	• **인사하기는커녕** 얼굴도 못 봤다.
		상반 결과	• 칭찬을 **받기는커녕** (오히려) 혼만 났다.

예문

■ 가: 아침에 밥 먹고 왔어요?

　나: 아니요. 늦게 일어나서 **밥은커녕** 물도 못 마시고 왔어요.

■ 가: 그 일에 대해 마문 씨가 사과했어요?

　나: **사과는커녕** 오히려 더 화를 내던데요.

■ 가: 학교 앞 식당 종업원은 정말 친절한 것 같아요.

　나: **친절하기는커녕** 손님에게 인사도 안 하던데요.

■ 가: 요즘 다이어트 중이라면서요? 살이 많이 빠졌어요?

　나: 살이 **빠지기는커녕** 오히려 더 쪘어요.

연습 알맞은 단어를 골라 '-은/는커녕'을 사용해서 대화를 완성하십시오.

| 결혼 | 비 | 선물 | 여행 | 소주 |

01 가: 태완 씨, 결혼하셨어요?

나: <u>결혼은커녕</u> 연애도 한 번 못 해 봤어요.

02 가: 생일인데 남자 친구에게 선물을 받았어요?

나: _______________ 축하한다는 말도 못 들었어요.

03 가: 부산에 비가 많이 온다고 들었는데 지금 비가 와요?

나: _______________ 구름도 안 꼈는데요.

04 가: 결혼하고 나서 여행은 자주 다녀요?

나: _______________ 주말에 쉴 시간도 없어요.

05 가: 연하 씨는 소주를 몇 병 정도 마셔요?

나: _______________ 맥주도 못 마셔요.

연습 '−기는커녕'을 사용해서 대화를 완성하십시오.

01 가: 소개 받은 여자와 자주 만나요?

나: 자주 만나기는커녕 연락도 하지 않고 지내요.

02 가: 중국어를 배운다면서요? 잘해요?

나: 아니요. _______________ 아직 발음도 잘 못해요.

03 가: 보하 씨와 제제 씨는 사이가 정말 좋은 것 같아요.

나: 사이가 _______________ 싸워서 서로 말도 안 해요.

04 가: 아이가 많이 울었어요?

나: 아니요. _______________ 잘 놀기만 하던데요.

05 가: 마이클 씨는 정말 부자인 것 같아요.

나: _______________ 학비를 낼 돈도 없어요.

10 N-은/는 고사하고, V/A-기는 고사하고

N₁	-은/는 고사하고	N₂
부정적 상황	포함	부정적 상황 상반 결과

유사 문법) N-은/는커녕

V	-기는 고사하고	
A	-기는 고사하고	~
N	-(이)기는 고사하고	
부정적 상황	포함	부정적 상황 상반 결과

유사 문법) V/A-기는커녕

해설

　앞의 상황을 포함하여 뒤의 상황도 못 하게 되거나 상반된 결과를 나타낼 때 사용한다. 'N-은/는커녕', 'V/A-기는커녕'과 바꿔 쓸 수 있다. 부정적인 상황에만 쓰이며 긍정적 상황에는 쓸 수 없다. 'N-은/는 고사하고'는 앞과 뒤의 명사가 상반이나 대응의 의미가 있는 명사를 사용한다. 그리고 'V/A-기는 고사하고'는 부정의 의미를 가지고 있기 때문에 그 앞에는 긍정형만 쓸 수 있다. 뒤의 내용에 따라 두 가지의 의미가 있다.

　(1) 뒤의 내용이 앞의 내용보다 기본적이고 쉬운 일이지만 하지 못한 부정적 상황을 나타낸다. '(A)는 고사하고 (B)도 못(안) 하다.'의 형식으로 사용된다. 보조사 '-도' 이외에도 '조차, 마저, 조차도, 마저도' 등과 같이 쓰이기도 한다.

　(2) 뒤의 내용이 앞의 내용과 상반된 결과나 심한 상황을 나타낸다. '(A)는 고사하고 오히려 (B)하다.'의 형식으로 사용된다.

문법	앞의 내용	뒤의 내용	예문
-은/는 고사하고	부정적 상황	부정적 상황	• 하루 종일 **밥은 고사하고** 물 한 모금도 못 마셨다.
		상반 결과	• **상은 고사하고** (오히려) 벌만 받았다.
-기는 고사하고	부정적 상황	부정적 상황	• 밥을 **먹기는 고사하고** 물도 못 먹었어.
		상반 결과	• 선물을 **주기는 고사하고** (오히려) 문전박대만 당했다.

예문

■ 가: 이번 학기에 장학금을 받을 수 있어요?

　나: **장학금은 고사하고** F학점만 안 받았으면 좋겠어요.

■ 가: 두 사람이 같이 일하니까 저축을 많이 하겠어요?

　나: **저축은 고사하고** 생활비도 부족해요.

■ 가: 보람 씨, 상조 씨와 자주 만나요?

　나: 자주 **만나기는 고사하고** 전화 통화하기도 힘들어요.

■ 가: 상조 씨는 담배를 끊었어요?

　나: 담배를 **끊기는 고사하고** 오히려 더 많이 피워요.

연습 알맞은 단어를 골라 '-은/는 고사하고'를 사용해서 대화를 완성하십시오.

| 정리 | 집안일 | 인사 | 요리 | 약 |

01 가: 혼자 산 지 오래됐으니까 요리를 잘하겠어요.

나: <u>요리는 고사하고</u> 라면도 못 끓여요.

02 가: 보람 씨, 약 먹었어요?

나: ___________ 물도 마시기 힘들어요.

03 가: 남편이 집안일을 많이 도와주지요?

나: ___________ 아기도 돌봐 주지 않아요.

04 가: 친구가 방 정리는 잘해요?

나: ___________ 오히려 더 어지럽혀요.

05 가: 요즘에도 보람 씨가 인사를 안 해요?

나: ___________ 눈도 안 마주치던데요.

어휘 및 표현

부정적 상황 negative situation
포함 inclusion
상반 결과 antithetical result
****
장학금 a scholarship
학점 grade
저축 saving
담배를 끊다 quit smoking
끓이다 boil, heat
집안일 housework
돌보다 tend to
정리 arrangement
어지럽히다 mess up
마주치다 meet
피해 harm
발렌타인데이 Valentine's Day
배탈 a stomach upset
소개팅하다 go on a blind date

포함

연습 '-기는 고사하고'를 사용해서 대화를 완성하십시오.

01 가: 마이클 씨는 남을 잘 돕는 것 같아요.

나: 남을 돕기는 고사하고 남에게 피해를 안 주었으면 좋겠어요.

02 가: 밸런타인데이에 초콜릿을 받았어요?

나: 초콜릿을 ______________ 여자 친구를 만나지도 못 했어요.

03 가: 주말여행은 즐거웠어요?

나: ______________ 배탈이 나서 고생만 했어요.

04 가: 허리는 좀 어때요? 많이 나아졌어요?

나: ______________ 더 나빠지고 있어요.

05 가: 소개팅한 사람 성격이 아주 적극적이라면서요?

나: ______________ 먼저 전화 한 통 안 해요.

어휘 및 표현

부정적 상황 negative situation
포함 inclusion
상반 결과 antithetical result

****

장학금 a scholarship
학점 grade
저축 saving
담배를 끊다 quit smoking
끓이다 boil, heat
집안일 housework
돌보다 tend to
정리 arrangement
어지럽히다 mess up
마주치다 meet
피해 harm
발렌타인데이 Valentine's Day
배탈 a stomach upset
소개팅하다 go on a blind date

〈포함〉의 'N-은/는커녕'과 'N-(이)기는커녕'은 어떻게 다를까요?

'N-은/는커녕'의 명사는 단순히 대상을 나타내고, 앞과 뒤의 명사가 서로 상반되거나 대응되는 반면, 'N-(이)기는커녕'의 명사는 대상이 가지는 속성이나 자격을 나타내고, 뒤의 내용에 제약이 없다.

문법	앞의 내용	뒤의 내용	예문
N-은/는커녕	대상	상반 대응	• 무작정 여행을 떠났다가 **호텔은커녕** 민박집도 못 구해서 고생만 하다가 왔다.
N-(이)기는커녕	속성·자격	제약 없음	• 사진만 보고 잔뜩 기대하고 미팅에 나갔는데, **미남이기는커녕** 사진과 전혀 다른 사람이 나와서 깜짝 놀랐다.

01 V/A-고요.

V	-고요.
A	-고요.
진술	추가

해설 자신의 의견이나 어떠한 정보를 더하여 말할 때 사용한다. 주로 '-도'와 함께 쓰인다.

일상 회화에서 자주 '-구요.'라고 잘못 쓰이는 경우가 많다.

예문
- 가: 보통 주말에 뭐 해요?
  나: 청소를 해요. 쇼핑도 **하고요.**
- 가: 학교 식당 음식이 맛있어요?
  나: 네. 맛있어요. 값도 **싸고요.**

연습 '-고요.'를 사용해서 대화를 완성하십시오.

01 가: 오늘 날씨가 너무 춥지요?
　　나: 네. 추워요. <u>바람도 불고요.</u> (바람이 불다)

02 가: 어제 산 옷인데 어때요?
　　나: 색이 예뻐요. _______________. (디자인이 멋있다)

03 가: 어제 소개 받은 사람 어때요?
　　나: 멋있어요. _______________. (키가 크다)

04 가: 아침에 뭐 먹었어요?
　　나: 빵을 먹었어요. _______________. (과일을 먹었다)

05 가: 방학에 뭐 할 거예요?
　　나: 아르바이트를 할 거예요. _______________. (한국어 공부를 할 거다)

> **어휘 및 표현**
> 진술 statement
> 추가 supplement
> ********************
> 불다　blow
> 디자인 design

02   N₁–도 N₁–(이)지만, V₁/A₁–기도 V₁/A₁–지만

N₁	–도	N₁	–(이)지만	～
		상황1	인정 ⇨ 추가	상황2

V₁	–기도	V₁	–지만	
A₁	–기도	A₁	–지만	～
N₁	–(이)기도	N₁	–(이)지만	
		상황1	인정 ⇨ 추가	상황2

해설   앞의 상황을 인정하지만 뒤의 상황이 더 있음을 나타낼 때 사용한다. 보통 뒤의 상황이 더 심각하거나 정도가 심한 경우가 많다.

예문

- 가: 우리 같이 탱고를 배우러 다닐까요?
  나: **돈도 돈이지만** 시간이 없어서 안 돼요.
- 가: 보람 씨, 이 전자사전 쓸 만해요?
  나: 아니요. **비싸기도 비싸지만** 품질이 별로예요.

연습   '–도 –(이)지만'과 '–기도 –지만' 중 하나를 골라서 대화를 완성하십시오.

어휘 및 표현

상황 circumstances
인정 admission
추가 supplement
****
탱고 tango
품질 quality
챙기다 take
태국 Thailand
입에 안 맞다 unpalatable
전망 view
디자인 design
마음에 들다 catch one's fancy

01 가: 요즘 일하느라고 밥 먹을 시간조차 없어요.
   나: <u>일도 일이지만</u> 건강이 더 중요하니까 밥은 꼭 챙겨 드세요. (일)

02 가: 태국 여행은 어땠어요? 덥지 않았어요?
   나: ＿＿＿＿＿＿＿＿ 음식이 입에 안 맞아서 고생했어요. (날씨)

03 가: 태완 씨 집에 가 보니까 집이 참 넓더라고요.
   나: ＿＿＿＿＿＿＿＿ 한강이 보여서 전망도 좋던데요. (넓다)

04 가: 디자인 때문에 이 옷을 골랐어요?
   나: 디자인이 ＿＿＿＿＿＿＿＿ 색깔이 마음에 들어서 샀어요. (예쁘다)

05 가: 상조 씨는 밥을 잘 먹어서 건강한 것 같아요.
   나: 밥을 잘 ＿＿＿＿＿＿＿＿ 운동도 열심히 하더라고요. (먹다)

포함

03 V/A-(으)ㄴ/는 데다가

V	–는 데다가	
A	–(으)ㄴ 데다가	~
N	–인 데다가	
상황1	추가	상황2

유사 문법) V/A-(으)ㄹ 뿐만 아니라
V/A-(으)ㄹ뿐더러
V/A-거니와

해설 앞의 상황 이외에도 뒤의 상황이 더 있음을 나타낼 때 사용한다. 앞의 상황에 뒤의 상황이 추가되어서 그 정도가 더 심해짐을 나타낸다. 앞과 뒤의 내용이 각각 긍정과 부정으로 일치되어야 한다. 과거의 상황인 경우에는 '–(으)ㄴ 데다가'를 사용한다.

예문
- 연하 씨는 얼굴이 **예쁜 데다가** 마음씨도 고와요.
- 가: 어디가 불편하세요?
  나: 콧물이 **나는 데다가** 기침도 심해요.
- 가: 왜 이렇게 늦었어요?
  나: 늦게 **일어난 데다가** 버스까지 놓쳐서 늦었어요.

연습 알맞은 표현을 골라 '–(으)ㄴ/는 데다가'를 사용해서 대화를 완성하십시오.

먹다	보다	할 수 있다	비싸다	무겁다

01 가: 지하철 역 근처 식당에 가 봤어요?

　　나: 네. 거기는 가격이 <u>비싼 데다가</u> 서비스도 별로예요.

02 가: 내일 필기시험만 있어요?

　　나: 아니요. 두 시간 동안 필기시험을 __________ 말하기 시험도 봐요.

03 가: 이 휴대전화는 어떤 기능이 있어요?

　　나: 영상 통화를 __________ DMB도 볼 수 있어요.

04 가: 왜 그렇게 힘이 없어요?

　　나: 가방이 너무 __________ 손까지 다쳐서 힘들어요.

05 가: 점심을 많이 __________ 계속 앉아 있었더니 소화가 안 돼요.

　　나: 그럼 나가서 좀 걷다가 오세요.

어휘 및 표현

상황 circumstances
추가 supplement
****
마음씨가 곱다 be kind-hearted
콧물이 나다 one's nose runs
버스를 놓치다 miss a bus
필기시험 written test
소화가 안 되다 digests poorly

04 N-뿐만 아니라

N	−뿐만 아니라	~
대상1	추가	대상2

생략형) N−뿐 아니라
유사 문법) N−에다가

해설   앞의 대상 이외에도 뒤에 다른 대상이 더 있음을 나타낼 때 사용한다. 앞의 대상은 뒤의 대상보다 기본적인 명사가 온다.

예문
- 아놀드 씨는 **영어뿐만 아니라** 일본어도 잘해요.
- 이 디자인은 **여자뿐만 아니라** 남자한테도 잘 어울려요.

연습   '−뿐만 아니라' 를 사용해서 대화를 완성하십시오.

어휘 및 표현
대상 an object
추가 supplement
****
문화 체험 field trip
요가 yoga
잡채 japchae, a mixed dish of vegetablesand sliced meat
불고기 bulgogi, sliced and seasoned barbequed beef

01 가: 경주에 갔다 왔어요?
　　나: 네. <u>경주뿐만 아니라 부산도</u> 갔다 왔어요. (경주 / 부산)

02 가: 이번 문화 체험은 학생들만 참가해요?
　　나: 아니요. _________________ 참가해요. (학생 / 선생님)

03 가: 이 전자사전에 MP3 기능이 있어요?
　　나: 그럼요. _________________ 있어요. (MP3 기능 / 녹음 기능)

04 가: 보람 씨, 요가를 좋아해요?
　　나: 네. _________________ 좋아해요. (요가 / 테니스)

05 가: 연하 씨, 잡채를 만들 줄 알아요?
　　나: 그럼요. _________________ 만들 줄 알아요. (잡채 / 불고기)

포함

05   V/A-(으)ㄹ 뿐만 아니라

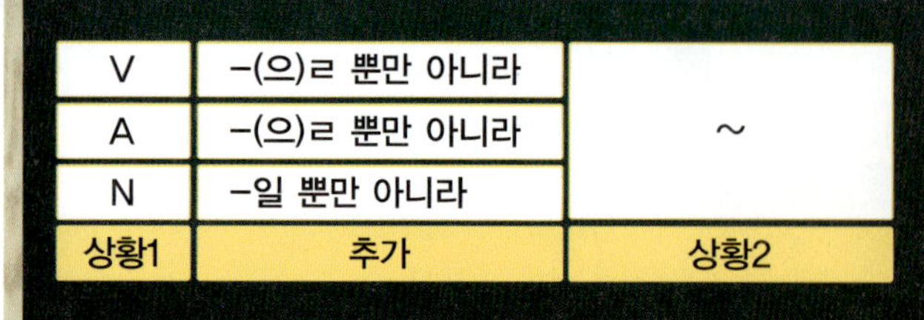

생략형) V/A-(으)ㄹ 뿐 아니라
유사 문법) V/A-(으)ㄴ/는 데다가
V/A-(으)ㄹ뿐더러
V/A-거니와

해설   앞의 상황 이외에도 뒤에 다른 상황이 더 있음을 나타낼 때 사용한다. 앞과 뒤의 내용이 각각 긍정과 부정으로 일치되어야 한다.

'N-뿐만 아니라'의 '뿐'은 조사이기 때문에 띄어쓰기를 하지 않고, 'V/A-(으)ㄹ 뿐만 아니라'의 '뿐'은 의존명사이기 때문에 띄어쓰기를 한다.

예문   ■ 그 배우는 연기를 **잘할 뿐만 아니라** 노래도 잘한다.
■ 이 제품은 품질이 **나쁠 뿐만 아니라** 값도 비싸요.

연습   '-(으)ㄹ 뿐만 아니라'를 사용해서 대화를 완성하십시오.

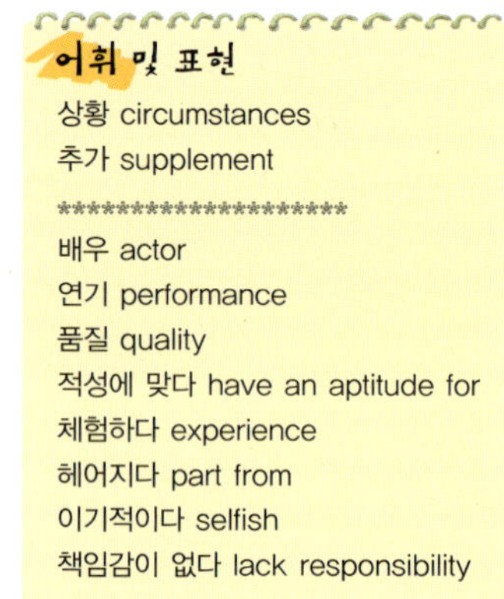

어휘 및 표현

상황 circumstances
추가 supplement
****
배우 actor
연기 performance
품질 quality
적성에 맞다 have an aptitude for
체험하다 experience
헤어지다 part from
이기적이다 selfish
책임감이 없다 lack responsibility

01 가: 새로 이사 간 집은 어때요?

나: <u>교통이 편리할 뿐만 아니라 공원도 있어요.</u> (교통이 편리하다 / 공원이 있다)

02 가: 지금 하고 있는 일에 만족해요?

나: 네. _________________________________ (적성에 맞다 / 일이 재미있다)

03 가: 어학원에서 한국어를 공부하면 뭐가 좋아요?

나: _________________________________

(한국어를 배울 수 있다 / 한국 문화를 체험할 수 있다)

04 가: 올해 겨울은 많이 춥다고 하지요?

나: 네. 저도 들었는데 _________________________________ (춥다 / 눈이 많이 오다)

05 가: 왜 그 사람하고 헤어졌어요?

나: _________________________________ (이기적이다 / 책임감이 없다)

〈포함〉의 ‘N-뿐만 아니라’와 ‘N-일 뿐만 아니라’는 어떻게 다를까요?

‘N-뿐만 아니라’의 명사는 단순히 대상을 나타내고, 앞과 뒤의 명사가 서로 상반되거나 대응되는 반면, ‘N-일 뿐만 아니라’의 명사는 대상이 가지는 속성이나 자격을 나타내고, 뒤의 내용에 제약이 없다.

문법	앞의 내용	뒤의 내용	예문
N-뿐만 아니라	대상	상반 · 대응	• 이 책은 **학생뿐만 아니라** 선생님에게도 도움이 돼서 인기가 많다.
N-일 뿐만 아니라	속성 · 자격	제약 없음	• 마이클 씨는 한국어를 배우는 **학생일 뿐만 아니라** 영어를 가르치는 **선생님**이기도 하다.

06 V/A-(으)ㄹ뿐더러

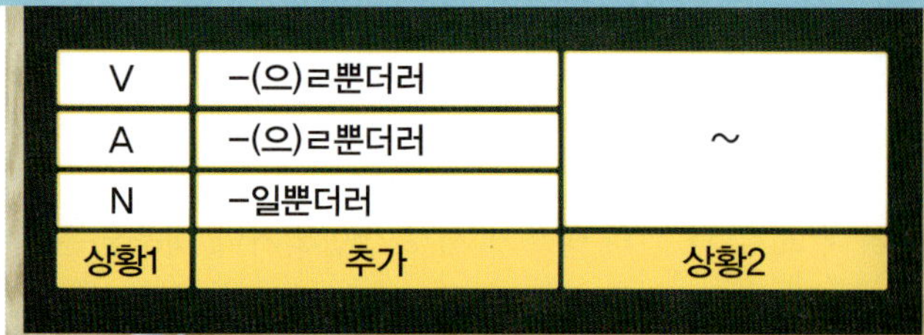

V	-(으)ㄹ뿐더러	
A	-(으)ㄹ뿐더러	~
N	-일뿐더러	
상황1	추가	상황2

유사 문법) V/A-(으)ㄴ/는 데다가
V/A-(으)ㄹ 뿐만 아니라
V/A-거니와

해설　앞의 상황 이외에도 뒤의 상황이 더 있음을 나타낼 때 사용한다. 보통 뒤의 상황이 더 심각하거나 정도가 더한 경우가 많다. 앞과 뒤의 내용이 각각 긍정과 부정으로 일치되어야 한다.

　'-(으)ㄹ뿐더러'는 연결어미이기 때문에 띄어쓰기를 하지 않고, '-(으)ㄹ 뿐만 아니라'의 '뿐'은 의존명사이기 때문에 띄어쓰기를 한다.

예문
- 마약은 자신의 건강을 **해칠뿐더러** 가족들에게도 고통을 안겨 준다.
- 한국의 여름은 **더울뿐더러** 습도도 높다.

연습　알맞은 단어를 골라 '-(으)ㄹ뿐더러'를 사용해서 대화를 완성하십시오.

가깝다	이기적이다	우수하다	작다	없다

01 가: 여기 사진 속에 있는 사람이 누군지 알아요?

　　나: 아니요. 저는 만난 적도 없을뿐더러 이름조차 몰라요.

02 가: 보람 씨, 그 책 재미있어요?

　　나: 아니요. 글자도 ＿＿＿＿＿ 내용도 어려워서 읽기 힘들어요.

03 가: 이 두 대의 컴퓨터 중에서 어떤 것이 좋을까요?

　　나: 이걸로 하세요. 성능이 ＿＿＿＿＿ 가격도 저렴해요.

04 가: 근처에 있는 슈퍼마켓에 자주 가세요?

　　나: 네. 집에서 ＿＿＿＿＿ 물건이 다양해서 자주 가는 편이에요.

05 가: 상조 씨는 정말 자기밖에 몰라요.

　　나: 맞아요. 그 사람은 ＿＿＿＿＿ 모든 일에 부정적이에요.

어휘 및 표현

상황 circumstances
추가 supplement
****
마약 narcotics
해치다 damage
고통을 안기다 cause pain
습도(가) 높다 show a high percentage of humidity
성능 performance
성능이 우수하다 of good performance
저렴하다 inexpensive
다양하다 various
이기적이다 selfish
부정적이다 negative

07 V/A-거니와

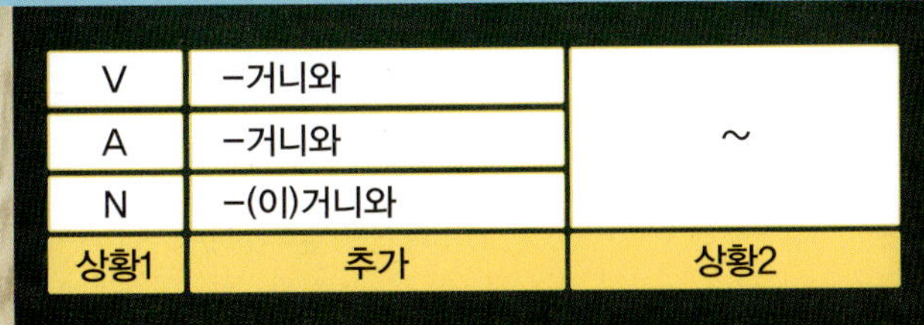

V	-거니와	
A	-거니와	~
N	-(이)거니와	
상황1	추가	상황2

유사 문법) V/A-(으)ㄹ 뿐만 아니라
V/A-(으)ㄴ/는 데다가
V/A-(으)ㄹ뿐더러

해설 앞의 상황 이외에도 뒤의 상황이 더 있음을 표현할 때 사용한다. 앞의 상황을 인정하면서 뒤의 상황이 추가된다는 의미이다. 앞과 뒤의 내용이 각각 긍정과 부정으로 일치되어야 한다. 과거의 상황인 경우에는 '-았/었거니와'를 사용하고, 미래의 상황인 경우에는 '-겠거니와'를 사용한다.

예문
- 퇴근 시간에는 길도 많이 **밀리거니와** 주차 공간도 찾기 힘들다.
- 고등학교 때는 공부도 안 **했거니와** 공부를 하려는 의지조차 없었다.
- 좋은 성적을 받으려면 시험도 잘 **봐야겠거니와** 결석하면 안 된다.

연습 '-거니와'를 사용해서 대화를 완성하십시오.

어휘 및 표현

상황 circumstances
추가 supplement
****
길이 밀리다 traffic is held up
의지 will
회원 member
혜택 benefit
입장권 ticket
화해하다 reconcile with
저렴하다 inexpensive
만지다 touch

01 가: 헬스장의 회원이 되면 무슨 혜택이 있어요?

나: 수영장 입장권도 <u>할인이 되거니와</u> 무료로 사우나도 이용할 수도 있어요. (할인이 되다)

02 가: 하숙집으로 이사 갔다면서요? 어때요?

나: 방도 넓고 _________________ 하숙집 아주머니가 친절해서 좋아요. (깨끗하다)

03 가: 보람 씨, 연하 씨하고 그만 화해하세요.

나: 요즘 바빠서 _________________ 만나서 할 말도 없어요. (만날 시간도 없다)

04 가: 저 빵 가게에서 파는 케이크 먹어 봤어요?

나: 네. 맛은 _________________ 가격도 저렴해서 자주 먹는 편이에요. (물론이다)

05 가: 태완 씨, 어제 제 컴퓨터 사용했어요?

나: 아니요. 저는 컴퓨터를 _________________ 방에 들어가지도 않았어요.
(만지지도 않았다)

〈포함〉의 '-(으)ㄴ/는 데다가', '-(으)ㄹ 뿐만 아니라', '-(으)ㄹ뿐더러', '-거니와'는 어떻게 다를까요?

'-(으)ㄴ/는 데다가', '-(으)ㄹ 뿐만 아니라', '-(으)ㄹ뿐더러', '-거니와'는 앞의 상황 이외에도 뒤에 다른 상황이 더 있음을 나타낼 때 사용하기 때문에 큰 의미 차이 없이 바꿔 쓸 수 있지만, 화자의 심리적인 태도에 따라 다음과 같은 차이점이 있다.

문법	앞의 내용	뒤의 내용	예문
-(으)ㄴ/는 데다가	사실	추가 ⇨ 정도 심각	• 날씨가 **추운 데다가** 바람까지 세차다. (날씨가 추운 상황에다가 바람 부는 상황까지 추가되어 그 추위의 정도가 심해졌다고 표현함.)
-(으)ㄹ 뿐만 아니라 -(으)ㄹ뿐더러	사실	추가	• 날씨가 **추울 뿐만 아니라(=추울뿐더러)** 바람까지 세차다. (날씨가 추운 상황에 바람 부는 상황이 추가된 것으로 표현함.)
-거니와	인정	추가	• 날씨가 **춥거니와** 바람까지 세차다. (날씨가 추운 상황을 인정하면서 바람 부는 상황이 추가된 것으로 표현함.)

08 N1-에다가 N2

N₁	-에다가	N₂
대상1	추가	대상2

생략형) N₁-에다 N₂

해설

앞의 대상에 더하여 뒤의 대상이 추가된다는 의미로 나타낼 때 사용한다. 앞의 명사에 따라 두 가지 의미가 있다.

(1) 앞의 명사는 특별한 제약 없고 뒤의 명사가 추가된다는 의미를 나타낸다. 이때 앞뒤의 명사는 바꿔 쓸 수 있다. '-에다가 -까지'의 형태로 사용되기도 한다.

(2) 앞의 명사가 처소 명사로 제약이 있어 일정한 위치를 나타내고 거기에 뒤의 명사가 추가된다는 의미를 나타낸다. 이때 앞뒤의 명사는 바꿔 쓸 수 없으며, 동사는 주로 '두다, 넣다, 놓다, 꽂다, 붙이다, 걸다, 쓰다, 바르다, 버리다' 등이 온다.

문법	앞의 명사	예문
-에다가	제약 없음	• **4에다가** 4를 더하면 8이 된다. • 그는 이번 생일에 **책꽂이에다가** 갖고 싶던 책까지 선물 받았다.
	처소 명사	• 아버지 **댁에다가** 보일러를 놓아 드려야겠어요. • **책꽂이에다가** 책을 번호대로 꽂았다.

장소를 나타내는 지시대명사 '거기, 여기, 저기'와 결합해서 사용되기도 한다. 그리고 다음과 같이 축약되어 사용되기도 한다.

거기에다가	거기에다	거기다가	거기다
여기에다가	여기에다	여기다가	여기다
저기에다가	저기에다	저기다가	저기다

예문

■ **물에다가** 과일까지 샀더니 너무 무거워요.

■ **탁자에다가** 꽃병을 올려놓았어요.

  '−에다가 −까지' 를 사용해서 대화를 완성하십시오.

01 가: 어제 연주회에 부모님도 오셨어요?

　　나: 네. <u>부모님에다가 동생까지</u> 다 왔어요. (부모님 / 동생)

02 가: 어제 왜 결석했어요?

　　나: ＿＿＿＿＿＿＿＿＿＿ 겹쳐서 죽는 줄 알았어요. (감기 / 몸살)

03 가: 요즘 상조 씨는 어떻게 지낸대요?

　　나: ＿＿＿＿＿＿＿＿＿＿ 실패해서 우울증에 걸렸대요. (이혼 / 사업)

04 가: 정상까지 올라갔다 왔어요?

　　나: 아니요. ＿＿＿＿＿＿＿＿＿＿ 심하게 불어서 올라갈 수 없었어요. (비 / 바람)

05 가: 연하 씨, 요즘 많이 바쁜가 봐요.

　　나: 네. ＿＿＿＿＿＿＿＿＿＿ 하느라 정신이 없어요. (학교 수업 / 아르바이트)

 알맞은 단어를 골라 '-에다가'를 사용해서 문장을 완성하십시오.

| 상처 | 냉장고 | 옷걸이 | 제자리 | 휴지통 |

01 <u>냉장고에다가</u> 과일과 우유를 넣어 두었어요.

02 __________ 코트를 걸고 거실로 나갔어요.

03 __________ 이 약을 바르면 금방 나을 거예요.

04 쓰레기는 __________ 버리십시오.

05 다 본 책은 __________ 꽂아 두세요.

어휘 및 표현

대상 an object
추가 supplement
****
연주회 concert
감기에다가 몸살이 겹치다 A cold
and flu came together
사업에 실패하다
우울증 fail in business
정상 top
불다 blow
정신이 없다 very busy,
out of mind
옷걸이 hanger
코트 coat
거실 living room
상처 cut, scratch
바르다 apply
금방 shortly
제자리 the original place
꽂다 put in

01   N 말고

N	말고	~
대상	제외	목표 기타

해설

앞의 대상을 제외한 다른 대상이나 나머지를 나타낼 때 사용한다. '-이/가 아니고', '-을/를 제외하고'의 뜻이다. 주로 구어체에 사용한다. 보조사 '-도'와 '-는'과 같이 쓰여 의미가 달라지기도 한다.

  (1) 제외 ⇨ 포함: 'N 말고(도)'는 '이외에도', '-을/를 제외하고도'의 뜻이고, 뒤의 내용에는 긍정 표현(있다, 많다 등)이 온다. 그래서 앞의 대상 이외에도 다른 대상이 더 있음을 나타내어 포함의 의미를 나타낼 때 사용한다.

  (2) 제외 ⇨ 유일: 'N 말고(는)'은 '이외에는', '-을/를 제외하고는'의 뜻이고, 뒤의 내용에는 부정 표현(없다, 모르다, 안, 못 등)이 온다. 그래서 앞의 대상 이외에는 다른 대상이 없음을 나타내어 유일의 의미를 나타낼 때 사용한다. 〈유일·한정〉 242쪽 참조.

예문

- 가: 상조 씨가 테니스를 잘 친다면서요?

  나: 네. **테니스 말고도** 탁구도 잘 쳐요.

- 가: 마이클 씨, 지금 잔돈 있어요?

  나: 아니요. 지갑에 **만 원짜리 말고는** 없어요.

연습

알맞은 단어를 골라 '말고도'를 사용해서 대화를 완성하십시오.

집안일	책	중국 학생	나	전공

01 가: 보하 씨, 반에 중국 학생만 있어요?

  나: 아니요. <u>중국 학생 말고도</u> 다른 나라 학생도 있어요.

02 가: 이번 주말에 남이섬에 갈까요?

  나: 주말에는 ___________ 해야 할 일이 많아서 안 돼요.

03 가: 시험공부는 다 했어요?

나: 아니요. ___________ 공부할 게 너무 많아서 아직 다 못 했어요.

04 가: 가방이 왜 이렇게 무거워요?

나: 제 ___________ 친구 것까지 있어서 무거워요.

05 가: 은행에 사람이 많았어?

나: 응. ___________ 사람들이 많아서 시간이 좀 오래 걸렸어.

연습 '말고는' 을 사용해서 대화를 완성하십시오.

상황
1) 마이클 씨만 오고 아직 아무도 안 왔다
2) 김치찌개만 할 수 있고 다른 음식은 할 줄 모르다
3) 남편은 일만 하고 다른 것에 관심이 없다
4) 매점만 있고 다른 편의 시설이 없다
5) 책만 받고 다른 선물은 받은 게 없다

01 가: 학생들은 다 왔어요?

나: 아니요. 마이클 씨 말고는 아직 아무도 안 왔어요.

02 가: 보하 씨, 요리를 잘해요?

나: 아니요. ___________________________.

03 가: 남편과 같이 여행을 자주 가요?

나: 여행은요. ___________________________.

04 가: 여기 1층에 휴게실이 있어요?

나: 아니요. ___________________________.

05 가: 이번 생일에 뭐 받았어요?

나: ___________________________.

어휘 및 표현

대상 an object
제외 exception
목표 target
기타 the remainder
****
집안일 housework
전공 major
시간이 걸리다 take time
아무도 anybody
김치찌개 kimchi stew
매점 snack bar
편의 시설 amenities

포함

02 N-은/는 차치하고

N	–은/는 차치하고	~
대상	논외 · 제외	

해설 앞의 대상은 말하려는 화제에서 빼고 뒤의 말을 하려고 나타낼 때 사용한다. '–은/는 내버려 두고'의 뜻이다.

예문
- **환경문제는 차치하고** 먼저 실업 문제에 대한 구체적인 해결책을 마련해야 한다.
- **내 집 마련은 차치하고** 은행 대출금이라도 갚았으면 좋겠다.

연습 알맞은 단어를 골라 '–은/는 차치하고'를 사용해서 문장을 완성하십시오.

해외 수출	보너스	휴가	가격	작품성

01 이번 여름에는 <u>휴가는</u> 차치하고 주말에도 일을 해야 하는 것은 아닌지 걱정이 된다.

02 이번 영화는 ＿＿＿＿＿＿＿＿ 영화의 대중성을 높였다는 평가를 받고 있다.

03 회사 사정이 어려워서 ＿＿＿＿＿＿＿＿ 제때 월급을 받기도 힘들다.

04 ＿＿＿＿＿＿＿＿ 품질과 성능이 좋아야 세계 시장을 점유할 수 있다.

05 경제 성장을 위해서 ＿＿＿＿＿＿＿＿ 내수 시장을 활성화할 수 있는 방안을 찾아야 한다.

어휘 및 표현

대상 an object
논외 irrelevancy to the subject
제외 exception
****
환경문제 environmental problem
실업 문제 an unemployment problem
구체적인 concrete
해결책 solution
내 집을 마련하다 become a home owner
대출금 loaned money
갚다 repay
작품성 cinematic quality
대중성 popular appeal
평가 estimation
제때 on time
품질 quality
성능 performance
경제 성장 growth of economy
해외 수출 export
내수 시장 domestic market
활성화 invigoration
방안 way, measure

콕콕 찍어 주는 한국어능력시험 문제 유형

초급

※ (　　　)에 알맞은 것을 고르십시오.

1. (3점)

> 가: 마문 씨는 무슨 음식을 좋아해요?
>
> 나: 저는 비빔밥을 좋아해요. 그리고 불고기(　　　) 좋아해요.

① 도　　　　　　　② 가　　　　　　　③ 는　　　　　　　④ 만

중급

※ [1-5] 다음 (　　　)에 알맞은 것을 고르십시오.

1. (3점)

> 가: 다음 주에 고향으로 돌아가야 해.
>
> 나: 기숙사에 우리 둘만 남았는데, 너(　　　) 가면 나 혼자 어떻게 하지?

① 밖에　　　　　　② 마저　　　　　　③ 나　　　　　　④ 라도

2. (3점)

> 가: 어제 전학 온 학생 어때요?
>
> 나: 공부를 (　　　　　) 예의도 바르더라고요.

① 잘하는 반면에　　② 잘하기는커녕　　③ 잘하는 편이지만　　④ 잘할 뿐만 아니라

3. (3점)

> 가: 이번 학기 성적은 어때요?
>
> 나: (　　　　　) 결석을 많이 해서 성적이 안 좋아요.

① 점수도 점수지만　　② 점수조차도　　③ 점수는 점수대로　　④ 점수만큼은

4. (4점)

가: 콘서트 장에 가면 뭐가 좋아요?

나: 가수의 노래를 직접 (　　　　　) 멋진 공연도 볼 수 있거든요.

① 들을 수 있을 뿐　　　② 들을 수 있도록　　　③ 들을 수 있을 뿐더러　　　④ 들을 수 있다고 해도

5. (3점)

가: 요즘 국민들이 그 선수에게 관심을 많이 쏟고 있다면서요?

나: 네. (　　　　　) 모두 그 선수를 응원하고 있어요.

① 남녀노소로 인해　　　　　　　　　② 남녀노소로 말미암아

③ 남녀노소를 막론하고　　　　　　　④ 남녀노소를 무릅쓰고

※ 빈칸에 가장 알맞은 것을 고르십시오.

6. (3점)

가: 이 영화 어때요?

나: 아주 감동적이에요. ________________.

① 배우들도 연기를 잘하기는요　　　　② 배우들도 연기를 잘하겠군요

③ 배우들도 연기를 잘해야지요　　　　④ 배우들도 연기를 잘하고요

※ [7-8] 다음 중 밑줄 친 부분이 맞는 것을 고르십시오.

7. (3점)

① 요즘은 너무 바빠서 잠을 잘 시간조차 있다.

② 이 떡은 모양이 예쁜 데다가 맛까지 좋다.

③ 시험 때만큼은 열심히 공부를 하지 않아도 된다.

④ 자신의 적성에 맞는 일을 함으로써 소질을 계발하기 어렵다.

8. (3점)

① 이 행사에는 학생은 물론이고 부모님도 참여해야 한다.

② 두 사람은 싸움을 그만두기는 고사하고 그만 화해했다.

③ 부모님을 막론하고 저를 도와주신 모든 사람들에게 이 영광을 돌립니다.

④ 그 청년은 위험을 무릅쓰고 철로에 쓰러져 있는 소녀를 구하지 못했다.

9. (3점)

> 가: 한국어 선생님은 어때요?
>
> 나: 우리 선생님은 <u>재미있을 뿐만 아니라</u> 수업도 잘 가르쳐서 인기가 많아요.

① 재미있기는커녕   ② 재미있다고 해도   ③ 재미있는 데다가   ④ 재미있는 반면에

※ 밑줄 친 부분을 같은 의미로 바꾸어 쓴 것을 고르십시오.

10. (4점)

> 가: 신문을 보니까 교육에 대한 관심이 갈수록 뜨거워지고 있대요.
>
> 나: 네. <u>도시나 농촌이나 할 것 없이</u> 부모의 교육열이 아주 높은 것 같아요.

① 도시와 농촌 모두   ② 도시는커녕 농촌도

③ 농촌도 도시와 같이   ④ 도시와 농촌을 제외하고

고급

※ [1-4] 다음 (　　　)에 알맞은 것을 고르십시오.

1. (3점)

> 친구가 알려준 길로 갔는데 빨리 (　　　　　) 제시간에 도착하지도 못했다.

① 갈 뿐   ② 가기는커녕   ③ 간다기보다는   ④ 가든지 말든지

2. (3점)

> 대기업 입사시험은 경쟁률도 (　　　　　) 면접도 까다롭다.

① 높을지언정   ② 높을지라도   ③ 높기로서니   ④ 높거니와

3. (3점)

> 유럽의 (　　　　　) 세계의 많은 나라들이 오래 전에 사형 제도를 폐지했다.

① 영국을 불문하고   ② 영국은 고사하고   ③ 영국을 비롯해서   ④ 영국은 차치하고

4. (3점)

국회에서 논의되고 있는 신도시 개발은 (   ) 여야의 이해관계에 의해서 어려움을 겪고 있다.

① 실현 가능성은 차치하고

② 실현 가능성을 무릅쓰고

③ 실현 가능성이 있기로서니

④ 실현 가능성이 있거니와

※ [5-6] 다음 밑줄 친 부분과 의미가 가장 비슷한 것을 고르십시오.

5. (3점)

한국에 산 지 5년 됐는데 <u>제주도는 고사하고</u> 설악산도 못 가 봤다.

① 제주도 말고는

② 제주도라면 몰라도

③ 제주도는 제외하고

④ 제주도는커녕

6. (3점)

시험을 치르는 <u>학생을 제외하고는</u> 고사장 밖으로 모두 나가 주시기 바랍니다.

① 학생뿐만 아니라   ② 학생 말고는   ③ 학생은 물론이고   ④ 학생을 비롯해서

※ 다음 밑줄 친 부분이 틀린 것을 고르십시오.

7. (3점)

① 일본에 있는 친구에게 보냈던 편지가 <u>나에게로</u> 다시 돌아왔다.

② 설 연휴를 맞이하여 배 <u>한 개당</u> 천 원으로 할인해서 판다.

③ 동생은 내가 먹으려고 남겨둔 피자 한 <u>조각마저</u> 다 먹어 버렸다.

④ 지갑을 한참 찾았는데 알고 보니 책상 <u>서랍에다가</u> 있었다.

두 개 이상의 조사를 함께 쓸 수도 있어요

-도

(1) '-도'가 '-이/가'나 '-을/를' 뒤에 쓰이면 '-이/가'나 '-을/를'은 반드시 생략돼요.

① 제가 공부를 해요. 동생이도(×) 공부를 해요.

→ **동생도**(○)

② 피자를 먹어요. 그리고 콜라를도(×) 마셔요.

→ **콜라도**(○)

(2) '-도'는 '-하고', '-한테/에게', '-에서', '-에', '-으로', '조차', '마저' 뒤에 쓰이기도 해요.

① 마이클 씨하고 사진을 찍었어요. 그리고 **보하 씨하고도** 찍었어요.

② 부모님한테 이메일을 보내고 **친구한테도** 보냈어요.

③ 지금 한국에서 한국어를 공부해요. 예전에 **중국에서도** 공부했어요.

④ 방학에 부산에 갔어요. 그리고 **경주에도** 갔어요.

⑤ 전화로 신청할 수 있고 **인터넷으로도** 신청할 수 있어요.

⑥ 요즘 너무 바빠서 밥 먹을 **시간조차도** 없어요.

⑦ 마지막 남은 피자 한 **조각마저도** 동생이 다 먹어 버렸어요.

-만

(1) '-만'이 '-이/가'나 '-을/를' 뒤에 쓰이면 '-이/가'나 '-을/를'은 반드시 생략돼요.

① 냉장고에 먹을 것이 없어요. 물이만(×) 있어요.

→ **물만**(○)

② 아침에 시간이 없어서 우유를만(×) 마셨어요.

→ **우유만**(○)

(2) '-만'은 '-하고', '-한테/에게', '-에서', '-에', '-으로' 뒤에 쓰이기도 해요.

① 저는 **여자 친구하고만** 영화를 봐요.

② 상조 씨는 **보람 씨한테만** 선물을 사 줘요.

③ 저는 계속 **서울에서만** 살았어요. 다른 곳에서 산 적이 없어요.

④ 커피 자판기는 여기에 없어요. **1층에만** 있어요.

⑤ 수강 신청은 **인터넷으로만** 할 수 있습니다.

유일 · 한정

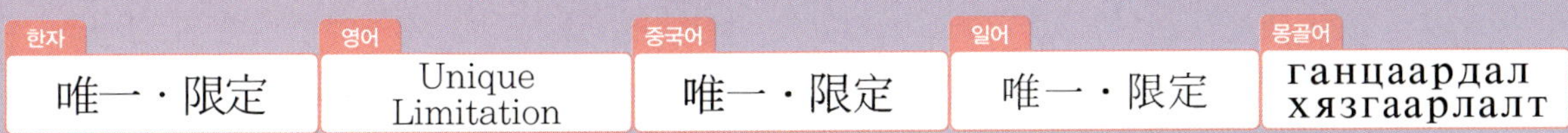

한자	영어	중국어	일어	몽골어
唯一 · 限定	Unique Limitation	唯一 · 限定	唯一 · 限定	ганцаардал хязгаарлалт

'유일'은 오직 하나밖에 없다는 것을 의미하고, '한정'은 수량이나 범위를 제한하여 정하는 것을 의미한다.

조사

- 초 N-만
- 초 N-밖에
- 중 N-뿐이다.
- 중 N-만으로는

종결어미

- 중 V/A-기만 하다.
- 중 V/A-(으)ㄹ 뿐이다.
- 고 V/A-(으)ㄹ 따름이다.

연결어미

- 고 V-(으)ㄹ 줄만 알았지

01 N-만

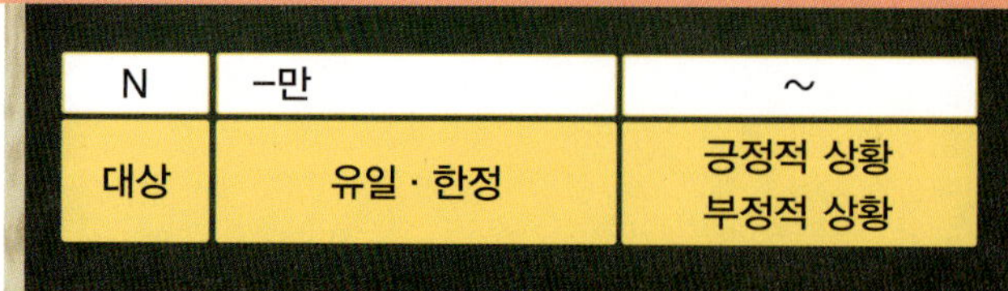

N	-만	~
대상	유일 · 한정	긍정적 상황 부정적 상황

유사 문법) N-밖에

해설 앞의 대상이 하나일 경우에는 유일함을 나타내며, 둘 이상일 경우에는 수량의 한정을 나타낸다. 뒤의 내용은 긍정적인 상황과 부정적인 상황을 모두 쓸 수 있다. 유일함을 나타낼 때에는 '오직, 다만, 단지'와 같이 쓰여 의미를 강조해 주기도 한다.

예문
- 저는 오직 **당신만** 사랑해요.
- 지갑에 카드와 신분증은 있는데 **현금만** 없어요.

연습 '-만'을 사용해서 대화를 완성하십시오.

01 가: 초급반에 어느 나라 사람이 있어요?
나: <u>중국 사람만 있어요.</u> (일본 사람× / 미국 사람× / 중국 사람○)

02 가: 무슨 과일을 좋아하세요?
나: _________________________________. (수박× / 사과× / 귤○)

03 가: 어제 저녁에 뭐 먹었어요?
나: _________________________________. (과일× / 과자× / 빵○)

04 가: 한국 음식을 다 좋아해요?
나: 아니요. ____________________________. (김치찌개○ / 비빔밥○ / 된장찌개×)

05 가: 설악산에 다 갈 수 있어요?
나: 아니요. ____________________________. (마이클○ / 보하○ / 마문×)

 '–만'을 사용해서 대화를 완성하십시오.

01 가: 연필을 몇 개 사야 해요?
　　나: 두 개만 사면 돼요. (2개)

02 가: 얼마나 기다려야 돼요?
　　나: ＿＿＿＿＿＿＿＿＿. (5분)

03 가: 몇 시까지 가야 돼요?
　　나: ＿＿＿＿＿＿＿＿＿. (6시 30분까지)

04 가: 참가비는 얼마 내면 돼요?
　　나: ＿＿＿＿＿＿＿＿＿. (3만 원)

05 가: 반찬을 좀 더 드릴까요?
　　나: ＿＿＿＿＿＿＿＿＿. (조금)

유일·한정

02 N-밖에

N	–밖에	~
대상	유일	부정적 상황

강조형) N–밖에는
유사 문법) N–만
　　　　　　N 말고(는)

해설　　앞의 대상이 유일함을 나타낼 때 사용한다. '이외에는, 말고는'의 뜻이다. 뒤에는 반드시 부정 표현인 '안, 못, 없다, 모르다' 등이 쓰인다. 그러나 '–이다'의 부정형인 '아니다'는 쓸 수 없다. '오직, 다만, 단지'와 같이 쓰여 의미를 강조해 주기도 한다.

예상보다 수량이 적다고 생각할 때 사용하기도 한다.
예) 숙제 때문에 **두 시간밖에** 못 잤다.
　　우리 반에는 남학생이 **두 명밖에** 없다.

예문　　■ 내가 할 줄 아는 음식이라고는 **라면밖에** 없다.
　　　　　　■ 가: 한국 노래를 많이 아세요?
　　　　　　　　나: 아니요. 한국 노래는 **'사랑밖에 난 몰라' 밖에** 몰라요.

연습　　알맞은 단어를 골라 '–밖에'를 사용해서 대화를 완성하십시오.

부산	김치찌개	이름	한 명	물

01　가: 된장찌개 먹어 봤어요?
　　　나: 아니요. 한국 음식은 <u>김치찌개밖에</u> 못 먹어 봤어요.

02　가: 저 사람하고 친해요?
　　　나: 아니요. 저는 __________ 몰라요.

03　가: 한국에서 어디에 가 봤어요?
　　　나: __________ 못 가 봤어요. 다른 곳도 한번 가 보고 싶어요.

04　가: 냉장고에 과일이 있어요?
　　　나: 아니요. __________ 없어요. 제가 과일을 사 올까요?

05　가: 교실에 학생이 다 왔어요?
　　　나: 아니요. __________ 안 왔어요.

어휘 및 표현
대상 an object
유일 unique
부정적 상황 negative
circumstances
****
된장찌개 doenjang stew,
bean paste stew
김치찌개 kimchi stew

〈유일·한정〉의 '-만'과 '-밖에'는 어떻게 다를까요?

'-만' 뒤에는 긍정적 상황과 부정적 상황이 모두 쓰이는 반면, '-밖에' 뒤에는 반드시 부정적 상황만 쓰인다.

문법	뒤의 내용		예문
-만	긍정	○	• 냉장고에 **물만** 있다. = 냉장고에 **물밖에** 없다.
	부정	○	• 냉장고에 **물만** 없다.
-밖에	긍정	×	• 냉장고에 **물밖에** 있다.
	부정	○	• 냉장고에 **물밖에** 없다. = 냉장고에 **물만** 있다.

확인 다음 중 맞는 것을 고르십시오.

01 가: 설악산에 다 가요?

나: 마이클(밖에, 만) 못 가고 다른 사람들은 다 가요.

02 가: 숙제가 많이 남았어요?

나: 아니요. 조금(만, 밖에) 하면 끝나요.

03 가: 새로 온 학생 전화번호를 알아요?

나: 아니요. 저는 이름(밖에, 만) 몰라요.

〈유일·한정〉의 'N-밖에'와 〈포함〉의 'N 말고(는)'은 어떻게 다를까요?

'N-밖에'와 'N 말고(는)'은 유일을 나타낸다는 점에서 바꿔 사용할 수 있지만 다음과 같은 차이점이 있다.

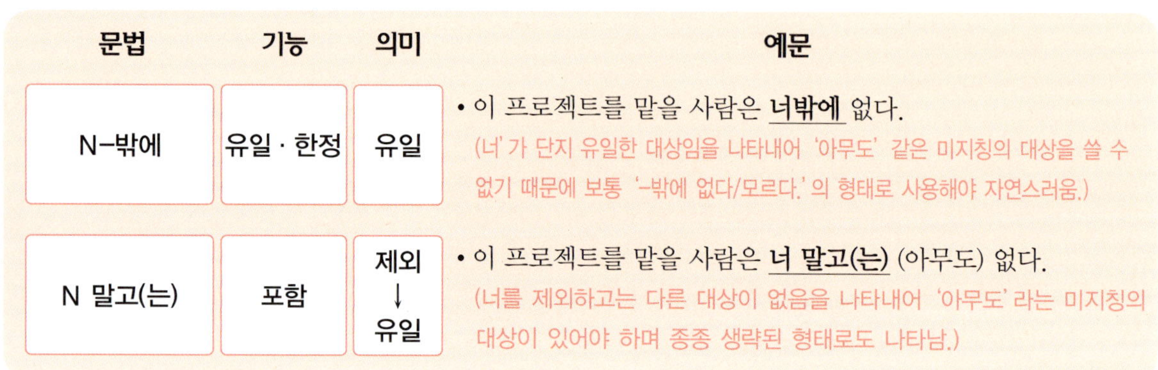

문법	기능	의미	예문
N-밖에	유일·한정	유일	• 이 프로젝트를 맡을 사람은 **너밖에** 없다. ('너'가 단지 유일한 대상임을 나타내어 '아무도' 같은 미지칭의 대상을 쓸 수 없기 때문에 보통 '-밖에 없다/모르다.'의 형태로 사용해야 자연스러움.)
N 말고(는)	포함	제외 ↓ 유일	• 이 프로젝트를 맡을 사람은 **너 말고(는)** (아무도) 없다. (너를 제외하고는 다른 대상이 없음을 나타내어 '아무도'라는 미지칭의 대상이 있어야 하며 종종 생략된 형태로도 나타남.)

확인 다음 중 맞는 것을 고르십시오.

01 나를 걱정해 주는 사람은 부모님(밖에, 말고는) 아무도 없다.

02 공사 중이라서 갈 수 있는 길이 이 길(밖에, 말고는) 없어요.

03 저는 그 사람 이름(말고는, 밖에) 아무 것도 몰라요.

03 N–뿐이다.

N	–뿐이다.
대상	유일

해설

　'N1–은/는 N2–뿐이다.' 의 형태로 쓰여 N2가 유일함을 나타내거나 한정할 때 사용한다. 'N–만 있고 다른 것은 없다' 의 뜻이다. '오직, 다만, 단지' 와 같이 쓰여 의미를 강조해 주기도 한다. '–뿐이다.' 의 부정형인 '–뿐이 아니다.' 의 형태로도 사용된다.

예문

- 내 마음을 알아주는 친구라고는 오직 **너뿐이야.**
- 제가 만들 줄 아는 음식은 **김치 볶음밥뿐입니다.**
- 한자를 사용하는 나라는 **한국뿐이 아니다.**

연습

'–뿐이다.' 를 사용해서 의미가 비슷한 문장으로 쓰십시오.

01 당신만 사랑해요.

⇨ 사랑하는 사람은 당신뿐이에요.

02 외국어 중에서 영어만 할 수 있어요.

⇨ 할 수 있는 외국어는 ＿＿＿＿＿＿＿＿.

03 숙제를 한 명밖에 안 했어요.

⇨ 숙제를 한 사람은 ＿＿＿＿＿＿＿＿.

04 지갑에 만 원짜리만 있어요.

⇨ 지갑에 ＿＿＿＿＿＿＿＿＿＿.

05 필통에 검정색 펜밖에 없어요.

⇨ 필통에 ＿＿＿＿＿＿＿＿.

유일·한정

〈유일·한정〉의 '-만', '-밖에', '-뿐이다.'는 어떻게 다를까요?

'-만' 뒤에는 긍정과 부정이 모두 쓰이는 반면, '-밖에' 뒤에는 부정만 쓰인다. '-뿐' 은 '-이다' 와 '아니다' 와만 같이 쓰여 '-뿐이다.', '-뿐이 아니다.' 로만 쓰인다.

문법	뒤의 내용	예문
-만	긍정/부정	• 저는 <u>당신만</u> 있으면 돼요. / 난 <u>너만</u> 없으면 돼.
-밖에	부정	• 저는 <u>당신밖에</u> 없어요.
-뿐이다.	-	• 저는 <u>당신뿐이에요.</u>

확인 다음 중 맞는 것을 고르십시오.

01 가: 기숙사 방에 냉장고가 있어요?
　　나: 아니요. 침대와 책상(밖에, 만, 뿐) 있어요.

02 가: 술을 잘 마셔요?
　　나: 아니요. 저는 맥주 한 잔(밖에, 만, 뿐) 못 마셔요.

03 집에 먹을 거라고는 라면(밖에, 만, 뿐)이에요.

04 N-만으로는

N	-만으로는	~
대상	유일·한정	불가능/역부족

해설 앞의 대상을 유일하거나 한정된 것으로 나타내면서 그 대상만 가지고는 불가능하거나 역부족이라고 표현할 때 사용한다. '겨우 그 정도로는', '다른 것 없이 그것만 가지고는'의 뜻이다.

예문
- 사람은 **빵만으로는** 살 수 없다.
- 가: 이 정도면 다섯 명이 먹기에 충분하겠지요?

  나: **이것만으로는** 부족할 것 같은데요.

  음식을 더 준비해야겠어요.

연습 알맞은 단어를 골라 '-만으로는'을 사용해서 대화를 완성하십시오.

실력	식사 조절	증거	성적	외모

어휘 및 표현

대상 an object
유일 unique
한정 limitation
불가능 impossibility
역부족 inadequacy
****
충분하다 sufficient
다양하다 varied
외모로 평가하다 judge by the appearance
성품 personality
식사 조절 plan a diet
범인 culprit
증거 evidence
확신하다 be sure
금메달을 따다 win a gold medal

01 가: 전공 공부를 열심히 하면 취직할 때 도움이 될까요?

  나: <u>성적만으로는</u> 취직하기 힘들어요. 외국어 실력과 다양한 경험을 쌓아야 해요.

02 가: 그 사람은 얼굴도 못생기고 키도 작아서 만나기 싫어요.

  나: ＿＿＿＿＿＿＿ 사람을 평가할 수 없어요. 그 사람의 성품이 더 중요해요.

03 가: 요즘 저녁을 안 먹는데도 살이 안 빠져요.

  나: ＿＿＿＿＿＿＿ 살을 빼기 어렵지요. 운동도 해야 해요.

04 가: 그 사람이 범인이라고 생각하십니까?

  나: 글쎄요. 이 ＿＿＿＿＿＿＿ 그 사람을 범인이라고 확신하기 어렵습니다.

05 가: 그 선수가 이번 경기에서 금메달을 딸 수 있겠지요?

  나: ＿＿＿＿＿＿＿ 부족해요. 운도 있어야 해요.

유일·한정

01 V/A−기만 하다.

V	−기만 하다.
A	−기만 하다.
행동 상태	유일

해설 동사와 결합하면 다른 것은 하지 않고 오직 그 행동만 한다는 뜻을 나타낼 때 사용한다. 그리고 형용사와 결합하면 다른 상황이나 말의 영향을 받지 않고 또는 그것과 관계없이 어떤 상태가 유지됨을 나타낼 때 사용한다. 과거의 상황인 경우 '−기만 했다.'를 사용한다.

예문
- 다른 사람들은 못 생겼다고 하지만 제가 보기에는 **예쁘기만 해요.**
- 보하 씨는 여행이 힘들었는지 돌아와서 하루 종일 **자기만 했다.**

연습 '−기만 하다.'를 사용해서 대화를 완성하십시오.

01 가: 학생들이 열심히 공부해요?

나: 아니요. 수업 시간에 공부는 하지 않고 <u>떠들기만 해요.</u> (떠들다)

02 가: 태완 씨, 어제 소개팅을 했다면서요? 뭐 했어요?

나: 만나서 밥을 ＿＿＿＿＿＿＿. (먹다)

03 가: 요즘 운전학원에 다닌다면서요? 어때요?

나: 다른 사람들은 쉽다고 하는데 저는 ＿＿＿＿＿＿＿. (어렵다)

04 가: 한국어를 처음 배웠을 때 어땠어요?

나: 그때 한국 사람이 말을 걸면 그냥 ＿＿＿＿＿＿＿. (웃다)

05 가: 어제 여의도 벚꽃 구경을 했다면서요? 어땠어요?

나: 길도 복잡하고 사람들도 많아서 ＿＿＿＿＿＿＿. (힘들다)

어휘 및 표현

행동 action
상태 state
유일 unique
****
하루 종일 all day
떠들다 make a noise
소개팅 blind date
운전학원 driving school
말을 걸다 initiate a conversation
벚꽃 구경 a picnic under the cherry blossoms

02 V/A-(으)ㄹ 뿐이다, V/A-(으)ㄹ 따름이다.

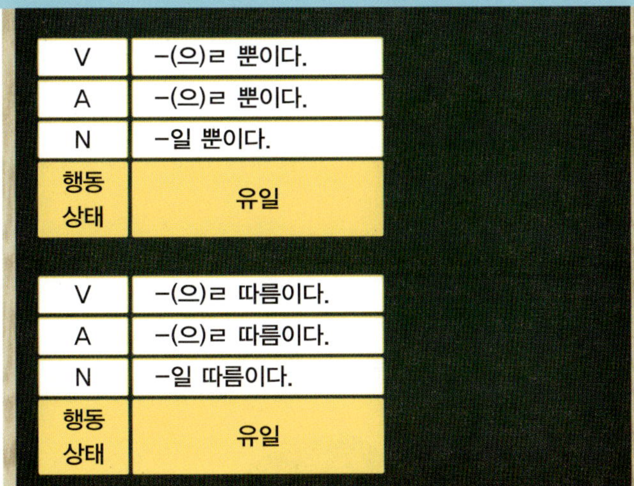

해설   앞의 행동이나 상태가 유일함을 나타내어 그 행동이나 상태를 강조하는 의미이다. '오직 그 행동이나 상태만 있다.'는 뜻이다.

- 'N-뿐이다.'의 '뿐'은 조사이기 때문에 띄어쓰기를 하지 않고, 'V/A-(으)ㄹ 뿐이다.'의 '뿐'은 의존명사이기 때문에 띄어쓰기를 한다.
- 관용적으로 상대방의 칭찬이나 감사의 표현에 대하여 겸손하게 대답할 때 사용하기도 한다.

예) 가: 도와주셔서 감사합니다.
　　나: 제가 할 일을 **했을 뿐입니다.**

예문
- 이번 일에 많은 도움을 주셔서 **고마울 뿐입니다**(=고마울 따름입니다).
- 그녀는 아무 말도 없이 눈물만 **흘릴 뿐이었다**(=흘릴 따름이었다).

연습 알맞은 단어를 골라 '-(으)ㄹ 뿐이다, -(으)ㄹ 따름이다.'를 사용해서 문장을 완성하십시오.

| 놀랍다 | 답답하다 | 웃다 | 감사하다 | 이야기이다 |

01 사용 방법을 여러 번 설명했는데도 모른다고 하니 <u>답답할 뿐이다(답답할 따름이다)</u>.

02 수업 시간에 잠만 자던 학생이 1등을 하다니 정말 __________________________.

03 바쁘신데도 저희 결혼식에 참석해 주셔서 _______________________________.

04 타임머신을 타고 과거로 갈 수 있다는 건 단지 영화에서나 볼 수 있는 ______________.

05 여자 친구와 왜 헤어졌냐고 물어 봤더니 태완이는 그냥 ___________________________.

어휘 및 표현

행동 action
상태 state
유일 unique
****
답답하다 frustrated
놀랍다 surprising
타임머신 time machine

01   V–(으)ㄹ 줄만 알았지

V	–(으)ㄹ 줄만 알았지	~
행동	한정	부정적 상황

해설   앞의 행동만 하고 뒤의 행동은 하지 않는다는 의미를 나타낼 때 사용한다. 이때에는 뒤의 행동을 하지 않는다는 것을 강조하는 의미이다.

예문
- **화를 낼 줄만 알았지** 상대방 마음을 이해하려고 하지 않는다.
- 내 동생은 방을 **어지럽힐 줄만 알았지** 정리할 줄은 모른다.

연습   다음을 연결하고 '–(으)ㄹ 줄만 알았지'를 사용해서 한 문장으로 쓰십시오.

1) 자신의 이익을 챙기다	제대로 쓸 줄은 모르다
2) 일을 시작하다	남을 배려할 줄은 모르다
3) 물건을 빌려가다	돌려줄 생각은 안 하다
4) 음식을 먹다	마무리할 줄은 모르다
5) 돈을 벌다	설거지를 할 줄은 모르다

01   자신의 이익을 챙길 줄만 알았지 남을 배려할 줄은 모른다.

02 ____.

03 ____.

04 ____.

05 ____.

어휘 및 표현

행동 action
한정 limitation
부정적 상황 negative situation
****
상대방 other
이익을 챙기다 take what really matters
배려하다 be considerate to
마무리하다 to finish
제대로 properly

유일·한정

콕콕 찍어 주는 한국어능력시험 문제 유형

초급

※ [1-2] (   )에 알맞은 것을 고르십시오.

1. (3점)

> 가: 냉장고에 우유와 주스가 있습니까?
>
> 나: 아니요. 물(   ) 있습니다.

① 에   ② 만   ③ 로   ④ 부터

2. (3점)

> 가: 보하 씨는 다른 외국어도 잘해요?
>
> 나: 아니요. 저는 한국어(   ) 할 줄 몰라요.

① 부터   ② 하고   ③ 보다   ④ 밖에

중급

※ 다음 (   )에 알맞은 것을 고르십시오.

1. (4점)

> 가: 휴일에 뭐 했어요?
>
> 나: 너무 피곤해서 하루 종일 (   ).

① 자기는요   ② 자기로 했어요   ③ 자기만 했어요   ④ 자기는 했겠어요

※ 다음 중 밑줄 친 부분이 맞는 것을 고르십시오.

2. (3점)

① 요즘 너무 바빠서 밥 먹을 <u>시간조차</u> 많다.

② 동생은 영어를 잘하고 <u>일본어까지</u> 못한다.

③ 그 사람을 만난 지 얼마 안 돼서 <u>이름밖에</u> 알아요.

④ 지금 <u>실력만으로는</u> 이번 대회에서 우승하기 어렵다.

※ 다음 (   )에 알맞은 것을 고르십시오.

1. (3점)

> 그 사람은 다른 사람에게서 도움을 (   ) 도와줄 줄은 몰라요.

① 받는다면 몰라도   ② 받기만 하다가는   ③ 받을 줄만 알았지   ④ 받으려고 하면

※ 다음 밑줄 친 부분과 의미가 가장 비슷한 것을 고르십시오.

2. (3점)

> 결혼식에 참석하기 위해 먼 길을 마다하지 않고 와 주셔서 <u>감사할 뿐입니다.</u>

① 감사할 판입니다   ② 감사할 나름입니다   ③ 감사할 작정입니다   ④ 감사할 따름입니다

한국의 화폐 속 인물

신사임당은 글과 그림 솜씨가 뛰어난 조선 시대의 유명한 여류 문인이자 화가이다. 부모에게 효도하고 지조가 높았으며 자녀 교육에도 남다른 노력을 기울여 현모양처의 모범이 되고 있다. 율곡 이이의 어머니이기도 하다.

세종대왕은 한글을 만든 조선 시대의 왕이다. 여러 가지 책을 만들어 역사와 학문 연구에 공헌했으며, 과학기구를 만들어 사람들이 편하게 살 수 있도록 했다. 정치, 경제, 문화, 과학 등 모든 면에서 훌륭한 업적을 많이 남겼다.

율곡 이이는 조선 시대의 학자이자 정치가이다. 어려서부터 부모를 섬기는 마음이 지극했고 형제 사이의 우애도 깊었다. 어려운 백성들을 돕고 어지러운 사회를 바로잡기 위해 노력했다. 신사임당의 아들이기도 하다.

퇴계 이황은 조선 시대의 학자이자 정치가이다. 성품이 높고 행실이 발랐으며 벼슬에 욕심을 부리지 않았기 때문에 많은 학자와 백성들에게서 존경을 받았다. 성리학이라는 학문을 연구했으며 학문과 교육에 힘쓰고 수많은 제자를 길러냈다.

충무공 이순신은 임진왜란 때 거북선을 만들어 일본군과의 싸움에서 큰 공을 세운 장군이다. 자신에게는 매우 엄격하고 부모에게는 효심이 지극했다. 부하들을 통솔하는 지도력과 뛰어난 전술로, 일본군과의 해전에서 이겨 나라를 구했다.

능력

'능력'은 어떠한 일을 해낼 수 있는 힘을 의미한다. 능력 표현에는
어떠한 일을 해낼 힘이 없는 무능력까지 포함한다.

종결어미

- 초 V-(으)ㄹ 수 있다/없다. ①
- 초 V-(으)ㄹ 줄 알다/모르다.

01 V–(으)ㄹ 수 있다/없다. ①

V	–(으)ㄹ 수 있다/없다.
행동	능력/무능력

유사 문법) V–(으)ㄹ 줄 알다/모르다.

해설   능력이 있는지 없는지를 나타낼 때 사용한다. '–(으)ㄹ 수 있다.'는 어떠한 일에 대한 능력이 있음을 나타내며, '–(으)ㄹ 수 없다.'는 능력이 없음을 나타낸다.

예문
- 보람 씨는 바이올린을 **켤 수 없어요.**
- 마이클 씨는 한국 신문을 **읽을 수 있어요.**

연습   표를 보고 '–(으)ㄹ 수 있다/없다.'를 사용해서 대화를 완성하십시오.

	스키	피아노	한국 음식	운전	한국 노래
보람	×	○	○	×	○

01 가: 보람 씨는 스키를 탈 수 있어요?
　　나: 아니요. 탈 수 없어요.

02 가: ______________________________?
　　나: ______________________________.

03 가: ______________________________?
　　나: ______________________________.

04 가: ______________________________?
　　나: ______________________________.

05 가: ______________________________?
　　나: ______________________________.

어휘 및 표현
행동 action
능력 ability
무능력 inability
****
바이올린을 켜다 play the violin

비교 1   〈능력〉의 '–(으)ㄹ 수 있다/없다. ①'과 〈가능〉의 '–(으)ㄹ 수 있다/없다. ②'는 어떻게 다를까요?

〈가능〉 263쪽 참조.

02 V-(으)ㄹ 줄 알다/모르다.

V	-(으)ㄹ 줄 알다/모르다.
행동	방법○ ⇨ 능력
	방법✕ ⇨ 무능력

유사 문법) V-(으)ㄹ 수 있다/없다.

해설   방법을 아는지 모르는지, 능력이 있는지 없는지를 나타낼 때 사용한다. '-(으)ㄹ 줄 알다.'는 어떠한 일에 대하여 방법을 알고 능력이 있음을 나타내고, '-(으)ㄹ 줄 모르다.'는 방법도 모르고 능력도 없음을 나타낸다.

예문
- 한국어로 문자 메시지를 **보낼 줄 알아요.**
- 저는 비빔밥을 **만들 줄 몰라요.**

연습   알맞은 단어를 골라 '-(으)ㄹ 줄 알다/모르다.'를 사용해서 대화를 완성하십시오.

수영하다	부르다	사용하다	담그다	추다

01 가: 우리 이번 주말에 같이 수영장에 가요.
　　나: 저는 <u>수영할 줄 몰라요.</u> 좀 가르쳐 주세요.

02 가: 김치를 먹고 싶어요. 그런데 김치를 ＿＿＿＿＿＿＿＿.
　　나: 저녁에 우리 집으로 오세요. 제가 좀 드릴게요.

03 가: 무슨 춤을 ＿＿＿＿＿＿＿＿?
　　나: 디스코하고 살사 댄스요.

04 가: 제제 씨는 한국 노래를 ＿＿＿＿＿＿＿＿?
　　나: 네. 부를 줄 알지만 잘 못 불러요.

05 가: 이 복사기를 ＿＿＿＿＿＿＿＿?
　　나: 네. 제가 가르쳐 드릴게요.

어휘 및 표현

행동 action
방법 method
능력 ability
무능력 inability
****
문자 메시지 text message
비빔밥 bibimbap
김치를 담그다 make kimchi
디스코 disco
살사 댄스 salsa
복사기 copy machine

능력

'-(으)ㄹ 수 있다/없다.'와 '-(으)ㄹ 줄 알다/모르다.'는 어떻게 다를까요?

1 〈능력〉의 '-(으)ㄹ 수 있다/없다.'와 '-(으)ㄹ 줄 알다/모르다.'는 바꿔 쓸 수 있다.

문법	능력	예문
-(으)ㄹ 수 있다/없다. ①	능력/무능력	• 저는 <u>운전할 수 있어요.</u> = 저는 <u>운전할 줄 알아요.</u>
-(으)ㄹ 줄 알다/모르다.	방법○ ⇨ 능력 방법× ⇨ 무능력	• 저는 <u>운전할 수 없어요.</u> = 저는 <u>운전할 줄 몰라요.</u>

2 〈가능〉의 '-(으)ㄹ 수 있다/없다.'는 〈능력〉의 '-(으)ㄹ 줄 알다/모르다.'와 바꿔 쓸 수 없다.

문법	가능	예문
-(으)ㄹ 수 있다/없다. ②	○	• 이번 주말에 등산을 <u>갈 수 있어요.</u> • 술을 마시면 <u>운전할 수 없어요.</u>
-(으)ㄹ 줄 알다/모르다.	×	• 이번 주말에 등산을 <u>갈 줄 알아요.</u> • 술을 마시면 <u>운전할 줄 몰라요.</u>

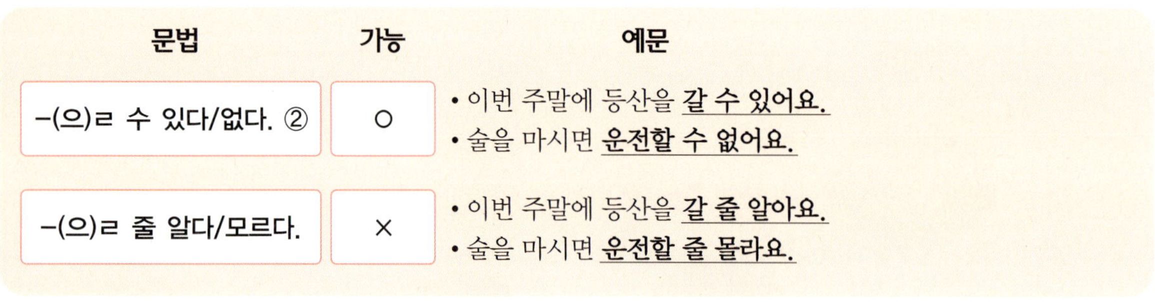

확인 다음 중 맞는 것을 고르십시오.

01 지금은 감기에 걸려서 술을 (마실 수 없어요, 마실 줄 몰라요).

02 저는 테니스를 (칠 줄 알지만, 칠 수 있지만) 지금은 팔이 아파서 못 쳐요.

03 이번 문화 체험에 (갈 수 없어요, 갈 줄 몰라요).

초급

※ (   )에 알맞은 것을 고르십시오.

1. (3점)

> 가: 보하 씨, 한자를 (   )?
>
> 나: 아니요. 못 읽어요.

① 못 읽어요　　　　② 읽어 줄까요　　　　③ 읽을 줄 몰라요　　　　④ 읽을 수 있어요

※ 빈칸에 알맞은 것을 고르십시오.

2. (3점)

> 가: 운전을 ______________?
>
> 나: 아니요. 지금 배우고 있어요.

① 할 줄 알아요　　　　② 할 줄 몰라요　　　　③ 하고 있어요　　　　④ 했어요

※ 밑줄 친 부분에 알맞은 것을 고르십시오.

3. (3점)

> 　저는 한 달 전에 한국에 왔습니다. 지금은 한국어를 ____________. 그래서 한국 식당에 가면 음식을 주문하는 것이 너무 어렵습니다.

① 잘했을 겁니다　　　　　　　　② 잘할 줄 모릅니다

③ 잘한 것 같습니다　　　　　　　④ 잘한 적이 있습니다

능력

할 수 있어요? 할 수 없어요?

운동

하다	치다	타다

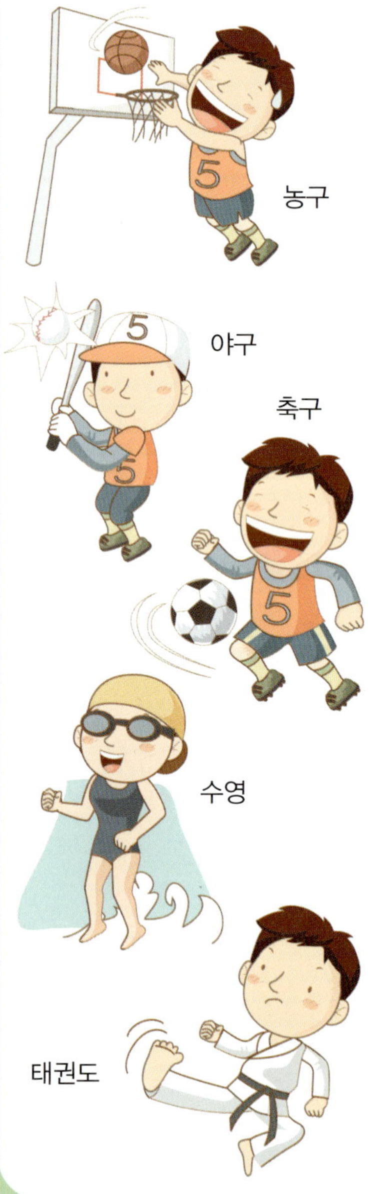

농구

야구

축구

수영

태권도

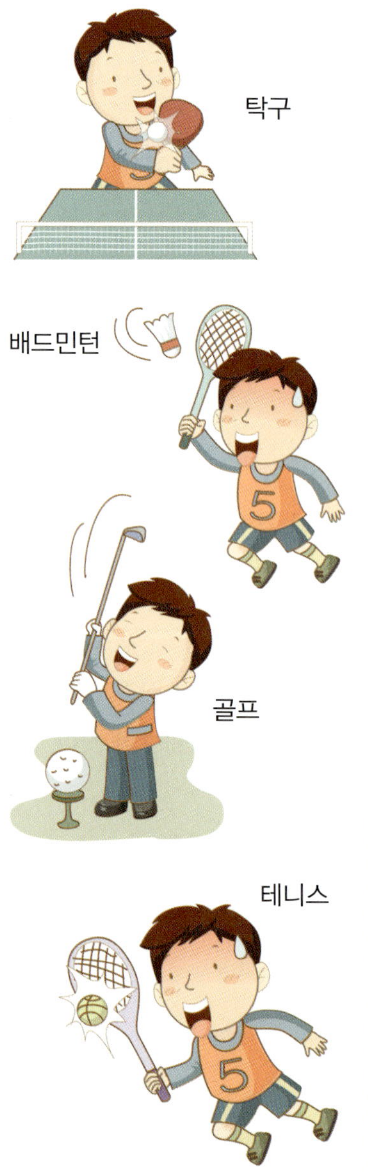

탁구

배드민턴

골프

테니스

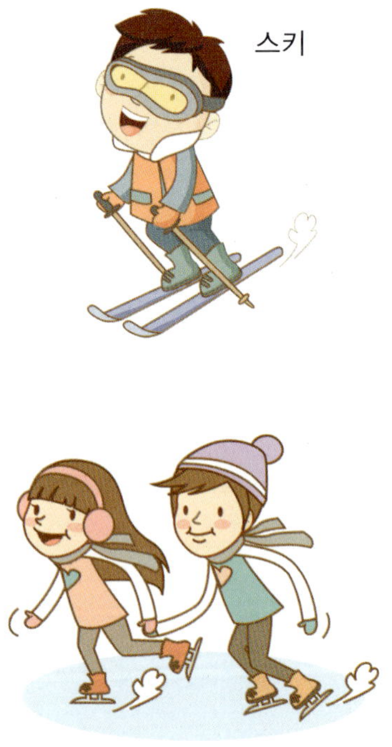

스키

스케이트

악기

치다	켜다	불다

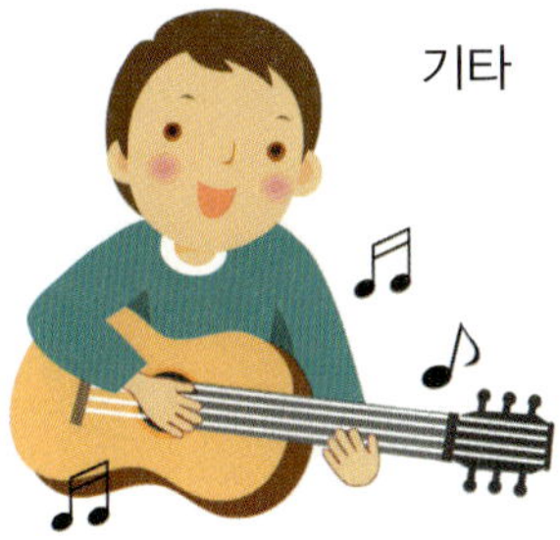

기타

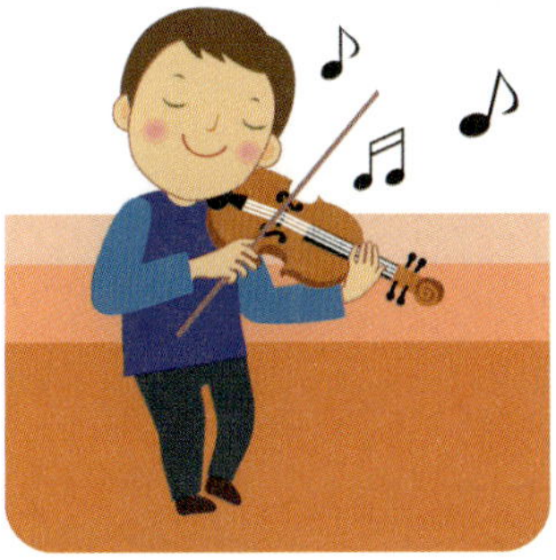

바이올린

플루트

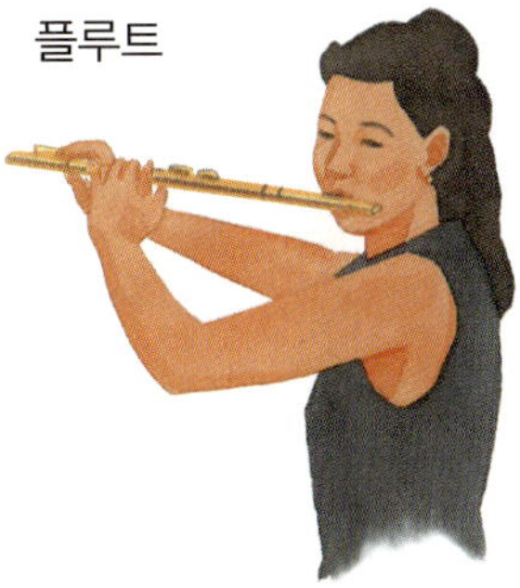

드럼

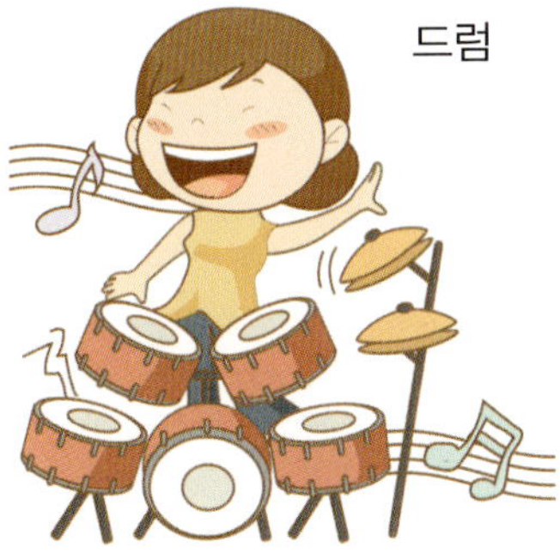

색소폰

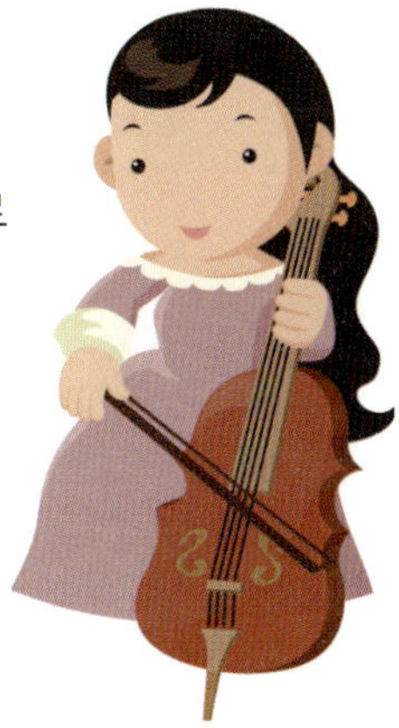

첼로

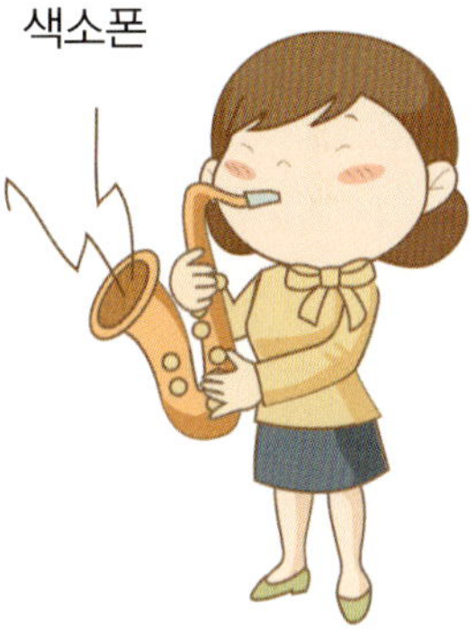

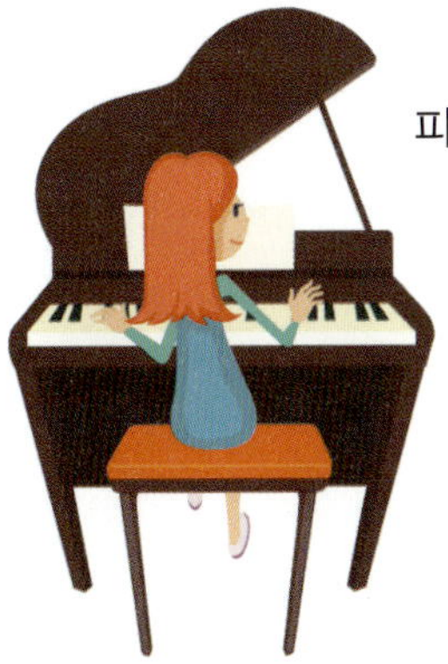

피아노

가능

'가능'은 할 수 있거나 될 수 있다는 의미이다. 가능 표현에는
할 수 없거나 될 수 없다는 불가능까지 포함한다.

종결어미

- 초 V-(으)ㄹ 수 있다/없다. ②
- 중 V-(으)ㄹ 수가 있어야지요.
- 중 도저히 V-(으)ㄹ 수 없다.
- 중 V-(으)ㄹ 수조차 없다.
- 중 V₁-(으)려야 V₁-(으)ㄹ 수가 없다.
- 중 V-(으)ㄹ 만하다. ②

01 V-(으)ㄹ 수 있다/없다. ②

V	-(으)ㄹ 수 있다/없다.
행동	가능/불가능

원형) V-(으)ㄹ 수가 있다/없다.

해설

어떠한 행동을 하는 것이 가능한지 불가능한지를 나타낼 때 사용한다. '-(으)ㄹ 수 있다.'는 어떠한 일에 대해 가능성이 있음을 나타내며, '-(으)ㄹ 수 없다.'는 가능성이 없음을 나타낸다.

예문

- 가: 주말에 같이 **등산갈 수 있어요?**
  나: 네. **갈 수 있어요.**
- 가: 지금 **운전할 수 있어요?**
  나: 아니요. 술을 마셔서 **운전할 수 없어요.**

연습

알맞은 단어를 골라 '-(으)ㄹ 수 있다/없다.'를 사용해서 대화를 완성하십시오.

가다	읽다	만들다	듣다	보다

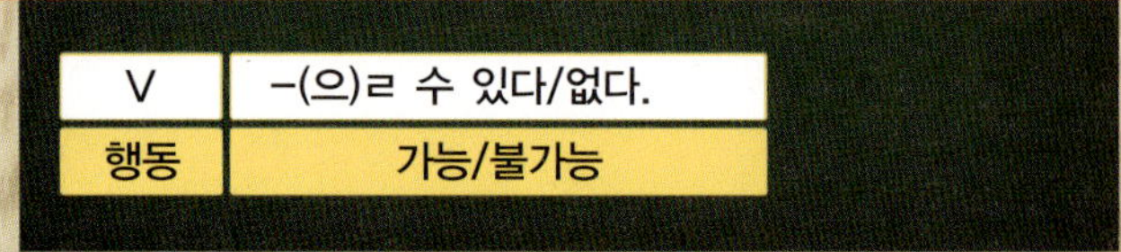

01 가: 이번 주 토요일에 같이 등산 가요.
나: 미안해요. 일이 있어서 <u>갈 수 없어요.</u>

02 가: 주말에 같이 영화를 _______________?
나: 네. 좋아요.

03 가: 눈이 아파서 책을 _______________.
나: 그럼, 병원에 가 보세요.

04 가: 저녁에 김치 볶음밥을 만들어 먹는 게 어때요?
나: 재료가 없어서 김치 볶음밥을 _______________.

05 가: 수업 시간에 음악을 들어도 돼요?
나: 아니요. 수업 시간에는 음악을 _______________.

어휘 및 표현

행동 action
가능 possibility
불가능 impossibility
****
김치 볶음밥 kimchi fried rice

〈가능〉의 '-(으)ㄹ 수 있다/없다. ②'와 〈능력〉의 '-(으)ㄹ 수 있다/없다. ①' 은 어떻게 다를까요?

문법	기능	예문
-(으)ㄹ 수 있다/없다. ②	가능	• 내일 김치를 <u>담글 수 있어요.</u> • 내일 약속이 있어서 김치를 <u>담글 수 없어요.</u>
-(으)ㄹ 수 있다/없다. ①	능력	• 저는 김치를 <u>담글 수 있어요.</u> • 저는 김치를 <u>담글 수 없어요.</u>

02 V-(으)ㄹ 수가 있어야지요.

V	-(으)ㄹ 수가 있어야지요.
행동	불가능

해설 어떠한 행동을 하는 것이 불가능함을 나타낼 때 사용한다. '-(으)ㄹ 수 없다.'의 강조의 뜻이다. '-(으)ㄹ 수가 없어야지요.'의 형태는 사용할 수 없다.

예문
- 가: 어제 노래방에서 왜 노래를 안 불렀어요?
  나: 목이 아파서 **부를 수가 있어야지요.**
- 가: 산 정상까지 올라갔다 왔어요?
  나: 아니요. 힘들어서 정상까지 **올라갈 수가 있어야지요.**

연습 '-(으)ㄹ 수가 있어야지요.'를 사용해서 대화를 완성하십시오.

상황
1) 방 친구가 밤늦게까지 전화 통화를 해서 못 잤다
2) 음식이 매워서 못 먹었다
3) 친구의 말에 기분이 나빠서 참을 수 없었다
4) 퇴근 시간이라서 택시를 잡을 수 없었다
5) 빨리 말해서 알아들을 수 없었다

01 가: 왜 이렇게 피곤해 보여요?
　　나: 방 친구가 밤늦게까지 전화 통화를 해서 잘 수가 있어야지요.

02 가: 왜 이렇게 많이 남겼어요?
　　나: 음식이 매워서 _____________.

03 가: 친구하고 또 싸웠어요?
　　나: 친구의 말에 기분이 나빠서 _______________.

04 가: 왜 이렇게 늦게 왔어요?
　　나: 퇴근 시간이라서 택시를 _______________.

05 가: 마이클 씨, 저 사람이 뭐라고 했어요?
　　나: 잘 못 들었어요. 빨리 말해서 _______________.

어휘 및 표현
행동 action
불가능 impossibility
****
정상 top
참다 suppress
택시를 잡다 get a taxi
알아듣다 make out

가능

03 도저히 V-(으)ㄹ 수 없다.

도저히	V	-(으)ㄹ 수 없다.
	행동	불가능

해설 앞의 행동을 아무리 하려고 해도 이루어지지 않는 불가능한 상황을 나타낼 때 사용한다. '도저히 -지 못하다.', '도저히 -이/가 안 되다.' 의 형태로도 많이 사용된다.

예문
- 가: 왜 이렇게 음식을 많이 남겼어요?
  나: 음식이 너무 짜서 **도저히 먹을 수 없어요.**
- 가: 오늘 저녁 모임에 나올 수 있어요?
  나: 미안해요. 처리할 일이 많아서 **도저히 시간이 안 돼요.**

연습 알맞은 단어를 골라 '도저히 -(으)ㄹ 수 없다.' 를 사용해서 대화를 완성하십시오.

입다	가다	이해하다	살다	믿다

01 가: 다음 주에 김 선생님 결혼식에 갈 거지요?
나: 저도 가고 싶은데 시간이 없어서 <u>도저히 갈 수 없어요.</u>

02 가: 조금 전에 상조 씨가 화를 내면서 나가던데 무슨 일 있어요?
나: 잘 모르겠어요. 그 사람이 나한테 왜 화를 냈는지 ________________.

03 가: 요즘에 왜 그 치마를 안 입어요?
나: 살이 쪄서 ________________.

04 가: 그 친구 소식 들었어요?
나: 네. 그렇게 건강하던 사람이 암에 걸렸다니 ____________.

05 가: 다음 학기에도 친구하고 같이 살 거예요?
나: 아니요. 성격이 안 맞아서 ____________.

어휘 및 표현
행동 condition
불가능 impossibility
****
도저히 at all
처리하다 dispose of
시간이 안 되다 have very little time to call one's own
살이 찌다 gain weight
암에 걸리다 get cancer
믿다 believe

04 V-(으)ㄹ 수조차 없다.

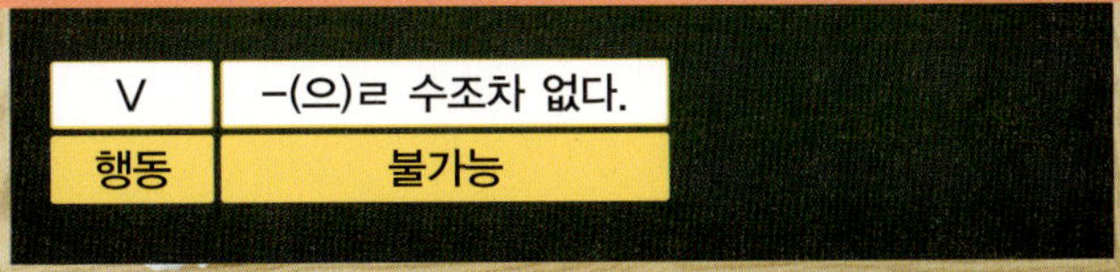

V	-(으)ㄹ 수조차 없다.
행동	불가능

해설   가장 기본적인 행동을 하지 못하는 불가능한 상황을 나타낼 때 사용한다.

예문
- 가: 옆집에서 피아노 연습을 하나 봐요.
  나: 그러게 말이에요. 너무 시끄러워서 잠을 **잘 수조차 없어요.**
- 가: 아버지 생신인데 전화 드렸어요?
  나: 너무 바빠서 **전화할 수조차 없었어요.**

연습   '-(으)ㄹ 수조차 없다.'를 사용해서 대화를 완성하십시오.

01   가: 감기에 걸렸다고 들었는데 괜찮아요?
     나: 아니요. 아직도 목이 아파서 <u>약을 먹을 수조차 없어요.</u> (먹다)

02   가: 요즘 일이 많지요?
     나: 네. 너무 많아서 주말에 ________________. (쉬다)

03   가: 어제 교통사고가 났다면서요?
     나: 네. 허리를 다쳐서 ________________. (걷다)

04   가: 여행은 잘 다녀왔어요?
     나: 잘 다녀오기는요. 여권을 잃어버려서 비행기를 ________________. (타다)

05   가: 5년 동안 키우던 강아지가 죽었다면서요?
     나: 네. 너무 슬퍼서 ________________. (울다)

어휘 및 표현

기본 행동 a basic condition
불가능 impossibility
****
시끄럽다 noisy
생신 a birthday
잃어버리다 lose
키우다 bring up

가능

267

05　V₁-(으)려야 V₁-(으)ㄹ 수가 없다.

V₁	-(으)려야	V₁	-(으)ㄹ 수가 없다.
행동	의도	행동	불가능

해설　어떠한 의도를 가지고 행동하려고 해도 결국 그렇게 할 수 없는 불가능한 상황을 나타낼 때 사용한다.

 일상 회화에서 자주 '-(으)ㄹ래야' 라고 잘못 쓰이는 경우가 있다.

예문
- 그 사람은 거짓말을 밥 먹듯이 해서 **믿으려야 믿을 수가 없다.**
- 가: 건강을 위해서 술을 끊는 게 좋을 것 같아요.
  나: 저도 그렇고 싶은데 인간관계 때문에 **끊으려야 끊을 수가 없어요.**

연습　'-(으)려야 -(으)ㄹ 수가 없다.'를 사용해서 대화를 완성하십시오.

어휘 및 표현
행동 action
의도 intention
불가능 impossibility
****
믿다 trust
술을 끊다 give up drinking
인간관계 relationship
잊다 forget
승무원 flight attendant
도전하다 challenge
포기하다 give up
배터리 battery
재료가 떨어지다 run out of ingredient

01 가: 왜 버스를 안 타고 서 있어요?
　　나: 사람이 너무 많아서 버스를 <u>타려야 탈 수가 없어요.</u> (타다)

02 가: 지금은 힘들어도 시간이 지나면 나아질 거예요.
　　나: 너무 사랑했던 사람이라서 ＿＿＿＿＿＿＿＿＿＿＿＿＿. (잊다)

03 가: 승무원 시험에 다시 도전할 거예요?
　　나: 네. 어렸을 때부터 하고 싶던 일이라서 ＿＿＿＿＿＿＿＿＿＿＿＿＿. (포기하다)

04 가: 우리 저 나무 앞에서 사진을 찍을까요?
　　나: 배터리가 없어서 사진을 ＿＿＿＿＿＿＿＿＿＿＿＿＿. (찍다)

05 가: 음식이 좀 부족할 것 같은데 더 만들어야 하지 않을까?
　　나: 재료가 다 떨어져서 더 ＿＿＿＿＿＿＿＿＿＿＿＿＿. (만들다)

06 V-(으)ㄹ 만하다. ②

V	-(으)ㄹ 만하다.
행동	가능

해설 어떠한 행동을 하는 것이 가능하거나 어떠한 일이 일어날 만한 가능성이 충분히 있었음을 표현할 때 사용한다. 보통 '-(으)ㄹ 만하다.' 앞에는 '-이/가'가 쓰인다.

예문
- 8년 된 세탁기지만 아직 **쓸 만해요.**
- 가: 오늘 춥지 않아요?
  나: 네. 어제보다 조금 춥지만 **참을 만해요.**
- 가: 상조 씨가 쓰러졌다면서요?
  나: 저도 들었어요. 그렇게 열심히 일만 하더니 **쓰러질 만해요.**

연습 알맞은 단어를 골라 '-(으)ㄹ 만하다.'를 사용해서 대화를 완성하십시오.

신다	읽다	입다	들다	타다

01 가: 이 옷을 버려도 돼요?
　　나: 아니요. 유행이 지나긴 했지만 아직 입을 만해요.

02 가: 올해에는 자동차를 바꿔야 할 것 같아요.
　　나: 좀 오래 되긴 했지만 아직 ＿＿＿＿＿＿＿＿＿＿.

03 가: 이 구두가 너무 낡았네요. 한 켤레 사는 게 어때요?
　　나: 낡기는요. 수선하면 더 ＿＿＿＿＿＿＿＿＿＿.

04 가: 가방을 들어 드릴까요?
　　나: 괜찮아요. 무겁지 않아서 혼자 ＿＿＿＿＿＿＿＿.

05 가: 한국 신문 읽을 수 있어요?
　　나: 네. 단어가 좀 어렵지만 ＿＿＿＿＿＿＿＿.

어휘 및 표현
행동 action
가능 possibility
****
쓰러지다 collapse
유행이 지나다 be old hat
낡다 shabby
수선하다 mend

가능

〈가능〉의 '-(으)ㄹ 만하다. ②'와 〈판단〉의 '-(으)ㄹ 만하다. ①'은 어떻게 다를까요?

〈가능〉의 '-(으)ㄹ 만하다.'와 〈판단〉의 '-(으)ㄹ 만하다.'는 화자의 심리적인 태도에 따라 다음과 같은 차이가 있다.

문법	기능	예문
-(으)ㄹ 만하다. ②	가능	• 가: 매운 음식을 잘 못 먹는다고 들었는데, 불닭 맛이 어때요? 나: 맵지만 **먹을 만해요.** (맵지만 먹는 것이 가능함.)
-(으)ㄹ 만하다. ①	판단	• 가: 제주도에서 유명한 음식이 뭐예요? 나: 제주도 흑돼지가 **먹을 만해요.** (흑돼지 요리를 먹어 보는 것을 가치 있는 것으로 판단함.)

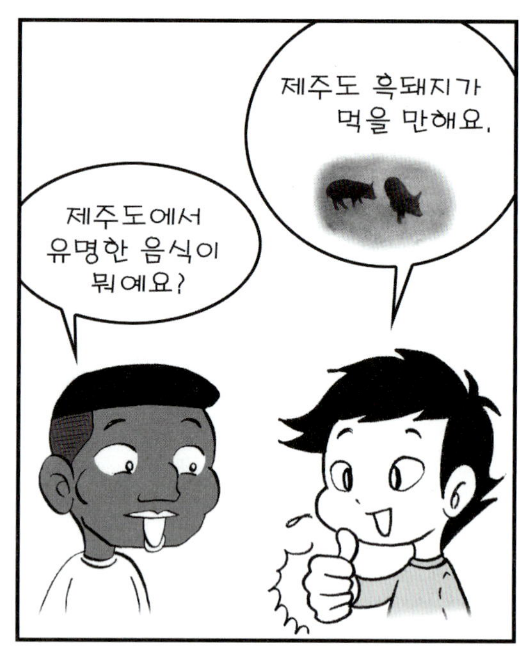

초급

※ (   )에 알맞은 것을 고르십시오.

1. (3점)

> 가: 오늘 수업이 끝난 후에 (   )?
>
> 나: 미안해요. 감기에 걸려서 오후에 병원에 가야 돼요.

① 농구했어요　　　② 농구했지요　　　③ 농구할 것 같아요　　④ 농구할 수 있어요

중급

※ [1-2] 다음 (   )에 알맞은 것을 고르십시오.

1. (3점)

> 가: 상조 씨와 보람 씨가 싸웠다면서요?
>
> 나: 네. 저도 들었는데 그 상황에서는 보람 씨가 (   ).

① 화낼까 싶어요　　② 화낼 수조차 없어요　③ 화낼 뻔했어요　　④ 화낼 만해요

2. (3점)

> 가: 태완 씨에게 그 일에 대해서 솔직하게 말했어요?
>
> 나: 네. 태완 씨가 눈치가 빨라서 더 이상 (   ) 속일 수가 없었어요.

① 속여도　　　　　② 속이려야　　　　③ 속이기에　　　　④ 속였는데도

※ 다음 밑줄 친 부분과 바꾸어 쓸 수 있는 것을 고르십시오.

3. (3점)

> 가: 왜 기다리지 않고 먼저 밥을 먹었어요?
>
> 나: 너무 배가 고파서 <u>참을 수가 있어야지요.</u>

① 참았어야지요　　② 참기는 틀렸어요　③ 참을걸 그랬어요　④ 참을 수 없었어요

※ 다음 중 밑줄 친 부분이 맞는 것을 고르십시오.

4. (3점)

① 10년 만에 <u>드디어</u> 내 집을 마련하지 못했다.

② 이 방법은 한국어 공부에 <u>별로</u> 도움이 된다.

③ 아무리 생각해도 그 일은 <u>도저히</u> 이해가 안 된다.

④ 다이어트 중인데 <u>오히려</u> 살이 빠졌다.

※ 밑줄 친 부분을 같은 의미로 바꾸어 쓴 것을 고르십시오.

5. (4점)

가: 동생이 교통사고 났다는 소식을 듣고 많이 놀랐지요?

나: 네. 그때는 너무 <u>놀라서 울 수조차 없었어요.</u>

① 눈물이 안 나올 만큼 놀랐어요　　② 눈물이 나올 뿐 놀라지 않았어요

③ 놀라서 눈물밖에 안 나왔어요　　④ 놀라서 눈물만 안 나왔어요

불가능은 없다

호주에서 태어난 닉 부이치치(Nicholas James Vujicic, 27)는 머리와 몸, 그리고 작은 왼발과 발가락 두 개가 신체의 전부이다. 선천적 장애를 가지고 태어난 닉은 어렸을 때부터 자신은 남과 다르다는 사실을 받아들이고 다른 사람들과 함께 살아가는 법을 배우기 시작했다. 닉은 먼저 혼자 일어서는 것부터 연습했다. 팔다리가 없는 그가 혼자 일어서는 것은 불가능한 것처럼 보였다. 닉은 수없이 넘어졌고 그때마다 다시 일어서려고 했다. 그런 과정 끝에 그는 많은 시간이 걸리더라도 포기하지 않으면 언젠가는 원하는 것을 이룰 수 있다는 것을 깨닫게 됐다. 닉은 혼자 식사하는 것부터 컴퓨터, 수영까지 자신이 혼자 할 수 없을 거라고 생각했던 것에 도전했고 이를 극복하면서 신체의 장애는 큰 문제가 되지 않는 것을 알게 됐다. 닉은 자신이 이렇게 장애를 극복할 수 있기까지 부모님의 사랑과 칭찬이 가장 큰 힘이 됐다고 했다.

현재 닉은 미국에서 사회복지단체를 설립하고 전 세계를 다니며 어려운 환경에 처한 사람들에게 꿈과 희망을 나눠 주고 있다. 긍정적인 생각으로 자신의 장애를 극복해 낸 닉에게는 포기도 불가능도 없다.

정답

V/A-아/어야 하다/되다.   2쪽

연습

1) 있어야 해요/돼요.

2) 끝내야 해야/돼요.

3) 예매해야 해요/돼요.

4) 타야 해요/돼요.

5) 친절해야 해요/돼요.

V/A-지 않으면 안 되다.   4쪽

연습

1) 타지 않으면 안 돼요.

2) 가지 않으면 안 돼요.

3) 먹지 않으면 안 돼요.

4) 고치지 않으면 안 돼요.

5) 넓지 않으면 안 돼요.

V-아/어야지요.   6쪽

연습

1.

1) 들어가야지요.

2) 운동해야지요.

3) 쉬어야지요.

4) 지켜야지요.

5) 사귀어야지요.

2.

1) 연락했어야지요.

2) 먹었어야지요(드셨어야지요).

3) 탔어야지요.

4) 모았어야지요.

5) 조심했어야지요.

V/A-(으)ㄴ/는 법이다.   8쪽

연습

1) 죄를 지으면 벌을 받는 법이에요.

2) 팔은 안으로 굽는 법이에요.

3) 세상에 공짜는 없는 법이에요.

4) 등잔 밑이 어두운 법이에요.

5) 원숭이도 나무에서 떨어지는 법이에요.

V/A-기 마련이다. = -게 마련이다.   10쪽

연습

1) 늙기 마련이에요(늙게 마련이에요).

2) 실수하기 마련이에요(실수하게 마련이에요).

3) 줄기 마련이에요(줄게 마련이에요).

4) 얻기 마련이에요(얻게 마련이에요)

5) 잊혀지기 마련이에요(잊혀지게 마련이에요).

당위 -한국어능력시험-   13쪽

〈초급〉

1. ①

〈중급〉

1. ④   2. ③

〈고급〉

1. ②   2. ①

V/A-(으)ㄴ/는데 ①   18쪽

연습

1) 형은 키가 큰데 동생은 키가 작아요.

2) 우리 집은 학교에서 가까운데 친구 집은 학교에서 멀

어요.

3) 보하 씨는 기숙사에 사는데 아놀드 씨는 하숙집에 살아요.

4) 마이클 씨는 학생인데 상조 씨는 회사원이에요.

5) 여자 친구가 어제는 치마를 입었는데 오늘은 바지를 입었어요.

V/A-지만　20쪽

연습

1) 운동화는 편하지만 구두는 불편해요.

2) 한국어 공부가 어렵지만 재미있어요.

3) 저는 커피를 좋아하지만 보하 씨는 녹차를 좋아해요.

4) 언니는 머리가 길지만 동생은 머리가 짧아요.

5) 어렸을 때는 뚱뚱했지만 지금은 날씬해요.

V/A-(스)ㅂ니다만　21쪽

연습

1) 물건은 좋습니다만 값이 너무 비쌉니다.

2) 이 집은 거실은 큽니다만 방은 작습니다.

3) 외국에서 혼자 삽니다만 외롭지 않습니다.

4) 지난 시간에 배운 내용입니다만 잘 모르겠습니다.

5) 집으로 여러 번 찾아갔습니다만 얼굴조차 볼 수 없었습니다.

V/A-(으)나　22쪽

연습

1) 인스턴트 음식은 간단하게 먹을 수 있으나 건강에 해롭다.

2) 그 나라는 면적은 넓으나 인구는 적은 편이다.

3) 그 정책이 마음에 들지 않으나 일단 믿고 따르기로 하였다.

4) 김 대리는 일을 시작할 때는 적극적이나 끝마무리를 잘 못한다.

5) 전국 피아노 대회에 참여했으나 좋은 성적을 거두지 못했다.

V-고도　23쪽

연습

1) 대학원을 졸업하고도 취직을 못 하는 사람들이 많다.

2) 약속 시간에 늦고도 사과하지 않는다.

3) 밥을 많이 먹고도 간식을 또 먹는다.

4) 이메일을 받고도 답장을 보내지 못했다.

5) 발표 연습을 여러 번 하고도 실수를 많이 했다.

V/A-(으)면서 ①　24쪽

연습

1) 그 사람을 좋아하면서 싫어하는 척했다.

2) 이 구두는 굽이 높으면서 발이 편하다.

3) 전화번호를 알면서 가르쳐 주지 않았다.

4) 마문 씨는 학생이면서 공부를 안 한다.

5) 음식이 맛이 없었으면서 맛있다고 했다.

V/A-(으)ㄴ/는 반면에, V/A-(으)ㄴ/는 데 반해　28쪽

연습

1) 새로 구한 직장은 보수가 높은 반면에(높은 데 반해) 업무량이 많다.

2) 한국 사람들은 생일에 미역국을 먹는 반면에(먹는 데 반해) 중국 사람들은 국수를 먹는다.

3) 한국의 여름 날씨는 더운 반면에(더운 데 반해) 겨울 날씨는 춥다.

4) A회사의 제품은 성능이 뛰어난 것이 장점인 반면에(장점인 데 반해) 값이 비싼 것이 단점이다.

5) 아파트 값은 하락한 반면에(하락한 데 반해) 전세 값은 오르고 있다.

V/A-(으)ㄴ/는가 하면   29쪽

1) 영어 조기 교육에 찬성하는 사람들이 있는가 하면 반대하는 사람들도 있다.

2) 서울로 올라와서 사는 사람들이 많은가 하면 시골로 내려가서 사는 사람들도 있다.

3) 그는 친한 사람들에게 스스럼없이 대하는가 하면 처음 보는 사람에게는 낯을 가리기도 한다.

4) 그 사람은 회사 일에는 적극적인가 하면 집안일에는 소극적이다.

5) 그 지역은 지진으로 인해 건물이 무너졌는가 하면 역사적인 문화재도 많이 파괴됐다.

N-에도 불구하고   32쪽

1) 날씨에도 불구하고

2) 노력에도 불구하고

3) 몸살에도 불구하고

4) 반대에도 불구하고

5) 단점에도 불구하고

V/A-(으)ㄴ/는데도 불구하고   33쪽

1) 오는데도 불구하고

2) 많은데도 불구하고

3) 먼데도 불구하고

4) 연휴인데도 불구하고

5) 전화했는데도 불구하고

V/A-건마는   34쪽

1) 항상 열심히 노력하건마는 실력이 향상되지 않는다.

2) 그녀를 사랑하건마는 그녀는 나의 마음을 받아주지 않는다.

3) 날씨가 춥건마는 산책을 하는 사람들이 많다.

4) 능력이 있는 사람이건마는 왜 취직 시험에서 떨어지는지 모르겠다.

5) 오랜 시간이 지났건마는 그 사람을 아직도 잊을 수 없다.

상반 -한국어능력시험-   35쪽

〈초급〉

1. ④   2. ③

〈중급〉

1. ②   2. ④

〈고급〉

1. ④   2. ①   3. ③

시인

N-치고   42쪽

1) 한국 사람치고 매운 음식을 안 좋아하는 사람이 없다.

2) 외국인 관광객치고 경복궁을 구경 안 하는 사람이 없다.

3) 농구 선수치고 키가 작은 사람이 없다.

4) 가격이 싼 제품치고 품질이 좋은 제품이 없다.

5) 남자치고 예쁜 여자를 안 좋아하는 사람이 없다.

N-치고는   43쪽

1) 못생겼어요.

2) 쓸 만해요.

3) 키가 작아요.

4) 한국어를 잘해요.

5) 품질이 안 좋아요.

V/A-거늘　　44쪽

연습

1) 세 번이나 설명했거늘 아직도 이해하지 못했다고요?

2) 모르는 사람도 돕거늘 어찌 가족을 외면할 수 있지요?

3) 부모님은 키가 크거늘 아이는 왜 저렇게 키가 작은지 모르겠어요.

4) 결혼반지거늘 어찌 그것을 잃어버릴 수가 있어요?

5) 어제도 늦게 와서 혼났거늘 오늘도 지각했단 말이에요?

V/A-(으)랴마는, V/A-겠냐마는　　46쪽

연습

1) 사람들이 가방을 가져가랴마는(가져가겠냐마는) 그래도 지갑은 챙겨 가자.

2) 아버지가 어머니 생일을 모르시랴마는(모르시겠냐마는) 다시 한번 알려 드렸다.

3) 선생님이 퇴근했으랴마는(퇴근했겠냐마는) 사무실로 전화해 보자.

4) 부모가 자식을 미워하랴마는(미워하겠냐마는) 버릇이 없을까 봐서 엄하게 길렀다.

5) 내일 날씨가 추우랴마는(춥겠냐마는) 혹시 모르니까 긴 옷을 챙기도록 해라.

V/A-(으)ㄹ진대　　47쪽

연습

1) 인간관계가 중요할진대 빨리 화해하는 게 어때요?

2) 어린이도 알진대 설마 어른이 모르겠어요?

3) 수자원이 부족할진대 물을 낭비하면 안 되겠지요?

4) 부모님의 기대가 클진대 더 열심히 해야겠지요?

5) 법치국가일진대 왜 벌을 안 받겠어요?

V/A-기는 하다.　　48쪽

연습

1.

1) 힘들기는 하지만

2) 예쁘기는 하지만

3) 칠 줄 알기는 하지만

4) 덥기는 했지만

5) 재미있기는 했지만

2.

1) 다이어트를 하기는 하는데 살이 안 빠져요.

2) 디자인이 예쁘기는 한데 발이 불편해요.

3) 좋아하기는 하는데 자주 못 해요.

4) 멀기는 한데 교통이 편리해요.

5) 담배를 피우기는 하는데 많이 줄였어요.

V/A-(ㄴ/는)다고 치다.　　52쪽

연습

1) 고향으로 돌아간다고 치자.

2) 교재를 만든다고 치고,

3) 찾을 수 있다고 치자.

4) 그렇다고 치고,

5) 학교를 그만둔다고 치자.

V-(으)ㄴ 셈치다.　　53쪽

연습

1) 잃어버린 셈치고 하나 구입하세요.

2) 그냥 속는 셈치고 한번 더 믿어 봐.

3) 그 말은 안 들은 셈치려고.

4) 자식 하나 없는 셈치세요.

5) 공부를 안 한 셈치고 잘 봤어요.

시인 –한국어능력시험–   54쪽

〈중급〉

1. ②   2. ①   3. ②

〈고급〉

1. ④   2. ①   3. ③   4. ④
5. ③

의견

V/A-(ㄴ/는)다고 보다.   60쪽

연습

1) 중요하다고 봅니다.

2) 많다고 봅니다.

3) 도움이 된다고 봅니다.

4) 자제해야 한다고 봅니다.

5) 기회라고 봅니다.

V/A-(ㄴ/는)다고 할 수 있다.   61쪽

연습

1) 정이 많다고 할 수 있어요.

2) 성숙하다고 할 수 있어요.

3) 원인이라고 할 수 있어요.

4) 용감하다고 할 수 있어요.

5) 최선을 다했다고 할 수 있어요.

V/A-지요. ①   63쪽

연습

1) 빠르지요.

2) 예의지요.

3) 비싸지요.

4) 가입하지요.

5) 필요하지요.

V/A-고말고요.   65쪽

연습

1) 갈 수 있고말고요.

2) 맛있고말고요.

3) 내일 내도 되고말고요.

4) 친하고말고요.

5) 적극적이고말고요.

V/A-지 않겠습니까?   67쪽

연습

1) 필요하지 않겠습니까?

2) 낫지 않겠습니까?

3) 막히지 않겠습니까?

4) 시끄럽지 않겠습니까?

5) 읽지 않겠습니까?

V/A-(으)면 뭘 해요?   68쪽

연습

1) 키가 크면 뭘 해요?

2) 돈이 많으면 뭘 해요?

3) 문법을 많이 알면 뭘 해요?

4) 남자 친구가 있으면 뭘 해요?

5) 휴가면 뭘 해요?

V/A-기는요.   69쪽

연습

1) 잘하기는요.

2) 따뜻하기는요.

3) 일찍 오기는요.

4) 잘 쉬기는요.

5) 말이 없기는요.

그렇다고 V-(으)ㄹ 수는 없지요.　70쪽

연습

1) 그렇다고 빈손으로 갈 수는 없지요.

2) 그렇다고 아무거나 고를 수는 없지요.

3) 그렇다고 밥을 안 먹을 수는 없지요.

4) 그렇다고 먼저 출발할 수는 없지요.

5) 그렇다고 아놀드 씨가 빠질 수는 없지요.

V/A-(ㄴ/는)다고 해서 N-은/는 것은 아니다.　71쪽

연습

1) 한국어를 가르칠 수 있는 것은 아니에요.

2) 농구를 잘하는 것은 아니에요.

3) 집안일을 안 하는 것은 아니에요.

4) 행복한 것은 아니에요.

5) 뚱뚱한 것은 아니에요.

의견 – 한국어능력시험 –　72쪽

〈중급〉

1. ②　　2. ③　　3. ④　　4. ①

5. ①

〈고급〉

1. ④

판단

V-기에는　76쪽

연습

1) 외국 학생이 읽기에는 책이 어려워요.

2) 세 사람이 함께 살기에는 집이 작아요.

3) 여름옷을 입기에는 날씨가 쌀쌀해요.

4) 오늘 중으로 일을 끝내기에는 일이 많아요.

5) 밤 11시에 전화하기에는 시간이 늦었어요.

N-(으)로는　77쪽

연습

1) 말씀으로는

2) 판단으로는

3) 상황으로는

4) 돈으로는

5) 듣기로는

N-(으)로 봐서는　78쪽

연습

1) 실력으로 봐서는

2) 옷차림으로 봐서는

3) 말투로 봐서는

4) 표정으로 봐서는

5) 성격으로 봐서는

N1-(으)로 보나 N2-(으)로 보나　79쪽

연습

1) 거리로 보나 경비로 보나

2) 외모로 보나 성격으로 보나

3) 기능으로 보나 품질로 보나

4) 분위기로 보나 맛으로 보나

5) 디자인으로 보나 색깔로 보나

N-에 좋다/나쁘다.　　80쪽

1) 피부에 좋아요.

2) 건강에 해로워요.

3) 눈에 나빠요.

4) 억양 연습에 도움이 돼요.

5) 인간관계에 도움이 안 돼요.

A-아/어 보이다.　　81쪽

1) 아파 보여요.

2) 좋아 보여요.

3) 날씬해 보여요.

4) 어려 보여요.

5) 커 보여요.

A-(으)ㄴ 감이 있다.　　82쪽

1) 늦은 감이 있지만

2) 비싼 감이 있지만

3) 긴 감이 있지만

4) 이른 감이 있지만

5) 아쉬운 감이 있어요.

V-(으)ㄹ 만하다. ①　　83쪽

자유롭게 쓰십시오.

V-(으)ㄹ 필요가 있다/없다.　　85쪽

1) 연구해 볼 필요가 있다.

2) 반성할 필요가 있다.

3) 마중 나올 필요가 없다.

4) 살펴볼 필요가 있다.

5) 고민할 필요가 없다.

V/A-(으)ㄴ/는 줄 알았다.　　86쪽

1) 재미있는 줄 알았어요.

2) 아픈 줄 알았어요.

3) 아는 줄 알았어요.

4) 다음 주인줄 알았어요.

5) 이길 줄 알았어요(이기는 줄 알았어요).

V/A-(으)ㄴ/는 줄 몰랐다.　　88쪽

1) 사는 줄 몰랐어요.

2) 듣는 줄 몰랐어요.

3) 높은 줄 몰랐어요.

4) 어려울 줄 몰랐어요(어려운 줄 몰랐어요).

5) 일요일인줄 몰랐어요.

V/A-(으)ㄴ/는 편이다.　　93쪽

1) 일어나는 편이에요.

2) 어울리는 편이에요.

3) 적극적인 편이에요.

4) 먼 편이에요.

5) 추운 편이에요.

V/A-(으)ㄴ/는 축에 들다.　　95쪽

1) 우리 반에서 잘하는 축에 들어요.

2) 우리 반에서 못하는 축에 들어요.

3) 우리 반에서 잘 만드는 축에 들어요.

4) 우리 반에서 못 부르는 축에 들어요.

5) 우리 반에서 적극적인 축에 들어요.

V/A-기는 틀렸다.　　98쪽

연습

1) 제시간에 출발하기는 틀렸어요.

2) 조조 영화를 보기는 틀렸어.

3) 지하철을 타기는 틀렸어요.

4) 일찍 자기는 틀렸어요.

5) 맛있기는 틀렸어요.

V₁/A₁-지도 V₂/A₂-지도 않다.　　99쪽

연습

1) 잘하지도 못하지도 않아요.

2) 많지도 적지도 않아요.

3) 잘 마시지도 못 마시지도 않아요.

4) 덥지도 춥지도 않아요.

5) 가깝지도 멀지도 않아요.

V/A-(으)ㄴ/는 셈이다.　　100쪽

연습

1) 만나는 셈이에요.

2) 무료인 셈이에요.

3) 거짓말한 셈이에요.

4) 갚은 셈이에요.

5) 만든 셈이에요.

판단 -한국어능력시험-　　102쪽

〈초급〉

1. ③　　2. ④

〈중급〉

1. ①　　2. ①　　3. ②　　4. ②

5. ③　　6. ④　　7. ③　　8. ③

9. ①　　10. ④

〈고급〉

1. ②

확인

V/A-지요?　　108쪽

연습

1) 많지요?

2) 살지요?

3) 유명하지요?

4) 학생이지요?

5) 좋아하지요?

V/A-지 않아요?　　111쪽

연습

1) 짜지 않아요?

2) 고프지 않아요?

3) 늦지 않아요?

4) 무겁지 않아요?

5) 휴가이지 않아요?

V-(으)ㄹ까요? ①　　112쪽

연습

1) 살까요?

2) 기다릴까요?

3) 운전할까요?

4) 받을까요?

5) 열까요?

V-(으)래요? ① 　　114쪽

연습

1) 가르쳐 줄래요?

2) 앉을래요?

3) 전해 줄래요?

4) 마실래요?

5) 쓰실래요?

V-(으)ㄹ 건가요? 　　118쪽

연습

1) 볼 건가요?

2) 둘 건가요?

3) 묵을 건가요?

4) 출발할 건가요?

5) 걸을 건가요?

V/A-(ㄴ/는)다면서요? 　　120쪽

연습

1) 제주도는 '여자, 바람, 돌' 이 많다면서요?

2) 한국 사람은 생일에 미역국을 먹는다면서요?

3) 오늘이 생일이라면서요?

4) 보하 씨가 아파서 결석했다면서요?

5) 이번 학기가 끝나면 고향으로 돌아갈 거라면서요?

V/A-(ㄴ/는)다지요? 　　121쪽

연습

1) 바쁘다지요?

2) 진학할 수 있다지요?

3) 온다지요? / 왔다지요?

4) 본다지요?

5) 이사 온다지요?

확인

1) 간다면서요?

2) 간다지요?, 간다면서요?

V/A-(으)ㄴ/는 건 아니겠지요? 　　123쪽

연습

1) 열심히 공부했는데 시험에서 떨어지는 건 아니겠지요?

2) 일찍 오라고 했는데 오늘도 지각하는 건 아니겠지요?

3) 비싸다고 물건이 다 좋은 건 아니겠지요?

4) 10분 지났다고 벌써 출발한 건 아니겠지요?

5) 피자 한 판을 혼자 다 먹은 건 아니겠지요?

V/A-(ㄴ/는)단 말이에요? 　　125쪽

연습

1) 결혼한단 말이에요?

2) 갔단 말이에요?

3) 춥단 말이에요?

4) 없단 말이에요?

5) 크단 말이에요?

V/A-(ㄴ/는)다고요? 　　127쪽

연습

1) 한다고요?

2) 가자고?

3) 먹냐고요?

4) 안다고요?

5) 어디라고요?

V/A-다니요?   130쪽

명령 · 권유

연습

1) 보다니요?

2) 없어졌다니?

3) 부족하다니요?

4) 대학원생이라니요?

5) 났다니요?

V-다시피   132쪽

연습

1) 보시다시피

2) 아시다시피

3) 느끼시다시피

4) 들으셨다시피

5) 짐작하시다시피

확인 -한국어능력시험-   133쪽

〈초급〉

1. ①　　2. ①　　3. ②

〈중급〉

1. ②　　2. ④　　3. ①　　4. ①

5. ①　　6. ④　　7. ③　　8. ①

〈고급〉

1. ①

V-(으)십시오. / V-지 마십시오.   141쪽

연습

1. 자유롭게 쓰십시오.

2.

1) 주차하지 마십시오.

2) 휴지통에 버리십시오.

3) 사진을 찍지 마십시오.

4) 담배를 피우지 마십시오.

5) 전화를 하지 마십시오.

6) 오른 쪽으로 가십시오.

V-(으)세요. / V-지 마세요.   142쪽

연습

1.

1) 쉬세요.

2) 보세요.

3) 앉으세요.

4) 여세요.

5) 걸으세요.

2.

1) 나가지 마세요.

2) 전화하지 마세요.

3) 뛰지 마세요.

4) 닫지 마세요.

5) 만들지 마세요.

V-(으)시겠습니까? ①   146쪽

연습

1) 보시겠습니까?

2) 결정하시겠습니까?

3) 기다리시겠습니까?

4) 앉으시겠습니까?

5) 입으시겠습니까?

V-는 것이 어때요? ①　　148쪽

1) 태권도 동아리에 가입하는 것이 어때요?

2) 매일 1시간씩 걷는 것이 어때요?

3) 인터넷에서 찾는 것이 어때요?

4) 먼저 사과를 하는 것이 어때요?

5) A/S센터에 전화해서 물어보는 것이 어때요?

V-지 그래요?　　150쪽

자유롭게 쓰십시오.

V-지요. ②　　151쪽

1) 드시지요.

2) 내려가시지요.

3) 예약하시지요.

4) 끊으시지요.

5) 파시지요.

V-는 것이 좋겠다.　　153쪽

1) 여행을 가는 것이 좋겠어요.

2) 학원에서 배우는 것이 좋겠어요.

3) 공원에 가는 것이 좋겠어요.

4) 마이클 씨한테 물어보는 것이 좋겠어요.

5) 출발하는 것이 좋겠어요.

V-도록 하세요.　　154쪽

1) 내도록 하세요.

2) 쓰도록 하세요.

3) 입도록 하세요.

4) 먹지 않도록 하세요.

5) 생기지 않도록 하세요.

V₁-지 않도록 V₂-(으)세요.　　156쪽

1) 시험에 떨어지지 않도록 열심히 공부하세요.

2) 감기에 걸리지 않도록 옷을 따뜻하게 입으세요.

3) 카메라가 고장나지 않도록 조심해서 사용하세요.

4) 부모님께서 걱정하지 않도록 부모님께 자주 전화하
세요.

5) 건강이 나빠지지 않도록 규칙적인 생활을 하세요.

명령 · 권유 -한국어능력시험-　　158쪽

〈초급〉

1. ①　　2. ③　　3. ①　　4. ②

5. ④

6. 담배를 피우지 마세요(마십시오).

7. 가세요(가십시오).

8. 이름과 주소를 쓰세요.

〈중급〉

1. ②　　2. ③　　3. ④　　4. ③

V-아/어 주십시오.　　164쪽

연습

1) 찾아 주세요.

2) 열어 주세요.

3) 가르쳐 주세요.

4) 사 주세요.

5) 꺼 주세요.

V-아/어 주시겠습니까?　　165쪽

연습

1) 들어 주시겠어요?

2) 바꿔 주시겠어요?

3) 알려 주시겠어요?

4) 도와 주시겠어요?

5) 써 주시겠어요?

V-아/어 드릴게요.　　167쪽

연습

1) 열어 드릴게요.

2) 찍어 드릴게요.

3) 소개해 드릴게요.

4) 가르쳐 드릴게요.

5) 켜 드릴게요.

V-아/어 드릴까요?　　168쪽

연습

1) 보내 드릴까요?

2) 넣어 드릴까요?

3) 잡아 드릴까요?

4) 포장해 드릴까요?

5) 들어 드릴까요?

봉사 -한국어능력시험-　　169쪽

〈초급〉

1. ②　　2. ①　　3. ②　　4. ③

제안

(같이/함께) V-아/어요.　　172쪽

연습

1) 가요.

2) 마셔요.

3) 공부해요.

4) 살아요.

5) 걸어요.

(같이/함께) V-(으)ㅂ시다.　　173쪽

연습

1) 등산합시다.

2) 만듭시다.

3) 들읍시다.

4) 찍읍시다.

5) 배웁시다.

확인

1) 회식해요.

2) 봐요, 봅시다.

3) 가요.

(같이/함께) V-지 맙시다.　　175쪽

연습

1.

1) 텔레비전을 보지 맙시다. 음악을 들읍시다.

2) 비빔밥을 먹지 맙시다. 냉면을 먹읍시다.

3) 테니스를 치지 맙시다. 탁구를 칩시다.

4) 부산에 가지 맙시다. 경주에 갑시다.

5) 술을 마시지 맙시다. 차를 마십시다.

2. 자유롭게 쓰십시오.

(같이/함께) V-지요. ③   179쪽

연습

1) 아놀드 씨도 함께 가지요.

2) 같이 파티를 준비하지요.

3) 반 친구들과 같이 사진을 찍지요.

4) 오늘은 삼겹살을 먹지요.

5) 같이 휴지와 세제를 사지요.

(같이/함께) V-(으)시겠습니까? ②   182쪽

연습

1) 보시겠어요?

2) 한잔하시겠어요?

3) 치시겠어요?

4) 만드시겠어요?

5) 들으시겠어요?

(같이/함께) V-는 것이 어때요? ②   184쪽

연습

1) 보는 것이 어때요?

2) 가는 것이 어때요?

3) 공부하는 것이 어때요?

4) 만드는 것이 어때요?

5) 걷는 것이 어때요?

(같이/함께) V-(으)ㄹ까요? ②   186쪽

연습

1) 마실까요?

2) 칠까요?

3) 앉을까요?

4) 살까요?

5) 들을까요?

(같이/함께) V-(으)ㄹ래요? ②   189쪽

연습

1) 갈래요?

2) 운동할래요?

3) 배울래요?

4) 먹을래요?

5) 걸을래요?

제안 -한국어능력시험-   193쪽

〈초급〉

1. ②   2. ②   3. ③   4. ④

5. ④   6. ①   7. 인사동에 갈까요?(가는 게 어때요?)

〈중급〉

1. ④

포함

N-도   198쪽

연습

1) 한국어도 공부해요.

2) 기침도 나요.

3) 커피도 마셔요.

4) 영화도 봤어요.

5) 춤도 췄어요.

N-까지　199쪽

연습

1) 전화까지 안 돼요.

2) 발음까지 안 좋아요.

3) 거짓말까지 해요.

4) 성격까지 좋아요.

5) 화장까지 했어요.

N-마저　200쪽

연습

1) 택시마저

2) 집 전화마저

3) 친구마저

4) 어머니마저

5) 건강마저

N-조차　201쪽

연습

1) 숙제조차

2) 시간조차

3) 가치조차

4) 하숙비조차

5) 생각조차

확인

1) 물조차

2) 왼손마저

3) 습도마저

N-은/는 물론이고　204쪽

연습

1) 농구는 물론이고

2) 이마는 물론이고

3) 일은 물론이고

4) 아이는 물론이고

5) 크리스마스는 물론이고

N1-(이)나 N2-(이)나 할 것 없이　205쪽

연습

1) 아침이나 저녁이나 할 것 없이

2) 도시나 농촌이나 할 것 없이

3) 아이나 어른이나 할 것 없이

4) 지하철이나 버스나 할 것 없이

5) 예나 지금이나 할 것 없이

N-을/를 막론하고, N-을/를 불문하고　206쪽

연습

1) 밤낮을 막론하고(밤낮을 불문하고)

2) 지위 고하를 막론하고(지위 고하를 불문하고)

3) 날씨 여하를 막론하고(날씨 여하를 불문하고)

4) 이유 여하를 막론하고(이유 여하를 불문하고)

5) 여야를 막론하고(여야를 불문하고)

N-을/를 비롯해서　208쪽

연습

1) 선생님을 비롯해서 반 친구들에게 감사의 말을 전하고 싶다.

2) 집들이를 할 때는 청소를 비롯해서 음식 준비까지 신경 써야 할 일이 많다.

3) 태완 씨는 막걸리를 비롯해서 모든 술을 좋아한다.

4) 우리 집은 아버지를 비롯해서 온 가족이 호두과자를 좋아한다.

5) 그 영화는 한국을 비롯해서 전 세계에서 동시에 개봉
된다.

N-은/는커녕, V/A-기는커녕　210쪽

연습

1.

1) 결혼은커녕

2) 선물은커녕

3) 비는커녕

4) 여행은커녕

5) 소주는커녕

2.

1) 만나기는커녕

2) 잘하기는커녕

3) 좋기는커녕

4) 울기는커녕

5) 부자기는커녕

N-은/는 고사하고, V/A-기는 고사하고　213쪽

연습

1.

1) 요리는 고사하고

2) 약은 고사하고

3) 집안일은 고사하고

4) 정리는 고사하고

5) 인사는 고사하고

2.

1) 돕기는 고사하고

2) 받기는 고사하고

3) 즐겁기는 고사하고

4) 나아지기는 고사하고

5) 적극적이기는 고사하고

V/A-고요.　216쪽

연습

1) 바람도 불고요.

2) 디자인도 멋있고요.

3) 키도 크고요.

4) 과일도 먹었고요.

5) 한국어 공부도 할 거고요.

N₁-도 N₁-(이)지만, V₁/A₁-기도 V₁/A₁-지만　217쪽

연습

1) 일도 일이지만

2) 날씨도 날씨지만

3) 넓기도 넓지만

4) 예쁘기도 예쁘지만

5) 먹기도 먹지만

V/A-(으)ㄴ/는 데다가　218쪽

연습

1) 비싼 데다가

2) 보는 데다가

3) 할 수 있는 데다가

4) 무거운 데다가

5) 먹은 데다가

N-뿐만 아니라　219쪽

연습

1) 경주뿐만 아니라 부산도

2) 학생뿐만 아니라 선생님도

3) MP3 기능뿐만 아니라 녹음 기능도

4) 요가뿐만 아니라 테니스도

5) 잡채뿐만 아니라 불고기도

V/A-(으)ㄹ 뿐만 아니라　220쪽

연습

1) 교통이 편리할 뿐만 아니라 공원도 있어요.

2) 적성에 맞을 뿐만 아니라 일도 재미있어요.

3) 한국어를 배울 수 있을 뿐만 아니라 한국 문화도 체험할 수 있어요.

4) 추울 뿐만 아니라 눈도 많이 온대요.

5) 이기적일 뿐만 아니라 책임감도 없어서요.

V/A-(으)ㄹ뿐더러　222쪽

연습

1) 없을뿐더러

2) 작을뿐더러

3) 우수할뿐더러

4) 가까울뿐더러

5) 이기적일뿐더러

V/A-거니와　223쪽

연습

1) 할인이 되거니와

2) 깨끗하거니와

3) 만날 시간도 없거니와

4) 물론이거니와

5) 만지지도 않았거니와

N₁-에다가 N₂　226쪽

연습

1.

1) 부모님에다가 동생까지

2) 감기에다가 몸살까지

3) 이혼에다가 사업까지

4) 비에다가 바람까지

5) 학교 수업에다가 아르바이트까지

2.

1) 냉장고에다가

2) 옷걸이에다가

3) 상처에다가

4) 휴지통에다가

5) 제자리에다가

N 말고　228쪽

연습

1.

1) 중국 학생 말고도

2) 집안일 말고도

3) 전공 말고도

4) 책 말고도

5) 나 말고도

2.

1) 마이클 씨 말고는 아직 아무도 안 왔어요.

2) 김치찌개 말고는 할 줄 아는 음식이 없어요.

3) 남편은 일 말고는 다른 것에 관심이 없어요.

4) 매점 말고는 다른 편의 시설이 없어요.

5) 책 말고는 다른 선물은 받은 게 없어요.

N-은/는 차치하고　230쪽

연습

1) 휴가는 차치하고

2) 작품성은 차치하고

3) 보너스는 차치하고

4) 가격은 차치하고

5) 해외 수출은 차치하고

유일 · 한정

N−만　　238쪽

연습

1.

1) 중국 사람만 있어요.

2) 귤만 좋아해요.

3) 빵만 먹었어요.

4) 된장찌개만 싫어해요.

5) 마문 씨만 못 가요(마문 씨만 갈 수 없어요.)

2.

1) 두 개만 사면 돼요.

2) 5분만 기다리면 돼요.

3) 6시 30분까지만 가면 돼요.

4) 3만 원만 내면 돼요.

5) 조금만 (더) 주세요.

N−밖에　　240쪽

연습

1) 김치찌개밖에

2) 이름밖에

3) 부산밖에

4) 물밖에

5) 한 명밖에

확인

1) 만

2) 만

3) 밖에

확인

1) 말고는

2) 밖에, 말고는

3) 말고는

N−뿐이다.　　243쪽

연습

1) 당신뿐이에요.

2) 영어뿐이에요.

3) 한 명뿐이에요.

4) 만 원짜리뿐이에요.

5) 검정색 펜뿐이에요.

확인

1) 만

2) 밖에

3) 뿐

N−만으로는　　245쪽

연습

1) 성적만으로는

2) 외모만으로는

3) 식사 조절만으로는

4) 증거만으로는

5) 실력만으로는

V/A-기만 하다.　246쪽

연습

1) 떠들기만 해요.

2) 먹기만 했어요.

3) 어렵기만 해요.

4) 웃기만 했어요.

5) 힘들기만 했어요.

V/A-(으)ㄹ 뿐이다, V/A-(으)ㄹ 따름이다.　248쪽

연습

1) 답답할 뿐이다(답답할 따름이다).

2) 놀라울 뿐이다(놀라울 따름이다).

3) 감사할 뿐이다(감사할 따름이다).

4) 이야기일 뿐이다(이야기일 따름이다).

5) 웃을 뿐이다(웃을 따름이다).

V-(으)ㄹ 줄만 알았지　249쪽

연습

1) 자신의 이익을 챙길 줄만 알았지 남을 배려할 줄은 모른다.

2) 일을 시작할 줄만 알았지 마무리할 줄은 모른다.

3) 물건을 빌려갈 줄만 알았지 돌려줄 생각은 안 한다.

4) 음식을 먹을 줄만 알았지 설거지를 할 줄은 모른다.

5) 돈을 벌 줄만 알았지 제대로 쓸 줄은 모른다.

유일 · 한정 －한국어능력시험－　250쪽

〈초급〉

　1. ②　　2. ④

〈중급〉

　1. ③　　2. ④

〈고급〉

　1. ③　　2. ④

능력

V-(으)ㄹ 수 있다/없다. ①　254쪽

연습

1) 가: 보람 씨는 스키를 탈 수 있어요?

　나: 아니요. 탈 수 없어요.

2) 가: 보람 씨는 피아노를 칠 수 있어요?

　나: 네. 칠 수 있어요.

3) 가: 보람 씨는 한국 음식을 만들 수 있어요?

　나: 네. 만들 수 있어요.

4) 가: 보람 씨는 운전할 수 있어요?

　나: 아니요. 운전할 수 없어요.

5) 가: 보람 씨는 한국 노래를 부를 수 있어요?

　나: 네. 부를 수 있어요.

V-(으)ㄹ 줄 알다/모르다.　255쪽

연습

1) 수영할 줄 몰라요.

2) 담글 줄 몰라요.

3) 출 줄 알아요?

4) 부를 줄 알아요?

5) 사용할 줄 알아요?

확인

1) 마실 수 없어요.

2) 칠 줄 알지만, 칠 수 있지만

3) 갈 수 없어요.

〈초급〉

1. ④　　2. ①　　3. ②

가능

연습

1) 갈 수 없어요.

2) 볼 수 있어요?

3) 읽을 수 없어요.

4) 만들 수 없어요.

5) 들을 수 없어요.

연습

1) 잘 수가 있어야지요.

2) 먹을 수가 있어야지요.

3) 참을 수가 있어야지요.

4) 잡을 수가 있어야지요.

5) 알아들을 수가 있어야지요.

연습

1) 도저히 갈 수 없어요.

2) 도저히 이해할 수 없어요.

3) 도저히 입을 수 없어요.

4) 도저히 믿을 수 없어요.

5) 도저히 (같이) 살 수 없어요.

연습

1) 먹을 수조차 없어요.

2) 쉴 수조차 없어요.

3) 걸을 수조차 없어요.

4) 탈 수조차 없어요.

5) 울 수조차 없어요.

연습

1) 타려야 탈 수가 없어요.

2) 잊으려야 잊을 수가 없어요.

3) 포기하려야 포기할 수가 없어요.

4) 찍으려야 찍을 수가 없어요.

5) 만들려야 만들 수가 없어요.

연습

1) 입을 만해요.

2) 탈 만해요.

3) 신을 만해요.

4) 들을 만해요.

5) 읽을 만해요.

〈초급〉

1. ④

〈중급〉

1. ④　　2. ②　　3. ④　　4. ③　　5. ①